KB042373

국인주의 이론

: 내셔널리즘, 자국주의, 민족주의

조 영정 지음

박영사

Theories of Nationalism

by
Yungjung Joh

Pakyoung Publishing Company
Seoul Korea
2016

머 리 말

외래의 언어가 우리의 생각과 같지 않고, 외래의 지식이 우리의 현실에 맞지 않아 이를 바로잡아 우리의 사고를 맑게 하고 우리에게 맞는 지식을 찾고자 하는 마음에서 본서를 내게 되었다.

문제는 민족, 민족주의라는 용어에서 시작된다. 우리는 네이션 (nation)을 민족, 내셔널리즘(nationalism)을 민족주의로 번역하고 있는데 그 개념에서 같은 말이 될 수가 없다. 그런데도 불구하고 한국에서는 같은 말로 번역하여 사용함으로써 한국사람들로 하여금 내셔널리즘에 대한 정확한 개념정립을 어렵게 하며, 국제간 오해와 소통장애를 일으키고, 이러한 결과로 이 분야의 연구에도 심각한 걸림돌이 되고 있다.

그리고 이 말들이 적합하게 사용되지 못하고 오남용됨으로써 한국인의 위상을 격하시키고 개방적 사회로 나아가는데 방해요인으로 작용하고 있다. 민족이라는 말은 우리에게는 가슴 울리는 좋은 말이지만, 외국말로 번역되면 종족, 족속(tribe, ethnic group)의 개념일 뿐이다. 그리고 이 말들이 원래 우리의 말도 아니고 일본에서 잘못 만든 말을 우리만 열심히 사용하고 있는 것이다. 나는 우리가 이렇게 생각 없이 민족, 민족 하는 것을 나라를 위해 몸 바치신 선열들이 듣게 되실까 두렵다. 순국선열들이 이 말을 듣고 어떻게 말하실까 상상해 본다.

내 몸 바쳐 지킨 나라 한국, 한국인들아,
나라 있는 사람들이 무슨 민족인가?
우리는 국인(國人)이다.
너와 나, 우리는 대한국인(大韓國人)이다.

다음으로 내셔널리즘에 대한 서양의 이론이 한국의 현실과 많이 동떨어져 있다. 현재 한국에서는 이에 대한 연구가 많지 않은 가운데 서양의 이론을 거의 그대로 받아들이고 있는 실정이다. 서양의 주류이론인 근대주의 이론에서는 유럽에서 네이션이 생긴 것은 근대화과정에서였다는 것이고, 이를 그대로 세계에 일반화시켜서 비서구국가들의 경우에도 근대화가 되어서야 네이션, 즉 나라사람이 생기게 되었다고 주장한다. 개별국가의 현실에 대한 연구를 바탕으로 이론이 도출되어야만 할 텐데, 그러지 않고 유럽의 이론을 일반화하여 비서구국가에도 그대로 적용시키는 것은 사실을 구명하는데 적절한 방법이 될 수 없다. 또한 이것은 현대문명의 모든 것들은 서양에서 만들어서 전 세계에 나누어 준 것으로 이해하는 서구중심주의적인 사고에서 나온 주장이 될 수도 있다.

이 같은 혼란스런 용어와 이론속에서 한국에서 내셔널리즘을 이해하기는 적잖게 어렵다. 이 분야의 연구들을 보면 근대화가 있었던 일본식민지시대, 혹은 이를 전후하여 한국에 민족이 만들어졌다고 하고 있다. 참으로 이해하기 어려운 말이 아닐 수 없다. 오천 년 한민족의 역사는 어디 가고 불과 수십 년 전에 민족이 형성되었다니, 이처럼 상식을 벗어나는 말을 이해할 수 있는 사람은 내셔널리즘을 연구하는 사람들뿐일 것이다. 내셔널리즘에 대한 외국 서적의 번역서가 한국에 많이 출간되었지만 모두 이런 식으로 표현되기 때문에 번역서를 읽고서는 도대체 무슨 말인지 이해할 수가 없다. 사정이 이렇다 보니 현재 한국에서 내셔널리즘 이론과 관련하여 읽어서 상식으로 이해할 수 있는 책이 없고, 생각해서 타당한 이론이 없으며, 이 분야를 제대로 소개하고 있는 이론서조차 찾기 어렵다.

이러한 문제들이 해결되고 이 분야에 학문적 발전이 이루어지기를 바라는 마음에서 천학비재한 저자가 감히 용기를 내어 나서게 되었다. 지금까지 선학들이 하지 않았던 의견을 드러낸다는 것이 조심스럽고도 두려운 일이지만 어리석다고 질책을 받는다고 해도 저자로서는 개의치 않는다. 단지 이를 계기로 내셔널리즘과 관련된 문제에 더 많은 관심이 주어지고 이에 대한 더 많은 논의가 이루어질 수 있기를 바랄 뿐이다. 그리하여 이 분야 연구에 장애요소들이 해소되고 학문적 발전이 이루어졌으면 하는 마음 간절하다.

2013년 UCLA의 Cosmopolitanism, Patriotism, Nationalism 대학원 수업은 저자가 서양사람들의 내셔널리즘을 이해하는데 많은 도움이 되었다. 이 기회를 빌려 Anthony R. Pagden 교수님께 감사드리고, 또 함께 공부했던 박사과정 학생들에게도 감사를 표하고 싶다.

끝으로 본서의 출간을 위하여 애써주신 박영사의 안상준 상무님, 김선민 부장님, 박선진 대리님, 한두희 대리님을 비롯한 여러분들께 깊은 감사를 드린다.

2016년 3월 21일
한강가 언덕에서
조 영정 씀

차 례

제 1 장 국인주의의 기본개념 · 13

제1절 내셔널리즘은 무엇인가? ------------------------------- 13

　1. 용어 정립의 필요성 ……………………………………… 13

　2. 내셔널리즘의 정의 …………………………………………… 15

　　1) 네이션의 정의 / 15

　　2) 내셔널리즘의 정의 / 18

　3. 내셔널리즘과 민족주의의 비교 …………………… 23

　　1) 네이션과 민족 / 23

　　2) 내셔널리즘과 민족주의 / 28

　　3) 국　인 / 29

　　4) 국인주의 / 32

　4. 본서에서의 용어 사용 ……………………………………… 35

제2절 한국의 내셔널리즘 용어 ------------------------------- 35

　1. 민족주의 용어 도입 ………………………………………… 35

　　1) 민족주의 용어 등장 / 35

　　2) 동아시아의 네이션, 내셔널리즘 개념 도입 / 36

　　3) 한국의 민족주의 용어 사용 / 40

　2. 한국 고유의 네이션 관련 용어 ……………………… 43

　　1) 국인 관련 용어 / 44

　　2) 민족 관련 용어 / 46

　　3) 과거 우리말과 민족이라는 용어 / 48

3. 국인 및 국인주의 용어를 사용해야 하는 이유 ············ 49

▌제3절 서구 국인주의의 생성과 발전 -------------------------- 52
  1. 용어의 유래 ··· 52
   1) 국 인 / 52
   2) 국인주의 / 53
  2. 국인, 국인주의, 국인국가 ·· 54

▌제4절 국인주의의 기본 사상 -------------------------------- 57

▌제5절 국인주의의 표출 형태 -------------------------------- 59

▌제6절 국인의 요소 --- 61
  1. 객관적 요소 ··· 61
  2. 주관적 요소 ··· 62

▌제7절 국인주의의 유형 --------------------------------------- 65
  1. 공민국인주의와 민족국인주의 ·· 65
   1) 공민국인주의 / 65
   2) 민족국인주의 / 67
  2. 서구국인주의와 동구국인주의 ·· 68
  3. 부흥국인주의와 통합국인주의 ·· 69
  4. 기타 국인주의 ··· 70
   1) 문화적 국인주의 / 70
   2) 자유주의적 국인주의 / 70
   3) 보수적 국인주의 / 71

  4) 좌익국인주의 / 71
  5) 확장적 국인주의 / 71
  6) 범국인주의 / 72
  7) 반식민국인주의 / 72
  8) 식민후국인주의 / 72
  9) 국수주의 / 73
  10) 쇼비니즘 / 73
  11) 징고이즘 / 73
  12) 좋은 국인주의와 나쁜 국인주의 / 73

▌제8절 국인주의와 애국심 --------------------------------------- 74

제 2 장 ▏국인주의 이론 · 79

▌제1절 원초주의 -- 80
  1. 내   용 ……………………………………………………… 80
  2. 사회생물학적 접근 ……………………………………… 82
   1) 혈연선택이론 / 82
   2) 확장된 혈연선택 / 85
  3. 문화주의적 접근 ………………………………………… 86
  4. 비   판 …………………………………………………… 87

▌제2절 영속주의 -- 91
  1. 내   용 …………………………………………………… 91

    2. 비 판 ……………………………………………… 93

┃ 제3절 근대주의 ------------------------------------- 94
  1. 근대주의 이론 ……………………………………… 94
  2. 정치적 이념적 측면 ……………………………… 96
   1) 내 용 / 96
   2) 비 판 / 101
  3. 경제 사회적 측면 ………………………………… 102
   1) 내 용 / 102
   2) 비 판 / 108
  4. 사회 문화적 측면 ………………………………… 111
   1) 내 용 / 111
   2) 비 판 / 115
  5. 도구주의 …………………………………………… 116
   1) 내 용 / 116
   2) 비 판 / 117
  6. 근대주의 비판 …………………………………… 117

┃ 제4절 민족상징주의 ------------------------------- 120
  1. 내   용 ……………………………………………… 120
  2. 비   판 ……………………………………………… 123

┃ 제5절 국인주의 이론의 문제점 ------------------------- 125

제3장　국인주의 형성 원인 · 133

▌제1절 사람과 집단 --- 134

　1. 사람의 역사 ··· 134
　　1) 사람의 진화 / 134
　　2) 인간과 집단 / 136

　2. 생존투쟁 ·· 140
　　1) 전　쟁 / 140
　　2) 대량학살 / 142
　　3) 식　인 / 145

　3. 본성의 진화 ·· 147
　　1) 호전성 / 147
　　2) 경쟁심 / 151
　　3) 자기집단 애착과 타집단 배척 / 153
　　4) 고유영토에 대한 집착 / 164

▌제2절 사람과 국가 --- 166

　1. 국가의 수립 ·· 166
　　1) 국가로의 진화 / 166
　　2) 신화와 상징의 창조 / 170
　　3) 국가와 민족 / 171

　2. 국　가 ·· 175

　3. 국가와 개인 ·· 178
　　1) 자국인과 외국인 / 178
　　2) 국가의 구속 / 181
　　3) 국가의 영향력 / 183

4) 국가의 후견 / 186

4. 충성의 합리적 근거 ··· 187
  1) 개인의 정체성 / 187
  2) 공동선 / 188
  3) 일체감 / 191

5. 국인주의의 동원 ··· 192
  1) 국가의 수립 / 193
  2) 국가간 갈등과 국인주의 / 194
  3) 일상의 애국심 / 195
  4) 권력엘리트와 국인주의 / 198
  5) 국인의 국인주의 / 199

▌제3절 결   론 ·· 200

제 4 장 요약 및 결론 · 205

▌참고문헌 ··· 215

▌사항색인 ··· 237

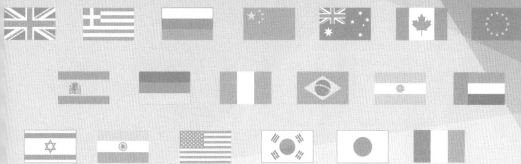

제 1 장

국인주의 기본개념

제 1 절   내셔널리즘은 무엇인가?

제 2 절   한국의 내셔널리즘 용어

제 3 절   서구 국인주의 생성과 발전

제 4 절   국인주의의 기본 사상

제 5 절   국인주의의 표출 형태

제 6 절   국인의 요소

제 7 절   국인주의의 유형

제 8 절   국인주의와 애국심

NATIONALISM

제1장 │ 국인주의의 기본개념

1. 용어 정립의 필요성

내셔널리즘(nationalism)을 보다 명확하게 정의하기 위해서 먼저 이 말이 일상생활에서 어떻게 사용되는지 살펴보기로 하자. 우리가 내셔널리즘이라는 말을 사용하는 경우는 크게 두 가지이다. 첫째, 미국사람들이 자국 산업의 이익을 우선적으로 고려하여 지구환경보호를 위한 국제협약에 가입하지 않을 때 우리는 이를 미국의 내셔널리즘이라고 한다. 둘째, 최근에 스코틀랜드 사람들이 스코틀랜드가 영국(United Kingdom)으로 부터 독립하기를 원하는데, 이를 두고 우리는 스코틀랜드의 내셔널리즘이라고 한다.

첫 번째의 예는 미국사람이라는 국가사람들이 주체가 되는 경우이고, 두 번째의 예는 스코틀랜드라는 민족집단이 주체가 되는 경우이다. 현재 우리나라에서는 내셔널리즘을 민족주의라고 번역한다. 그런데 두 번째 예에서는 민족주의라고 말할 수 있지만, 첫 번째 예에서는 민족주의라고 말할 수 없다. 수많은 민족으로 이루어져 인종용광로라 불리는 미국에 무슨 민족주의라는 말인가? 우선 이것으로서 알 수 있는 것은 내셔널리즘이 우리가 말하는 민족주의와 일치하지 않는다는 사실이다. 영어의 내셔널리즘과 민족주의는 동일한 의미가 아니며 동일한 의미로 하자고 해도 될 수 있는 성질의 것이 아니다. 그럼에도 불구하고 내셔널리즘을 민족주의로 번역하고 있는 이 현실이 우리에게 내셔널리즘 논의를 어렵게 하고 이해조차 어렵게 하는 중요한 장애요인이다. 민족주의라는 말만으로는 내셔널리즘을 제대로 논의하는 것이 불가능하다. 이렇게 잘못된 용어 관계를 바로잡지 않는 한 개념의 혼동속에 이 분야의 학문적인 발전은 말할 것도 없고 최소한의 일상적인 의사소통에서도 혼동으로부터 벗어날 수 없다.

　그래서 내셔널리즘 연구에서 가장 우선적으로 선행되어야 할 일은 내셔널리즘에 대한 용어를 정돈하는 일이다. 민족, 민족주의는 일본에서 만든 용어이다. 일본에서도 지금은 이것이 타당한 용어가 아님을 알고 민족주의라고 부르지 않고 그냥 일본말로 내셔널리즘이라고 부르고 있다. 그렇다면 우리도 그냥 내셔널리즘으로 불러야 할까? 민족, 민족주의라는 용어를 따라 쓰다가 이제 또다시 일본 따라 네이션, 내셔널리즘이라고 하여야 할까? 여기에 우리의 생각을 모아 볼 필요가 있다.

2. 내셔널리즘의 정의

1) 네이션의 정의

내셔널리즘(nationalism)은 네이션(nation)에서 나온 말로서 네이션에 대한 이념이다. 그렇다면 네이션은 무엇인가? 네이션(nation)이란 "일정한 지역에서 공통의 문화와 관습을 형성하며 살아 왔고, 자신들을 다른 집단과 구분되는 하나의 집단으로 의식하고 있으면서, 하나의 국가로 구성되거나 구성될 수도 있는 사람들의 집단"이라고 정의할 수 있다. 스탈린(Joseph Stalin)은 네이션(nation)은 민족이나 종족을 의미하는 것이 아니고, 사람들의 일시적인 운집이 아니라 세대에 세대를 이어 오랜 기간 동안 같이 살면서 역사적으로 형성된 견고한 집단이라고 하였다.[1]

네이션은 영어에서도 그 의미가 혼란스러운 용어로 유명하다.[2] 그래서 영어 사전을 통하여 이 말이 갖고 있는 의미를 자세히 점검해 보기로 한다. 사전을 보면 오늘날 네이션(nation)은 크게 세 가지 의미를 갖고 있다. 첫째, "구성원들이 한 집단으로 의식하면서 그들 자체의 정부를 갖고 있거나 갖기를 원하는 사람들의 집단", 둘째, "자체적인 정부를 갖고 있는 사람들이 살고 있는 영역", 셋째, "동일 종족 사람들의 집단"이다.[3] 이 세 가지를 우리는 일반적으로 국민, 국가, 민족이라고 표현한다.

먼저 첫째의 의미에서 보면 네이션은 자신이 전체 구성원중의 일원임을 의식하고 있는 사람들의 집단이다. 그리고 이 사람들은 다른 집단의 일부로 속하게 되거나 다른 집단 사람들과 섞여서 살아

---

1 Stalin, 2015, p. 7
2 네이션(nation)이라는 말이 시간과 장소에 따라 의미가 다르게 사용되어 왔기 때문이다.
3 Nation, n.d.

가는 것을 원치 않기 때문에 자기집단이 정치적으로 이미 독립되어 있거나 독립되기를 원한다는 것이다. 여기서 이미 독립되어 있다면 이를 국가라고 하고 이러한 집단을 국민으로 표현할 수 있을 것이다. 만약 정치적으로 독립을 원하지만 독립을 못하고 있는 상태라면 국민이라고 말할 수 없기 때문에 "갖기를 원하는 사람들의 집단"이라고 표현하고 있는 것이다. 따라서 국민뿐만 아니라 자기나라의 국민이 되기를 원하는 사람까지 포함하는 것으로서 국민보다 더 넓은 개념이다. 이 첫째가 네이션의 중심적인 의미라고 할 수 있다.

한국을 예로 들어 보기로 하자. 한반도에는 사람들이 살고 있다. 여기 사람들은 자신이 한국 사람이라는 것을 의식하고 있고, 대부분은 한국 사람에 의한 자치적이고도 독립된 나라로 살아야 한다고 생각한다. 이때 이 한국 사람들 총체로서의 집단, 즉 한국인인 동시에 한국, 이것이 곧 네이션인 것이다. 이와 같이 미국, 중국, 영국, 스코틀랜드 모두 마찬가지이다. 네이션은 우리의 관념으로 "~사람들" 또는 "~인" 정도가 가장 근접하다고 생각된다. "한국 사람들", "미국 사람들", "스코틀랜드 사람들" 또는 "한국인", "미국인", "스코틀랜드인" 등과 같다.

여기서 중요한 것은 "국가단위의 사람집단이거나 국가가 될 수도 있는 집단"의 사람들이어야 한다는 점이다. 한국 사람들은 네이션이지만 충청도 사람들은 네이션이 될 수 없다. 왜냐하면 충청도 사람이나, 경상도 사람이나, 전라도 사람이나 혈통, 역사, 문화 등으로 볼 때 별 차이가 없는 같은 사람들이므로 충청도만 별도의 네이션이 되기 어렵다. 또 구분되는 사람이더라도 반드시 네이션이 되는 것도 아니다. 미국 알래스카의 이누이트(Inuit)사람들은 민족, 언어, 풍속, 기질 등등의 모든 면에서 미국의 백인들과 다르지만, 자신들만의 독립적인 정치체로 살고자 하는 의지가 없다. 독립적인 네이션의 의지 없이 미국 사람의 일원으로 살아가겠다고 한다면 이 누이트 네이션이 아니라 미국인으로서의 네이션이 되는 것이다.

지금 세계에 국가는 200여 국에 불과하지만 민족(ethnic group) 은 약 650여 개나 된다. 이 민족들이 모두 네이션(nation)이 될 수 있는가? 될 수 없다. 이들 민족 모두가 독립된 국가가 될 수 있는 여건을 갖기 어렵고, 또 모든 민족들이 자기들만의 국가에 대한 열 망과 의지를 갖는 것이 아니어서 모두가 독자적 정치단위로 될 수 없기 때문이다. 이와 같이 네이션은 정치적인 측면이 감안된 사람 들의 집단이다. 단순히 거주지, 혈연, 언어, 공동생활 등으로 하나의 집단으로 구분될 수 있는 집단이 있다면 앞의 이누이트 원주민과 마찬가지로 이는 민족에 불과하다. 따라서 네이션의 범주에 들어가 느냐 들어가지 않느냐는 그 사람들의 영토, 언어, 역사, 혈연, 생활 양식 등에서의 독자성을 갖고 있느냐의 측면뿐만 아니라 자기 국가 에 대한 열망과 의지가 있는가에 의해서 결정되는 것이다.

다음으로 둘째의 의미에서 보면, "자체적인 정부를 갖고 있는 사람들이 살고 있는 영역"이란 국가를 의미하며 이 의미에서는 state 와 가깝다. 영어의 country, state, nation 모두 국가를 의미하지만, country는 물리적, 지리적 측면의 의미가 강하고, state는 법적, 정 치적, 지리적인 측면에 강한 의미를 내포하고 있는 반면에, nation 은 사람들의 측면에 더 강한 의미를 두고 있다. 다시 말하면, 국가 (state)는 그 국민으로 하여금 복종과 충성을 요구할 수 있는 힘을 가진 법적, 정치적인 기관인 반면에, 네이션(nation)은 이러한 국가 (state)와 관련된 사람들, 즉 공통의 환경과 연대의식에 의해서 형성 된 사람들의 집단이다.4 그런데 사람을 기준으로 하는 네이션의 측 면에서 국가를 정의하기가 더 어렵다. 어떤 사람들 집단이 가진 집

---

4 Seton-Watson, 1977, p. 1

단소속의식, 집단내 유대감, 다른 집단과의 차별성, 인종적 동질성, 문화의 공통성, 역사와 기억의 공유 등과 같이 객관화하기 어려운 심리적인 요소나 추상적인 요소에 근거하여 국가를 구분하게 되기 때문이다.

미국 독립과 프랑스 혁명 이후 국민주권의식이 확립되면서 일반 사람집단으로서의 인민들(people)과 국가(state)를 같은 것으로 등식화하는데 자기집단끼리 살겠다는 주체적 정치적 의사를 가진 인민의 집단으로서의 네이션이 중간에 가교 역할을 하게 된 것이다. 즉 네이션(nation)의 개념으로 인민들(people) = 네이션(nation) = 국가(state)라는 등식이 성립하게 된 것이다. 이러한 결과로 법적 정치적 단위로서의 국가인 state 만큼이나 사람들 단위로서의 국가인 nation을 국가라는 표현에 자주 사용하게 된 것이다. 그래서 국제연합은 "United Countries"가 아니라 "United Nations"로 되고, 아담 스미스(Adam Smith)가 국부론에서 "The Wealth of Nations"이라고 한 것도 단순한 국가의 부를 의미하는 것이 아니라 국민들의 부를 합한 총체로서의 부를 표현한 것으로 이해할 수 있다.

셋째, 동일 종족 사람들의 집단이다. 이 부분이 우리말의 민족과 거의 일치한다고 할 수 있다. 여기서 한국인이 곧 한국 민족이라고 해서 네이션을 민족이라고 생각해서는 안 된다. 한국은 단일민족국가여서 민족이 곧 네이션으로 되지만, 세계 대다수 국가는 다민족국가이어서 민족이 곧 네이션으로 되지 않기 때문이다.

2) 내셔널리즘의 정의

내셔널리즘(nationalism)은 "자국이 타국보다 낫고 중요하다는 믿음으로 자국을 자랑스러워하고 자국의 이익을 우선시하거나, 자신들의 독립적 자주적 국가를 가지려는 사람들의 열망"이라고 정의할 수 있다.5 내셔널리즘은 현실적으로 우리가 책의 시작에서 본대로 기존 국가에서의 국가내셔널리즘과 국가를 수립하기 위한 독립내셔널리즘 모두를 포함한다. 앞에서 규명한 네이션(nation)의 개념을 토대로 "네이션(nation)의 이익을 우선시하는 사상", 즉 "일정한 지역에서 공통의 문화와 관습을 형성하며 살아 왔고, 자신들을 다른 집단과 구분되는 하나의 집단으로 의식하면서, 하나의 국가로 구성되거나 구성될 수도 있는 사람들의 집단이 자기집단의 이익을 우선시하는 사상"이라고 말할 수 있다.

주요 연구자들의 내셔널리즘에 대한 정의를 보면 한스 콘(Hans Kohn)은 내셔널리즘을 "개개인의 최고의 충성은 의례히 네이션으로 이루어진 국가에 주어져야 한다고 느끼는 심리상태"라고 정의한다.6 또, 케두리(Elie Kedourie)는 "인류는 자연적으로 네이션들(nations)로 나뉘어져 있고, 이 네이션들은 확인되는 특성들로 구분되며, 정당화될 수 있는 유일한 정부 형태는 각 네이션에 의한 자치정부라고 생각하는 신조"라고 정의한다.7 이 외에도 내셔널리즘에 대한 정의는 매우 많으며, 연구자들 마다 그 방법이나 내용에 있어서 매우 다양하다. 우선 연구자에 따라 그 범위를 좁게 정의하기도 하고 넓게 정의하기도 한다. 좁게 정의하면 독립내셔널리즘 또는 내셔널리즘 운동에 한정시키는 것이고, 넓게 정의하면 독립내셔널리즘과 통합내셔널리즘, 그리고 국가단위의 일상적인 내셔널리즘까지도 포함하게 된다.

좁은 정의의 예로서 겔너(Ernest Gellner)의 정의를 들 수 있다. 겔너는 내셔널리즘을 "정치적 단위(political unit)와 네이션 단위(national unit)가 일치해야 한다는 정치적 원리"라고 정의하고 있다.

---

5 Nationalism, n.d.
6 Kohn, 1965, p. 9
7 Kedourie, 1961, p. 9

그리고 그는 네이션(nation)을 다음과 같이 두 가지로 정의하고 있다. 첫째, 만일 두 사람이 같은 문화를 공유할 때 그들은 같은 네이션이다. 여기서 문화는 생각, 기호, 연상, 행위방식, 소통방식의 체계를 뜻한다. 둘째, 만일 두 사람이 서로가 같은 네이션에 속한다고 인식한다면 그들은 같은 네이션이다. 즉 공통된 소속원으로서의 상대방에 대한 쌍무적인 권리·의무를 확고하게 인식하는 범주의 사람들은 같은 네이션이라고 정의하고 있다.[8] 여기서도 나타나고 있는 것은 네이션의 범위는 우리말에서의 민족이 아니라는 점이다. 첫 번째의 경우는 민족에 가깝지만 둘째의 경우는 같은 민족이 아니라도 네이션이 될 수 있다는 것이고, 네이션을 민족보다 넓은 개념으로 정의하고 있음을 알 수 있다.

스미스(Anthony D. Smith)는 겔너보다 범위를 더 넓혀서 독립내셔널리즘뿐만 아니라 통합내셔널리즘까지 포함하고 있다. 스미스는 내셔널리즘(nationalism)을 "실재적 혹은 잠재적 네이션(nation)을 구성하는 일부 구성원들에 의해서 집단전체를 위하여 행해지는 자치, 단결, 정체성을 확보하고 유지하기 위한 이념운동"으로 정의하고 있다.[9] 스미스는 내셔널리즘의 목표를 자기집단의 독립과 자치, 집단의 단결, 집단의 정체성확립의 세 가지에 두고, 겔너보다 더 넓게 정의하고 있지만, 내셔널리즘을 이념운동으로 한정하고 있다는 점에서 여전히 범위가 좁다.

현재 학자마다 네이션, 내셔널리즘의 개념에 대한 인식이 달라 그 정의가 명확하지 못하다는 점도 내셔널리즘 연구를 더욱 어렵고 혼란스럽게 하는 요인중의 하나가 되고 있다. 서구의 내셔널리즘에 대한 많은 연구가 근대화 이후의 유럽이나 유럽관련지역의 독립과

---

8 Gellner, 2006, p. 6~7
9 Smith, 1991, p. 73

통합의 이념운동에 집중되어 있어 내셔널리즘이 독립과 통합의 이 념운동만을 의미하는 것처럼 나타나기도 하지만, 현실적으로 국가 가 주체로 되는 경우의 내셔널리즘도 자주 거론되고 있고 그 중요 성 또한 크다.

국가내셔널리즘이 될 때는 nation의 의미가 state와 거의 같아지 게 된다. 이러한 문제에 대하여 코너(Walker Connor)는 국가의 경우 에는 내셔널리즘(nationalism) 용어를 사용해서는 안 된다고 주장한 다. 그는 많은 연구자들이 내셔널리즘을 국가에 대한 헌신의 의미 로 잘못 사용함으로써 내셔널리즘(nationalism)과 애국심(patriotism) 이 혼동되는 것은 문제라고 주장한다.[10] 원초주의자인 코너(Walker Connor)는 민족내셔널리즘의 입장에서 이러한 주장을 하지만, 공민 내셔널리즘의 입장에서는 이러한 주장을 받아들이기 어렵고, 또 코 너가 이에 대한 문제제기를 할 만큼 많은 학자들이 국가단위에서도 내셔널리즘이라는 용어를 사용하고 있다.[11] 스미스는 nation과 state 는 구분되는 개념이지만 현실적으로 같은 뜻으로 사용되는 경우가 많으며, 애국심(patriotism)과 내셔널리즘(nationalism)간에 분명한 선을 긋기 어렵다고 주장한다.[12] 또 코너는 국가단위가 될 때는 statism이 나 etatism을 사용해야 한다고 하지만[13] statism(국가주의)과 내셔널 리즘은 그 의미에서 차이가 있다.[14] 일반적인 의미에서 국가주의는 최상의 조직체로서의 권능과 권한을 국가에 부여하고 국가가 경제 나 사회의 모든 면을 관리하고 조정하여야 한다는 사상을 말한다. 국가주의는 정치적인 측면에서 국가의 행위에 대한 것인 반면, 내 셔널리즘은 사회적인 측면에서의 다른 집단과 관련한 사람들의 의

---

10 Connor, 2005, p. 40~41
11 민족내셔널리즘과 공민내셔널리즘에 대해서는 본장, 제7절, 1 참조.
12 Smith, 2004, p. 200
13 Connor, 2005, p. 40~41
14 etatism과 statism은 같은 의미이다.

식에 대한 것이다. 내셔널리즘의 정의에 대한 코너(Walker Connor)
의 주장은 현실에서의 용어 사용에서 볼 때도 상당한 거리가 있
다. 중국에서 다른 나라를 규탄하는 시위를 벌일 때 영어 매체에서
Chinese nationalism(중국사람들의 내셔널리즘)이라고 보도하지 Chinese
patriotism(중국사람들의 애국심)이라고 보도하지 않는다. 본서 시작의
예에서도 미국사람들의 내셔널리즘이라고 하지 않고 미국사람들의
애국심이라고 한다면 말하는 사람의 말뜻이 제대로 전달되지 않는다.
    현실적으로 현재 세계에는 국가에 의한 내셔널리즘이 상당히 만
연되어 있고 이 영역에 대한 연구도 중요하다. 여기서 국가내셔널
리즘이라고 함은 국가단위로서의 사람들이 갖는 의식으로서의 내셔
널리즘을 말한다. 내셔널리즘의 영역에 국가내셔널리즘이 포함되지
않는다면 내셔널리즘 연구는 그 유용성이 크게 줄게 된다. 특히 유
럽외의 사람들에게는 더욱 그렇다. 영국에 네이션 의식이 언제 생
겼는가는 영국의 역사학자들에는 중요할지 모르지만 세계 다른 지
역의 사람들한테는 그것이 별 의미를 갖지 못한다. 지금 한국의 입
장에서는 유럽의 200년 전의 이야기 보다는 미국, 중국의 내셔널리
즘이나 세계화속의 내셔널리즘과 세계주의(cosmopolitanism)의 충돌
등과 같은 것이 더 중요한 문제이다.
    그래서 유럽의 주류적 연구의 틀에서 탈피하려는 노력이 필요하
다. 이를 위해서 오늘날 내셔널리즘 연구에서의 그 영역 설정에서
고려하여 할 사항은 첫째, 과거 유럽에서 있었던 이념운동으로서의
내셔널리즘에 대한 연구뿐만 아니라 그 한정된 범주를 벗어나서 세
계 각지의 국가들에 보편적으로 적용될 수 있는 영역이 되어야 하
고, 둘째, 국가를 경계로 일어나는 경제, 문화, 스포츠 등의 다양한
영역에서의 내셔널리즘을 포괄할 수 있어야 하고, 셋째, 오늘날 세
계적으로 일반화되어 있는 일상적인 삶에서의 내셔널리즘도 포함되

어야 한다는 점이다.

내셔널리즘이라는 현상을 세계 전체를 아우르는 보다 보편적인 관점에서 보기 위해서, 그리고 세계의 모든 사람에게 있어서 유용한 지식이 되도록 하기 위해서 가장 중요하고 가장 먼저 선행되어야 할 일은 내셔널리즘(nationalism)의 정의를 적정하게 설정하는 일이다. 그래서 보편적인 관점에서 내셔널리즘을 다음과 같이 내용을 나누어서 정의하고자 한다.

첫째, 내셔널리즘은 사람들의 자기집단을 위하거나 애착을 갖는 의식, 신조, 행동이다.

둘째, 여기서의 집단은 일정한 영토를 기반으로 공통의 문화 및 관습 그리고 역사를 공유하는 사람들의 집단이다.

셋째, 여기에서 집단은 자신들 집단은 다른 집단과 구분되고 자신들만의 국가가 있어야 한다고 생각한다.

넷째, 이러한 의식, 신조, 행동은 주로 다른 집단과의 관계에서 발생하여, 다른 집단에 대해서 자기집단을 우선하거나 다른 집단을 차별하거나 배척하기도 한다.

다섯째, 이러한 의식, 신조, 행동은 지식인이나 상류층과 같은 일부의 사람들에 국한된 것이 아니라 집단내 대다수의 사람들이 공유하는 것이어야 한다.

3. 내셔널리즘과 민족주의의 비교

1) 네이션과 민족

국어사전에서 "민족"의 뜻을 찾아보면, 민족이란 "일정한 지역에서 오랜 세월 동안 공동생활을 하면서 언어와 문화의 공통성에 기초하여 역사적으로 형성된 사회집단"[15]으로 정의하고 있다. 이 민족의 정의를 기초로 영어의 네이션(nation)과 우리말에서의 민족은 어떻게 다른지 검토해 보기로 한다.

앞에서 본 대로, 네이션은 국민, 국가, 종족의 세 가지 개념을 담고 있는데 민족은 종족에 근접한 개념만 담고 있어 범위가 좁다. 특히 내셔널리즘(nationalism)에서의 네이션(nation)의 의미는 "특정한 땅에 사는 자신들의 국가나 정부를 의식하는 대규모의 사람집단"이다.[16] 즉, 네이션이라고 할 수 있기 위해서는 첫째, 대규모의 사람집단이며, 둘째, 이 집단 사람들이 살 수 있는 땅이 있어야 하고, 셋째, 자신들끼리만의 정치체(polity)에 대한 의식이 있어야 한다. 그래서 네이션과 민족이라는 말은 범위에서 차이가 있을 뿐만 아니라 그 중심적 의미도 다르다고 할 수 있다.

우리말의 민족은 영어의 네이션(nation) 보다는 "race", "ethnicity"에 더 가깝다.[17] 영어에서는 원래 "race"라는 말이 많이 사용되었으나 20세기에 들어와 나치즘, 유대인 대학살(Holocaust) 등을 거치면서 최근에는 "ethnicity"라는 말이 많이 사용되고 있다. "Ethnicity"라는 말은 그리스어의 "ethnos"에서 나온 민족이라는 의미의 "ethnic"의 파생어이다.[18] 민족이란 원래 인종아래, 친족위에 위치하는 사람 분류의 한 단계로서, 혈통의 의미를 지니고 있고 객관적인 성격을 갖는다. 객관적인 이유는 같은 민족은 부분적으로 겉모습에서 드러나기도 하거니와, 유전자 분석을 통한 과학적 판단도 가능하기 때문이다. 반면에 네이션은 혈연, 영토, 언어 등과 같은 객관적인 요소뿐만 아니라 정체성과 같이 자신에 의해서 정해지는 주관적인 성격도 함께 갖고 있다.

스미스(Anthony D. Smith)는 민족공동체(ethnic community)와 네

---

15 민족, 미상
16 Nation [Def.1], n.d.
17 Ethnicity라는 말은 비교적 최근에 만들어진 말로서 Oxford English Dictionary에서는 1953년에 등재되었다.
18 Spencer & Wollman, 2002, p. 65

이션(nation)의 속성을 다음과 같이 구분한다. 먼저, 민족공동체가 갖는 속성으로 ① 집단 고유의 이름이 있고, ② 특정한 고향땅과 연계되어 있으며, ③ 공통조상에 대한 신화를 갖고 있고, ④ 역사적 기억을 공유하며, ⑤ 공통의 문화를 갖고 있고, ⑥ 집단내에 상당한 비중의 사람들이 연대의식을 갖고 있다는 점을 들고 있다.[19] 스미스는 ③ 공통조상에 대한 신화를 갖는다는 항목에서 민족의 혈연적 측면을 적시하고 있다. 그리고 민족은 하나의 구분되는 집단으로서 특정한 땅, 역사, 문화 등에서 연계되어 있고, 서로에 대한 연대의식은 있지만 반드시 이들 집단이 특정한 지역의 땅을 점유하고 있는 것은 아니라는 점을 말하고 있다.

반면에 네이션(nation)이 갖는 속성으로서 ① 집단 고유의 이름이 있으며, ② 역사적으로 내려온 고유의 영토가 있고, ③ 공통의 신화를 갖고 있으며, ④ 공통의 역사적 기억을 갖고 있고, ⑤ 공통의 공공문화를 갖고 있고, ⑥ 구성원이 공통의 법적 권리와 의무를 지며, ⑦ 공통의 경제단위를 갖는다는 점을 들고 있다.[20] 네이션(nation)이 민족공동체(ethnic community)와 구분되는 점은 모든 속성들에 있어서 민족공동체(ethnic community)보다 그 존재가 뚜렷하다는 점도 있지만 정치적인 단위로서의 성격이다. 즉, 네이션은 민족공동체와 달리 자신들만의 독자적인 정치단위로 살아 가고자 하는 의지가 포함된다는 점이다. 이러한 네이션(nation)의 속성은 ⑥ 구성원이 공통의 권리와 의무를 진다고 한 항목에서 표시되고 있다. 정치적으로 하나의 집단이 될 때 법과 조직을 갖게 되고, 이에 따라 서로간에 법적 권리와 의무를 지게 되는 것이기 때문이다.

---

19 Smith, 1991, p. 21
20 Smith, 1991, p. 14

표 1-1 민족과 네이션의 속성		
민족 (Ethnic community)		**네이션 (Nation)**
사람들 집단의 이름이 있다	1	사람들 집단의 이름이 있다
특정한 고향땅과 연계되어 있다	2	고유의 역사적인 영토나 고향땅을 갖고 있다
공통조상에 대한 신화를 갖고 있다	3	공통의 신화를 갖고 있다
역사적 기억을 공유한다	4	공통의 역사적 기억을 갖고 있다
다른 문화와 차별화되는 공통의 문화를 갖고 있다	5	공통의 집단 공공문화를 형성하고 있다
집단내 상당비중의 사람들은 연대 의식을 갖고 있다	6	구성원 모두가 공통의 법적 권리와 의무를 진다
	7	구성원의 지역적 이동이 가능한 공통의 경제 단위를 갖는다

출처: *National Identity*, by A. D. Smith, 1991, London: Penguin, pp. 14~21. 참고
하여 작성.

　네이션의 예로서 한국을 보면, 한국인 또는 한민족이라는 이름
이 있고, 한반도와 만주 땅이 있으며, 단군신화가 있고, 선대의 사
람들이 살아온 역사를 갖고 있으며, 모두가 함께 하는 집단 공공문
화로서의 한국문화가 있고, 국민 모두가 서로에 대하여 권리 의무
를 갖고 살아가며, 국경의 범위내에서 하나의 경제단위로 살아왔다.
　다음으로 민족에 대한 예를 들자면, 과거 19세기 이전의 유태민
족을 들 수 있다. 오늘날의 이스라엘이 있게 된 것은 19세기 말 시오
니즘(zionism)이 일어나 고토에 자신들만의 나라를 세우겠다는 의식
이 확산되었고, 이러한 결과로 제2차 세계대전후 자신들의 고토에

나라를 세웠기 때문이었다. 그 이전의 수천 년 동안 유태인들은 세계 각지에 흩어져 살면서 자신들만의 나라를 갖겠다는 의식이 없었다. 또 다른 예로 고대 그리스를 들 수 있다. 고대 그리스는 하나의 민족이었지만 네이션은 아니었다. 그때 그리스 반도에 살던 사람들은 오랜 기간 동안 혈연적, 문화적으로 공통의 토대위에 살아왔지만 정치적으로 도시국가로 나뉘어져 살았고, 단일국가로 살고자 하는 의식이 없었기 때문에 네이션이라고 할 수 없는 것이다. 오늘날의 경우를 보면 과거에 유구국이었던 오키나와나 중국 각지에 흩어져 살고 있는 만주족 등이 여기에 해당한다. 이름도 있고, 고향땅도 있으며, 공통조상에 대한 신화도 있고, 역사도 알고 있으며, 자신들만의 문화도 있고, 상당수의 사람들에게 자기민족 사람들간에 연대의식도 있다. 그러나 이들에게 자신들만의 독자적인 나라가 있어야 한다는 의식이 없다. 그래서 그들은 네이션이 아니고 민족인 것이다. 그리고 민족주의는 있어도 내셔널리즘(nationalism)은 없는 것이다.

민족과 네이션의 개념을 보다 명확하게 구분하기 위해서 예를 하나 더 들어 영국의 경우를 생각해 보기로 하자. 영국(United Kingdom)은 원래 잉글랜드(England), 스코틀랜드(Scotland), 웨일즈(Wales), 그리고 북아일랜드(Northern Ireland)의 네 나라가 합쳐져서 만들어진 나라이다.

① 스코틀랜드는 민족인가? : 그렇다
② 영국은 민족인가? : 아니다
③ 스코틀랜드는 네이션인가? : 그렇다
④ 영국(UK)은 네이션인가? : 그렇다

여기서 영국(UK)이 하나의 네이션이 되는 데는 전제조건이 있다. 영국(UK)의 사람들이 영국인이라는 하나의 정체성을 가질 때이다. 대다수 스코틀랜드지역의 사람들이 자신은 스코틀랜드 사람이며, 영국내 다른 지역 사람들과는 다른 사람들로서 자신은 영국(UK)과 큰 관련이 없다고 생각하고, 잉글랜드, 웨일즈, 북아일랜드 지역의 사람들도 같은 식으로 생각한다면 영국(UK)은 네이션이 아닌 것이다.

2) 내셔널리즘과 민족주의

민족주의의 의미를 국어사전에서 찾아보면 "독립이나 통일을 위하여 민족의 독자성이나 우월성을 주장하는 사상"이라고 정의하고 있다.[21] 여기서의 중심어는 민족인데 민족과 네이션(nation)이 다르므로 이들을 토대로 하고 있는 민족주의와 내셔널리즘(nationalism)도 자연히 다르게 된다. 내셔널리즘(nationalism)의 기반이 되는 네이션의 사전적인 정의는 국민 또는 국민이 되기를 원하는 집단, 국가, 종족을 아우르고 있지만 민족은 이중에서 종족의 의미만 담고 있다.

물론 네이션 또는 내셔널리즘이 우리말의 민족 또는 민족주의로 한정된 뜻으로 사용될 수도 있고 이럴 경우에는 문제가 없다. 그러나 많은 경우에 문제가 될 수밖에 없다. 영어 네이션에 있어서는 국가와 관련된 내용이 스며들어 있는 것이 중요한 부분이기 때문에 이 같은 의미가 없는 우리말의 민족과는 많은 경우에 개념상으로 합치되지 않기 때문이다. 따라서 내셔널리즘을 민족주의로 번역하거나 민족주의를 내셔널리즘으로 번역하는 경우 원래의 말뜻이 전달되지 않거나 의미가 불분명해지는 문제가 생길 수밖에 없는 것이다. 당장 우리가 외국의 내셔널리즘에 대한 이론서를 보면 번역서를 읽고서는 이해가 거의 불가능한 것이 현실이다. 또 용어가 혼동되는 상황에서는 책을 읽기도 어려울 뿐만 아니라 당연히 이에 대한 글을 쓰기도 어렵다.

내셔널리즘(nationalism)을 민족주의라고 번역하는 것이 옳다면 역으로 우리의 민족주의를 영어로 번역할 때 내셔널리즘(nationalism)으

---

21 민족주의, 미상

로 번역되어야 할 것이지만 서양에서 한국의 민족주의를 nationalism
(내셔널리즘)이라고 하지 않고 ethnic nationalism(민족내셔널리즘)이라
고 한다. 그런데 서양사람들은 ethnic nationalism(민족내셔널리즘)에
대하여 매우 부정적인 인식을 갖고 있다. 한국사람이나 서양사람이
나 내셔널리즘(nationalism)은 마찬가지인데 서양사람들이 한국사람들
에 대하여 내셔널리즘이 강하다는, 또는 나쁜 내셔널리즘에 젖어 있
다는 편견을 갖게 하는 원인이 될 수도 있는 것이다.

3) 국 인

지금까지 논의한 대로 민족, 민족주의라는 말이 네이션(nation),
내셔널리즘(nationalism)을 제대로 표현하는 말이 아니기 때문에 이
들 개념에 적합한 용어를 찾는 것이 무엇보다 시급하다고 생각된다.

지금도 민족이라는 말이 네이션 개념과 합치하지 않기 때문에
민족이라는 용어 대신에 국민이라는 말이 더러 사용되고 있으며,
또 민족주의라는 말과 함께 국민주의라는 말도 사용된다. 그런데
국민이라는 용어는 다음과 같은 측면에서 문제가 있다.

첫째, 네이션과 국민은 구분되는 개념이다. 우리말에서의 국민
이란 "한나라의 통치권 아래에 있는 사람, 또는 그 나라의 국적을
가진 일정한 권리와 의무를 지닌 사람"을 뜻한다.[22] 이 국민의 말에
가장 근접한 영어는 citizen[23]이다. 원래 citizenship을 갖는다는 것

---

22 국민, 미상
23 영어에서 citizen을 시민이라 하여 그 개념을 오해하기 쉬운데 국민의 개념이
　다. 국민을 citizen이라고 하는 이유는 도시국가에서 이 개념이 유래했기 때
　문이다. Citizen을 시민이라고 하는 것은 마치 greenhouse를 초록집으로 번역
　하는 것과 같다. 영어의 citizen은 의미가 있는 단어이지만 이를 시민이라 하
　면 아무 내용이 없는 말이 되고 만다. 영어권 국가에서 citizen이 된다는 것은
　국민으로서의 권리 의무를 갖는다는 의미이다. 그러나 한국에서 어느 도시의
　시민이 된다고 해서 달라지는 것은 아무 것도 없다.

은 투표권과 공직자로서의 피선거권을 갖는다는 것을 의미하였고, 현대에 와서 citizenship을 갖는다는 것은 국민으로서 제반 권리와 의무를 갖는다는 것을 의미하게 되었다. 이에 반해서 nationality를 갖는다는 것은 그 나라 사람이라는 것을 의미한다. 그 나라 사람이 된다는 것은 이러한 권리와 무관한 것은 아니지만 이것과 직접 연관되는 의미는 아니다. 앞에서도 보았듯이 네이션은 국민 외에도 다른 뜻도 포함하고 있는 것이다. 예를 들면 한국 국적을 포기하고 미국 국적을 취득한 사람의 경우 한국국민은 아니지만 한국인이 될 수도 있는 것이다.

둘째, 국민은 국가(state)에서 나오는 개념이기 때문에 국가가 성립된 이후에 존재한다. 그래서 네이션을 국민으로 번역하면 말이 되지 않는 경우가 많다. 예를 들면, 네이션으로서의 스코틀랜드를 스코틀랜드 국민이라고 한다면 말이 안 된다. 스코틀랜드 사람들이라고 해야 한다.

셋째, 국민의 의미가 이와 같기 때문에 이 말에 기초하여 "국민주의"라고 하였을 때 국가내에서 일어나는 국민의 권익이나 국민의 위상에 대한 개념으로 생각이 들게 되고 내셔널리즘의 국가 또는 국가관련 사람집단의 대외적 관계로서의 개념과 연결되지 않는다.

근본적으로, 이 부문에서 개념단위는 nation, state, citizen, ethnic group의 4개인데, 한글어휘는 국가, 국민, 민족의 3개로서 한글 어휘수가 절대적으로 부족하다. 네이션(nation)개념을 표현하기 위해서는 새로운 단어가 반드시 추가되어야 한다. 그래서 많은 우리말들을 검토한 결과 네이션에 대한 가장 적절한 한국말은 국인(國人)이라고 생각된다. 국인이라는 말이 적합한 이유는 다음과 같다.

첫째, 국인이라는 용어는 네이션에 가장 적확한 말이다. 그리고 지금은 많이 사용되고 있지 않지만 과거에는 사용되던 우리말이다.

지금도 혼합어로서 한국인, 영국인, 중국인 등과 같이 사용된다. Korean(한국인), English(영국인), Chinese(중국인) 등이 바로 네이션 (nation)이므로, 네이션을 국인이라고 하는 것이 타당하고도 자연스럽다.

둘째, 네이션(nation)은 정치적인 자치의식을 가진 사람들의 집단이므로 정치적으로 주체자로서의 성격을 갖는 국인이라는 말이 잘 부합된다. 그 나라 사람으로서 또는 나라의 주인으로서 국인인 것이다. 원래 한자어의 인(人)과 민(民)은 대칭적인 의미를 갖고 있다. 인(人)은 사람을 형상화한 글자로 인격체로서의 사람을 뜻한다. 인은 사회의 주체자로서 지배계급을 의미한다. 반면에 민(民)은 맹인을 형상화한 글자로 노예를 의미한다. 전쟁에서 포로로 잡힌 사람을 눈을 찔러 장님으로 만들어 노예로 삼았던 옛 습속에서 이렇게 노예가 된 사람이 민이었다. 즉 인과 민은 모두 백성이지만 인은 국가 사회의 주체자로서의 백성이고, 민은 다스림을 받는 피지배계급으로서의 백성인 것이다.

셋째, 네이션(nation)은 민족보다 혈통적인 개념이 옅지만 이것이 완전히 배제된 것은 아니다. 특히 비서구사회는 네이션에 혈연적 개념이 강한데 국인은 이러한 측면을 잘 나타낸다. 국인은 이러한 혈통적인 개념을 갖고 있는 반면에 국민에는 이러한 개념이 없다. 예를 들어 한국국민과 한국인이라는 말이 담고 있는 의미가 다르다. 한국국민이라고 하면 한국에 소속된 사람의 법적 신분을 나타내는 반면에, 한국인이라고 하면 그 혈통이나 뿌리까지 나타내는 것이다. 현실적으로 북한과 남한을 아우르는 한민족과 같은 용어로서 한국민이라고는 할 수 없지만 한국인은 가능하다. 국민(citizen)은 국가 (state)가 있고 난 이후에나 있는 것이지만, 국인(nation)은 국가(state)보다 먼저 있으면서 그 기초가 되는 사람들이기 때문이다.

4) 국인주의

다음으로 내셔널리즘(nationalism)을 보기로 한다. 내셔널리즘에 대한 가장 적절한 한국어 표현은 국인주의(國人主義) 혹은 자국주의(自國主義)라고 생각된다. 이 용어의 사용 방법은 다음 세 가지로 나눌 수 있다.

첫째, 국인주의라고 하는 경우이다. 국인주의는 네이션(nation)을 국인으로 부르게 된다면 이에 대한 이념의 의미 "주의"를 붙인 것으로서 자국인을 위하는 이념이 된다. 내셔널리즘에서의 두드러진 두 가지 형태인 국가내셔널리즘과 독립내셔널리즘을 나누어 생각해 보기로 한다. 먼저, 국가내셔널리즘에서 보면 국인(nation)이 사람의 집단으로 말한 국가이므로 국가를 위하는 마음으로 국인주의라 말할 수 있다. 다음으로, 독립내셔널리즘에서 민족이 아니라 국인(國人), 즉, 자기국가를 가진 사람이 되려는 이념이라는 측면에서 국인주의라는 용어가 적절하다.

둘째, 자국주의로 부르는 경우이다. 자국주의라는 용어는 말 자체로 쉽게 이해가 되는 장점이 있다. 국가내셔널리즘과 독립내셔널리즘을 나누어 생각해 보자. 먼저, 국가내셔널리즘에서 보면, 개인적인 차원에서 자신의 이익만을 도모하는 사고방식을 자기주의(自己主義: egoism)라고 하듯이 국가적 차원에서 자국의 이익만을 도모하는 사고방식을 자국주의(自國主義)라고 할 수 있다. 다음으로, 독립내셔널리즘에서는 자신들의 나라를 추구한다는 의미를 나타내므로 여기서 또한 자국주의라는 말이 적절하다. 하지만 네이션(nation)의 국인과 연결되는 말이 아니라는 점이 단점이다.

셋째, 국가내셔널리즘은 자국주의로, 독립내셔널리즘은 국인주의로 사용하는 방법이다. 국가내셔널리즘은 네이션의 중심적인 의미가 국가이므로 자국주의로, 독립내셔널리즘은 네이션의 중심적인 의미가 국인이므로 국인주의라고 하는 것이다. 다소 복잡하고, nationalism 이라는 영어 한 단어에 두 개의 한글단어를 사용하게 되는 단점이 있지만, 한글의 용어가 더 풍부해지는 장점도 있다.

국인주의와 자국주의라는 용어 모두 자국의 이익을 도모하는 이념이라는 뜻과 자국을 갖고자 하는 이념이라는 뜻을 동시에 수용하는데 아무런 무리가 없다. 지금까지 논의한 내용을 그림을 통하여 보다 명확하게 정리해 보기로 한다. <그림 1-1>은 내셔널리즘(nationalism)과 이에 해당하는 우리말의 용어와의 관계를 나타내고 있다.

내셔널리즘의 사전적인 의미 두 가지 중에서 첫 번째, 국가내셔널리즘에서의 "자국이 타국보다 낫고 중요하다는 믿음으로 자국을 자랑스러워하고 자국의 이익을 우선시하는 마음" 부분이다. 이 부분에서 내셔널리즘(nationalism)의 네이션(nation)의 중심적인 의미는 국가이지만 사람중심의 국가로서 국인이라고 할 수도 있다. 그래서 이 부문에 내셔널리즘의 이념을 나타내는 적절한 용어로서 자국주의와 국인주의 모두 무난하다.

두 번째, 독립내셔널리즘 즉, "자신들의 독립적 자주적 국가를 형성하려는 열망" 부분이다. 여기서 내셔널리즘(nationalism)은 개인의 의사를 중심으로 국가 구성원이 결정되는 공민내셔널리즘(civic nationalism)과 혈통을 중심으로 구성원이 결정되는 민족내셔널리즘(ethnic nationalism)으로 나누어 볼 수 있다.[24] 공민내셔널리즘에서의 네이션(nation)의 중심적인 의미는 국인인 반면에, 민족내셔널리즘에서의 네이션의 중심적인 의미는 민족이지만 이는 동시에 국인이다. 여기서 이 민족내셔널리즘의 경우에는 민족이 중심이 되는 측면에서 내셔널리즘을 민족주의라고도 할 수 있는데, 이 민족주의도 더 포괄적인 개념인 국인주의 또는 자국주의의 범위내에 있다. 하지만

---

24 공민내셔널리즘(civic nationalism), 민족내셔널리즘(ethnic nationalism)의 내용에 대해서는 본장 제7절 국인주의의 유형 참조.

이 경우에도 민족주의는 민족이라는 말이 원래 자국에 대한 정치적
인 의미를 담고 있는 것이 아니기 때문에 이 같은 정치적인 의미가
배제된 경우에만 이 말을 사용하는 것이 좋을 것으로 생각된다.

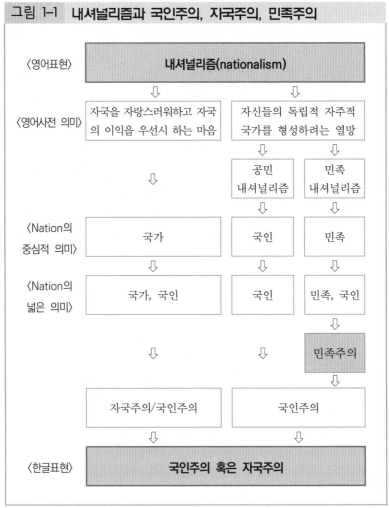

그림 1-1 내셔널리즘과 국인주의, 자국주의, 민족주의

참고: 영어사전은 Merriam-Webster dictionary, 한글사전은 국립국어원 『표준국어
대사전』을 참고하여 작성.

4. 본서에서의 용어 사용

우리나라는 오랫동안 내셔널리즘(nationalism)을 민족주의라는 용어로 사용해 왔기 때문에 지금까지 사용해 오던 민족주의라는 용어를 다른 용어로 바꾸기는 쉽지 않은 일이다. 그러나 언제까지 계속 이렇게 갈 수는 없다고 본다. 우선 민족이 아닌 것을 민족이라고 해야 하니 의사소통이 되지 않는다. 의사소통이 되지 않으니 연구도, 토론도, 설명도, 아무 것도 할 수 없다. 그래서 의미상으로 민족에 해당되는 것은 민족, 민족주의라고 하고, 민족의 의미가 아닌 것은 그것에 맞는 용어를 찾아서 사용함으로써 지금까지의 잘못된 상황에서 하루 빨리 벗어나야 할 필요가 있다.

새로운 용어가 처음에는 어색하겠지만 익숙해지면 문제가 되지 않을 것이다. 그래서 본서에서는 국인(國人), 국인주의(國人主義), 자국주의(自國主義)라는 용어를 사용하기로 한다. 물론 네이션, 내셔널리즘에 해당되는 말에서 국인, 국인주의를 사용한다는 뜻이지 민족, 민족주의라는 말을 모두 국인, 국인주의로 대체한다는 말이 아니다. 민족, 국민, 민족주의라는 말이 적절한 곳에서는 이들도 함께 사용함으로써 그 내용에 가장 알맞는 표현이 되도록 하고자 한다.

제2절 한국의 내셔널리즘 용어

1. 민족주의 용어 도입

1) 민족주의 용어 등장

민족이라는 용어는 일본이 근대화기에 만든 말들중의 하나이다. 일본에서 만들어진 이 말은 먼저 중국으로 건너가 사용되고, 중국

을 통하여 다시 한국에 들어 온 것으로 알려지고 있다.[25] 20세기 서
양제도와 문물이 물밀듯 들어오면서 서양의 제도와 문물에 대한 말
을 번역하는 수많은 용어들이 만들어졌는데, 네이션(nation), 내셔널
리즘(nationalism)이라는 말의 번역 용어로서 민족, 민족주의라는 말
이 만들어져 사용되기 시작한 것이다.

한국에 민족이라는 말이 언론 매체에 최초로 등장한 것은 1900
년 『황성신문』의 기사에서 "백인민족"과 "동방민족"이라는 표현이
었으며,[26] 1907년 이후에 널리 사용된 것으로 알려져 있다. 또, 한
국에 민족주의라는 말이 처음 사용된 것은 1906년경으로 이 시기에
신채호가 사용한 것으로 알려져 있다.[27] 신채호는 1909년 『대한매
일신보』의 「제국주의와 민족주의」 제목의 논설에서 민족주의를 "다
른 민족의 간섭을 받지 않는 주의"라고 설명하고 있으며, "민족주의
가 강하면 아무리 악랄한 제국주의라도 들어올 수 없으니, 바라건
대 한국동포는 민족주의를 크게 분발하여 '우리 민족의 나라는 우
리 민족이 주장한다'는 말을 간직하여 민족을 보전할 것"을 호소하
고 있다.[28] 또 1909년 최동식은 『호남학회월보』에서 "민족주의란
같은 종족, 같은 언어, 같은 문자, 같은 습속의 사람들이 한 곳의
땅을 점거하여 서로 동포로 여겨 함께 독립과 자치에 힘써서 공익
을 도모하고 타족을 막아내는 것"이라 하였다.[29]

2) 동아시아의 네이션, 내셔널리즘 개념 도입

동아시아에서 가장 먼저 네이션(nation)과 내셔널리즘(nationalism)
의 개념을 접한 곳은 서양에 대해서 문호를 먼저 개방한 일본이었다.

25 강동국, 2006, pp. 19~20
26 강동국, 2006, p. 23
27 박찬승, 2011, pp. 134~135
28 대한매일신보, 1909년 5월 28일
29 박찬승, 2011, p. 136

1867년 후쿠자와 유키치는 자신의 '서양사정'이라는 책에 영국 챔버스 형제의 『정치경제학교본』(Political economy, for use in schools, and for private instruction, 1852)을 번역하면서 네이션(nation)을 국민으로 번역하였다.30 그 후 1880년 가토 히로유키가 독일 블룬칠리(J. C. Bluntschli)의 "Allgemeines Staatsrecht"이라는 책을 『국법범론』(國法汎論)으로 번역하면서 나치온(nation)을 민종(民種)으로 번역하고, 폴크(volk)를 국민(國民)으로 번역하였다. 여기서 민종이라고 한 것이 나중에 다른 번역자들이 민족으로 번역하게 되는데 기초가 되었다.31 1882년 히라타 도스케는 블룬칠리(J. C. Bluntschli)의 『교양계급을 위한 독일 국가학』(Deutsche Staatslehre fur Gebilder, 1874)이라는 책을 『국가론』으로 번역하였는데 여기서 나치온(nation)을 족민(族民)이라고 번역하고, 폴크(volk)를 국민(國民)으로 번역하였다. 그는 또 1887년 『독일학협회잡지』에서 「민족론」이라는 번역 글에서 처음으로 네이션(nation)에 대한 번역어로 민족(民族)이라는 단어를 사용하였다.32 이후 민족이란 단어가 점점 더 많이 사용되면서 nation의 번역어로 자리 잡게 되었다. 1901년 다카다 사나에가 미국 라인쉬(Paul Samuel Reinsch)의 『19세기 세계정치』(World Politics at the End of the Nineteenth Century: as Influenced by the Oriental Situation, 1900)를 번역하면서 "national imperialism"을 "민족제국주의", "nation"을 "민족", "nationalism"을 "민족주의"로 번역하였다.33 독어의 나치온(nation)뿐만 아니라 영어의 네이션(nation)도 민족이라고 번역한 것이다.

이렇게 일본에서 만들어진 민족이라는 용어는 그대로 중국에 전해졌다. 중국에서 민족이라는 용어가 처음 사용된 것은 1899년, 또

30 박양신, 2008, p. 238
31 박양신, 2008, p. 244
32 박양신, 2008, p. 251
33 강동국, 2006, pp. 19~27

민족주의라는 용어가 처음 사용된 것은 1901년으로 알려져 있다.[34]
1899년 중국의 량치차오는 "동적월단"이라는 글에서 민족이라는 용
어를 사용하였고, 또 1902년에 "논민족경쟁지대세"라는 글에서 민
족주의를 설명하였다.[35] 량치차오는 블룬칠리의 책을 번역하고 블
룬칠리의 학설을 소개하였는데 1903년 "정치학대가백륜지리지학설"
이라는 글에서 블룬칠리가 말하는 나치온(nation)의 개념과 폴크(volk)
의 개념을 소개하였다. 여기서 량치차오는 폴크(volk)를 국민으로
번역하고, 나치온(nation)을 민족이라고 번역하였다. 한국의 지식인
들도 이 량치차오의 글과 책을 통하여 민족, 민족주의라는 개념을
도입하게 되고 곧 널리 사용하게 된 것이다.

　이상에서 보면 동아시아에서 민족이라는 용어와 개념을 도입하
는 과정에 있어서 블룬칠리의 영향이 컸다는 것을 알 수 있다. 블룬
칠리는 19세기 후반 독일의 저명한 국제법학자이다. 『현대국가이론』
(Lehre vom modernen Staat, 1875)에 기술된 그의 폴크(volk)와 나치온
(nation)에 대한 설명을 보면 이 두 용어가 일상에서 혼동되어 사용
되고 있고, 이 용어가 나라마다 다르게 사용되고 있어서 학문에서조
차 종종 혼동된다고 하면서 주의를 환기시키고 있다. 그리고 영어,
불어에서의 용어와 비교하면서 설명하고 있는데, 나치온(nation)은
공통의 혈통, 언어, 풍속, 문화 등을 갖는 사람들(영어의 people)이라
고 설명하고, 폴크(volk)는 정치적 개념으로서의 국가를 구성하는 주
체로서의 사람들(영어의 nation)이라고 설명한다.[36] 블룬칠리는 서양의
근대국가 형성과 관련하여 중요한 개념이 된 국인 개념(독어의 volk,
영어의 nation)을 민족 개념(독어의 nation, 영어의 people)과 구분하여
설명하였던 것이다.

34 Yahuda, 2000, p. 27
35 박찬승, 2011, p. 49
36 Bluntschli, 1875/2000, pp. 79~87

여기서 문제는 영어의 네이션(nation)을 민족으로 번역하게 되는 심각한 오류가 발생했다는 점이다. 영어의 네이션(nation)은 독어의 나치온(nation)이 아니다. 영어의 네이션(nation)은 블룬칠리가 말한 독어의 폴크(volk: 국민)이고, 독어의 나치온(nation)은 영어의 피플(people: 민족)에 해당된다.

그런데 우리가 지금 말하는 네이션(nation), 내셔널리즘(nationalism)은 영어이다. 영어에서의 네이션(nation)은 독어의 폴크(volk), 즉 민족이 아닌, 블룬칠리가 그렇게 혼동하지 말라고 강조하면서 설명하고자 했던, 정치적인 의미가 들어간 국인 또는 국민이다. 당시 독어에서 나치온(nation)을 민족이라고 한 것을 그대로 이어서 영어의 네이션(nation)도 민족이라고 번역함으로써 개념이 서로 반대로 바뀌게 된 것이다. 이것은 상당히 기막힌 상황이라고 할 수 있다. 서로 대비되는 두 가지 개념을 두고 그 개념에 맞추어서 용어를 만들었는데 이 용어가 서로 바뀌어버렸으니 용어가 그 개념을 잘 표현해 줄 수 있겠는가? 이것이 아무리 노력을 한다고 해도 민족과 nation(네이션)이 같은 의미로 사용될 수 없는 근본적인 이유이다.

이러한 일이 발생한 것은 당시의 독어에서의 말뜻이 영어와 달랐거나 블룬칠리가 단어 뜻을 반대로 알고 있었거나 둘 중의 하나이다. 아마도 전자일 것이다. 블룬칠리도 자신의 책에서 그렇게 설명하고 있다. Nation은 그 뜻이 지역마다 다르게 변해왔기 때문에 당시 영어의 네이션(nation)과 독어에서의 나치온(nation)의 의미가 서로 달랐을 가능성이 매우 크다.[37] 유럽에서 원래는 nation이 출생, 민족을 뜻했으나 점차 국인, 국민의 의미로 변해왔다. 1913년판 네델란드어 사전에서는 영어 nation에 해당하는 네델란드어 단어

---

37 지금도 독어에서는 폴크(volk)가 국민의 의미와 함께 민족의 의미를 갖고 있어 상당히 애매하게 사용된다.

natie의 뜻에 대해서 "같은 종족에 속한다고 생각되는 사람들의 총
체"라고 정의함과 동시에, "프랑스와 영국에서는 언어가 다른 사람
이라고 할지라도 한 국가내의 사람이면 nation이라고 하는 데, 이것
은 프랑스와 영국의 독특한 용법"이라고 기술하고 있다고 한다.[38]
이러한 사실을 종합해 볼 때 혼동하지 말라고 적은 블룬칠리의 글
에서도 나타나듯이 19세기 독일사회에서도 nation과 volk의 용어사
용에서 의미의 변화가 있었고 이로 인한 혼동이 있었던 것으로 추
측할 수 있다.

3) 한국의 민족주의 용어 사용

앞에서 보았듯이 한국에 민족이라는 말이 들어 올 때 국민이라
는 말도 함께 들어왔다. 1908년 『대한매일신보』에 의하면 민족을
"같은 조상의 자손에 매인 자이며, 같은 지방에 사는 자이며, 같은
역사를 가진 자이며, 같은 종교를 받드는 자"로 규정하고, 국민을
"조상과 역사와 거주지와 종교와 언어가 같은 외에 또 반드시 같은
정신을 가지며, 같은 이해를 느끼며, 같은 행동을 하여서, 그 내부
의 조직됨이 한 몸의 근골과 같으며 밖을 대하는 정신은 한 병영의
군대같이 하는 자"로 규정하고 있다.[39] 이러한 내용은 블룬칠리와
량치차오의 설명과 거의 같으며 개념상에는 아무 문제가 없었다.
다만 네이션이 민족이 아니라 국민의 개념과 가깝다는 것이 문제이
지만 번역을 해야 하는 상황이 아니라면 문제 될 것이 없었다.
대한제국말기 1905년에서부터 1909년 사이에는 국가의 기초위
에서 국민, 국민주의 개념이 강화되었지만, 한일합방 이후에는 민
족, 민족주의 개념이 오랜 기간 함께하게 되었다.[40] 이후의 지난 백

---

38 Hobsbawm, 1990, p. 17
39 『대한매일신보』, 1908년 7월 30일
40 강동국, 2006, 29~31

년간을 되돌아보면 민족이라는 단어가 한국인의 마음에서 떠날 틈
이 없었던 역사였다.

네이션, 내셔널리즘이라는 말이 민족, 민족주의로 고착화 된 데
는 무엇보다 일본에 의하여 나라를 잃은 것이 결정적인 작용을 하
였다. 일제하에 우리의 나라가 없었기 때문에 일본국민이 아닌 우리
의 입장에서 국가와 국민이라는 말이 들어설 자리는 없었고 대신에
민족이 있을 뿐이었다. 국내에서 뿐만 아니라 해외에 망명하여 독립
운동을 하는 애국지사나 일본유학생들의 애국심은 민족이라는 용어
를 통해서 표현되었다. 국권을 침탈당하고 다른 나라의 지배를 받게
된 상황에서 나라를 회복하기 위해서는 민족으로서의 정체성을 확
고히 하는 것이 무엇보다 중요했기 때문에 당시의 한국사람들로서
는 민족이라는 용어가 갖는 의미는 남다른 것이었다. 한편 일본 제
국주의자들의 입장에서도 한국인에 대해서 나라 있는 한국인이 아
니라 나라 없는 민족이라는 용어가 그들이 쓰고 싶은 용어였다.

다음으로 해방후 분단상황의 영향이다. 해방후 남북한으로 두
개의 국가로 나누어진 상황에서 남과 북 모두에 있어서 국민의 개
념으로서는 남한쪽과 북한쪽중의 하나에 속하는 반쪽만 의미할 뿐
한국인 전체를 포괄하지 못하는 상황에서, 전체를 포괄하는 용어는
민족이었다. 해방후 한반도는 외세개입과 분단 그리고 동족상잔 등
비극적인 현실을 맞게 되었다. 이런 상황에서 국민 보다는 민족이,
애국 보다는 애족이라는 말이 더 가슴에 와 닿고, 민족, 민족주의
하면 가슴속 깊은 곳을 울리는 말이 되었다.

내셔널리즘(nationalism)을 민족주의로 번역하는 것에 대하여 많
은 사람들이 문제의식을 갖고 있음에도 불구하고 그대로 사용되어
온 것은 이 말이 사용된 지 오래되었기 때문이고, 아직 이를 대신
할 적절한 용어를 찾아내지 못했기 때문이라고 생각한다. 민족이라

는 용어에 영어의 네이션의 개념을 수용하기 위해서, 그리고 그 동안 넓은 영역에서 민족이라는 말을 많이 사용하면서 이 말뜻의 외연을 넓힐 필요가 있었다. 그래서 도입된 것이 문화적 개념으로서의 민족이다. 한국의 민족주의는 문화적 민족주의라고 한다. 민족의 정의41에서도 대부분의 한국어사전에서 혈연관련 단어를 포함시키지 않는다. 문화적 민족주의를 정의할 때, 혈통적 민족주의에 대비되는 개념으로서 민족주의를 생각할 수 있고, 혈통적 민족주의를 포함하는 개념으로서의 민족주의라고도 할 수 있는데, 전자의 경우가 될 때에는 논란의 여지가 있다. 문화적 내셔널리즘(nationalism)은 말이 되지만 문화적 민족주의는 말이 안 될 수도 있기 때문이다. 원래 민족이라는 말을 만들 때 혈통의 의미를 감안해서 만들었던 것이다. 한자는 표의문자이기 때문에 "족(族)"이 혈통의 의미를 담고 있는데 이것이 아닌 것으로 하자고 해서 쉽게 될 수 있는 것이 아니다. 그래서 혈통적 요소가 없는 민족주의라는 말 자체가 모순이다. 뒤에 나오지만 네이션(nation)이라는 말도 원래 라틴어 natio(출생)에서 나왔기 때문에 민족의 의미변화가 문제가 될 수 없다고 생각할 수도 있다.42 그러나 족이라는 한자어는 표의문자이기 때문에 알파벳문자와 같지 않다. 가족, 친족, 동족 등 수많은 관련단어가 이미 형성되어 있는 것이다. 우리가 지금 혈연이 배제된 문화적 민족주의로서 개념을 갖고 있다면 앞에서 본 1908년 『대한매일신보』에서 기술하고 있는 민족에 대한 정의가 눈에 거슬려야 할 텐데 전혀 그런 점 없이 받아들여지는 것은 무엇을 의미하는가?

민족주의라는 용어는 한국에 근 한 세기에 걸쳐 사용되어 오면

---

41 『다음 한국어 사전』을 보면 민족을 "일정한 지역에서 오랜 세월 동안 공동생활을 하면서 언어와 문화상의 공통성에 기초하여 역사적으로 형성된 사회 집단"이라고 정의하고 있다.
42 본장, 제3절, 1 참조.

서 정치, 경제, 사회, 문화, 각 분야에서 그 개념을 발전시켜왔기 때문에 민족주의라는 말 자체를 대상으로 이와 관련되는 모든 것을 아울러 논의할 수는 없다. 여기서 논의의 대상으로 삼는 것은 내셔널리즘의 번역과 관련된 문제이다. 네이션(nation)은 민족을 포함하지만 대비되는 구분개념이다. 앞에서 본대로 네이션(nation)의 개념에 반대측에 있는 개념으로 민족이라는 말을 만들었는데 이것을 다시 같은 개념으로 붙들어 매려고 한다면 그 목적을 달성할 수 없을뿐만 아니라, 주변에 관련되는 개념들까지 왜곡시키게 된다. 따라서 민족은 민족 본래의 개념으로 두고 네이션(nation)에 해당하는 용어를 만드는 것이 최선이라고 생각한다.

2. 한국 고유의 네이션 관련 용어

민족이라는 말이 있기 이전에 한국에서 네이션의 의미에 해당하는 말로서 어떤 말이 사용되었는가? 조선시대에는 국인, 인민, 백성, 국민, 민중, 민, 인, 국가, 국, 족, 류, 족류, 동포, 종족 등의 말이 사용되었다. 모두 조금씩 다른 의미를 가진 말로 그 상황에 맞게 적절하게 표현하여 왔다. 『조선왕조실록』을 중심으로 조선시대에 사용된 말을 조사해 보았다. <표 1-2>는 『조선왕조실록』 원문에서 표기되고 있는 네이션(nation)과 관련되는 용어들의 종류와 그 사용빈도수를 나타내고 있다. 국가의 구성원으로서의 사람에 대한 말로서는 국인, 인민, 백성 등의 용어가 많이 사용되었고, 국민, 민중 등도 사용되었다. 그리고 나라에 대한 용어로서 국가 또는 국이라는 표현이 사용되고, 족, 류, 족류 등의 용어는 가족이나 부류의 표현에 주로 사용되었으나 더러는 종족의 의미로도 사용되었고, 같은 민족 또는 형제자매의 의미로는 동포라는 말이 사용되었다.

조선왕조실록에 표현되고 있는 말들의 용례는 다음과 같다.

표 1-2	조선왕조실록에 수록된 네이션 관련 용어		
구분	용어	기술횟수	비고
국인 관련 용어	국인(國人)	4,167	
	인민(人民)	2,504	
	백성(百姓)	1,718	
	국민(國民)	163	
	민중(民衆)	129	
국가 관련 용어	국가(國家)	16,448	
	국(國)	66,751	
민족 관련 용어	족류(族類)	230	가문을 표현하고 있는 경우도 포함됨
	종족(種族)	3	
	동포(同胞)	65	

참고: 인, 민, 중, 국은 단독으로 쓰인 경우뿐만 아니라 국인, 인물 등과 같이 단어 속의 글자도 포함하고 있음.

1) 국인 관련 용어

국인과 같은 부류의 말로서 국인, 인민, 백성, 국민, 민중 등이 사용되었다.

국인(國人) 국인은 오늘날의 나라사람, 국인, 또는 국민과 같은 말로 사용되었다. 지금은 내국인, 외국인, 한국인, 영국인 등과 같이 사용되지만, 옛날에는 국인이라는 말이 단독으로 사용되기도 하고, 본국인, 아국인, 이국인 등과 같이 사용되었으며, 중국인, 조선국인 등과 같이 어떤 나라의 사람을 표현하는 데에 사용되었다. 네이션(nation)이 원래 어느 지방에서 태어났느냐, 어디에서 왔느냐의 출신지역에 대해 구분하는 라틴어 natio에서 유래한 말이었고 이 출신지역이 지금의 국가에 해당하는 것이므로 국인은 네이션(nation)에 제대로 상응하고 있다.

所謂國人皆曰可殺, 非殿下所得而私也[43]: 이른바 <u>나라 사람</u>들이 모두 죽일 만하다고 하는 것이므로 전하께서 개인적인 인정을 베풀 수 없는 것입니다.

[해설] 성종때 사헌부와 사간원 관리들이 죄인을 죽일 것을 요청하는 대목이다.

異國人八名, 漂到咸平地[44]: <u>이국인</u> 8명이 함평땅에 표류하여 도착하였는데

[해설] 영조때 이국인이 표류하다 전라도 함평에서 구조되었을 때 전라감사의 보고중의 글귀이다.

인민(人民) 인민은 인과 민이 합쳐진 말로 사회를 구성하고 있는 모든 사람들의 의미이다.

國家未寧, 人民勞困, 冤怨至天, 故不得已耳[45]: 국가가 편치 못하고 <u>인민</u>이 피곤하여 원통한 원망이 하늘까지 이르게 된 까닭으로 부득이한 일이니

[해설] 이성계가 최영을 귀양 보내면서 나누는 작별인사 대목이다.

백성(百姓) 백성은 벼슬이 없는 사람들로서, 일반 국민을 일컫는 말로도 쓰였다.

誑誘兩班百姓者, 一皆禁止[46]: 양반과 <u>백성</u>을 속인 사람들을 모두 금지하게 하라.

[해설] 태조가 승려들이 사람들을 속이지 못하도록 하라는 교지를 도평의사사에게 내리는 대목이다.

---

43 『조선왕조실록, 성종실록』, 성종 1년, 7월 8일
44 『조선왕조실록, 영조실록』, 영조 31년, 12월 22일
45 『조선왕조실록, 태조실록』, 1권 총서 85번째 기사
46 『조선왕조실록, 태조실록』, 태조 2년, 1월 29일

국민(國民) 나라의 통치권하에 있는 사람들이다.

屢立大功, 以安國民[47]: 여러 번 큰 공을 세워 국민을 편안하게 하였다.

[해설] 태조가 고려 공민왕때 무공을 세워 국민을 편안하게 했다는 내용이다.

민중(民衆) 사회를 구성하는 사람들로서, 보통 피지배층의 사람들을 지칭하는 말이다.

地大民衆, 非一人所能治[48]: 땅이 크고, 백성이 많으니, 한 사람이 능히 다스릴 수가 없습니다.

[해설] 세종때 판관을 두는 것을 신하들과 논의하는 과정에서 나오는 대목이다.

2) 민족 관련 용어

민족과 같은 부류의 말로 족, 류, 동포 등이 사용되었다.

족(族) 족(族)은 계열이나 부류, 혈통, 가족을 나타내는 말이다. 집안을 나타냄과 동시에 국경밖의 이민족들에도 이러한 용어가 사용되었다. 우리 민족을 아족이라 하고 우리와 다른 민족을 이족 또는 타족이라 하여, 주로 아족, 이족, 타족 등과 같이 사용되고 종족(種族), 족류(族類)라는 말이 사용되었다. 그러나 족은 가족 또는 가문 단위의 작은 집단이며, 지금 우리가 사용하는 것처럼 조선족, 한족, 왜족, 거란족, 여진족 등과 같은 표현은 『조선왕조실록』에는 없고 국가단위의 큰 집단을 족이라는 용어로 표현한 것은 찾기 쉽지 않다. 이런 면에서 볼 때 민족이라는 용어는 우리가 과거에 사용하던 것과는 동떨어진 말임을 알 수 있다.

---

47 『조선왕조실록, 태종실록』, 태종 8년, 11월 11일
48 『조선왕조실록, 세종실록』, 세종 15년, 6월 23일

騎兵三十四人自稱浪孛兒罕種族[49]: 기병 34인이 자칭 낭발아한(浪孛兒罕) 의 종족이라 하므로

[해설] 세조때 한명회가 야인들의 동향을 보고하는 내용중의 일부 이다.

島倭非我族類[50]: 왜인들은 우리의 족류가 아니오니

[해설] 세종때 박은과 허조가 임금에게 왜인들의 거주지에 대한 건 의를 하는 대목이다.

류(類) 류(類)는 부류, 종류를 뜻하는 말이다. 다른 민족을 이류라고 하였다.

異類密邇環居, 將來之患, 甚爲可慮[51]: 다른 종족이 가깝게 와서 사방을 둘러 살고 있으므로 장래에 닥쳐올 일이 매우 염려 됩니다.

[해설] 연산군때 북방5진의 형세에 대한 의논을 하는 중에 신하 정 문형이 위와 같이 말하고 있다.

동포(同胞) 동포는 원래 같은 어미(母)를 두고 있는 자식들, 즉 형제 자매를 의미하는데, 나라의 모든 사람들이 형제자매처럼 같은 핏줄 이라는 의미에서 겨레의 뜻으로도 사용되었다.

父母之責在予, 同胞之義在方伯、守宰[52]: 부모로서의 책임은 나에게 있지 마는 동포로서의 의리는 방백과 수재들에게 있다.

[해설] 정조 임금이 관동 지방 백성들에 한 말 중에 나오는 구절이다.

---

49 『조선왕조실록, 세조실록』, 세조 10년, 1월 2일
50 『조선왕조실록, 세종실록』, 세종 1년, 7월 6일
51 『조선왕조실록, 연산군일기』, 연산군 3년, 9월 23일
52 『조선왕조실록, 정조실록』, 정조 7년, 10월 23일

3) 과거 우리말과 민족이라는 용어

조선시대에는 국인이라는 말이 많이 쓰였음을 알 수 있다. 민족이라는 용어는 과거의 우리 언어와 전혀 맞지 않는 말이다. 이전부터 한국에는 민족에 해당되는 용어로서 겨레라는 용어가 있었다. 겨레를 두고 민족이라는 용어가 필요했던 이유는 근대적 국가에서의 네이션 개념을 표현하기 위함이었으나 앞에서 본 바와 같이 용어도입과정에서의 혼동으로 네이션의 개념을 국민이라는 용어에 일부 내어주고 지금 겨레와 같은 말로 사용되고 있다.

민족은 족(族)이 들어가는 용어이다. 그리고 족이라는 용어는 친족 등과 같이 집안을 나타내거나 종족을 나타내는 말로 사용되었다. 거대한 국가를 이루는 사람들의 집단을 민과 족을 합성하여 민족으로 표현한 것은 우리의 언어와 전혀 어울리지 않는 표현이다. 족이라는 표현뿐만 아니라 민이라는 표현 또한 문제이다. 민에 대해서는 이미 앞의 제1절 3. 3)국인에서 이미 설명했지만 원래 민(民)은 노예이고 피지배계급의 백성으로서 다스림을 받는 사람들이다. 이렇게 볼 때 민족이라는 용어는 한국사람들에 쓰기에 매우 마땅치 않은 용어이다. 그럼에도 불구하고 한국에서 이 말이 즐겨 사용되는 데에는 이 땅의 지식인들의 책임이 크다고 생각된다.

현재 한국이 쓰고 있는 서양문물들은 대부분 일본을 통해서 들어오면서 일본에서 만들어진 말과 함께 수용되었다. 이 같은 일본에서 만든 말들을 보면 더러는 잘못된 말도 있고, 더러는 한국인의 삶의 양식과 순치되지 않는 말도 있고, 더러는 더 좋은 한국 고유의 말들이 있는데도 사용되는 말도 있다. 이런 말들 모두를 몰아내자는 것이 아니다. 그간 시간도 많이 흘렀고 이젠 우리도 동서와 고금을 살펴볼 수 있는 여유도 생겼다. 국민학교를 초등학교로 바꾸고, 이씨조선을 조선으로, 민비를 명성황후로 바꾸는 것으로 끝날 일이 아니다. 전문적인 영역에서도 이처럼 문제가 있는 곳은 빨리 고쳐서 한글을 더욱 가다듬고 우리의 학문을 발전시켜야 하는데 이것은 전문가들의 관심과 노력이 있어야만 가능한 일이다.

3. 국인 및 국인주의 용어를 사용해야 하는 이유

첫째, 내셔널리즘(nationalism)은 민족주의가 아니다. 앞의 민족주의 용어 도입에서 본대로 국민과 민족은 서로 대칭되는 개념인데 국민이라고 해야 할 nation을 그 반대개념인 민족이라고 하게 되었으니 문제가 되는 것은 당연한 일이다. 또 영한사전을 보면 nation은 국민이라고 하고 있고, nationalism은 민족주의라고 하고 있다. 국민이 접미어 "alism" 붙었다고 민족주의로 되는 것만 보아도 잘못되어 있음이 명백하다. 네이션(nation)의 가장 가까운 의미는 나라사람 즉 국인이다.

둘째, 민족, 민족주의라는 용어는 일본에서 만든 말로서 그 뜻이 네이션, 내셔널리즘과 맞지 않아 지금은 일본에서도 사용하지 않는다.

셋째, 민족은 품격을 낮추는 말이다. 나라 있는 사람들이 무슨 민족이란 말인가? 일제시대에 일본 제국주의자들이 한국을 나라 아닌 종족 집단으로 표현할 때나 적합한 말이다. 조선민족이라고 하면 국가가 아닌 집단으로서 한국인을 격하시키는 것이며, 일본이 국가가 아닌 집단을 통치한 것으로 하여 침략의 잘못을 약화시키고 정당화하는 여지까지 줄 수 있는 것이다.[53] 또, 우리가 스스로 민족이라고 하니까 최근 인터넷에서 중국사람들이 한국인을 조선족이라

---

[53] 일본학자들이 조선이 중국의 종주권하에 주권이 없었다고 주장하는 것을 함께 생각해 보라.

고 하면서 중국의 소수민족으로 취급하는 어이없는 일이 일어나고 있다. 이들에게도 한국인으로 부르도록 해야 한다.

넷째, 지금 대외적으로 "한민족"이라 하여 "Korean ethnic community"라 하고, "한국 민족주의"를 "Korean ethnic nationalism", "Korean ethnicism"으로 번역하는 것이 일반적인데, 외국에서 볼 때 이 용어들에는 부정적인 뉘앙스가 담겨 있다. "한국인"이라 하여 "Korean"이라 하고, "한국 국인주의"라 하여 "Korean nationalism" 이라고 하면 될 일이다. 굳이 우리 스스로 부정적인 뉘앙스의 말을 골라 쓸 이유가 없지 않은가?

다섯째, 국민과 민족이라는 두 단어만으로 실제 우리의 생각을 제대로 표현하지 못한다. 2005년 『중앙일보』가 동아시아 연구원과 함께 실시한 '2005년 한국인의 정체성' 설문조사에서 자신의 정체성이 한국국민이라고 한 사람이 77%였고, 한민족이라고 한 사람이 64%였다.[54] 여기서 국민이라는 단어와 민족이라는 단어가 구성원 전체를 포괄하지 못한다는 것을 알 수 있다. 이것은 한국국민도 한민족도 한국인과 같지 않다는 것이며, 우리 일반인 의식에서도 국민(citizen)과 민족(ethnic group)을 국인(nation)과 구분하고 있다는 것이다. 국인 즉 한국인이라는 선택항목이 있었으면 당연히 100% 가까이 나왔을 것이다.

또 같은 조사에서 대한민국 국적을 취득한 외국인은 한민족으로 봐야 한다는 응답이 28%였고, 한국국적을 포기한 한국인을 한민족으로 봐야 한다는 응답은 9%였다. 용어가 합리적이라면 나가는 사람과 들어오는 사람중 어느 하나는 한국인으로 인정하여 우리나라에 들어오는 사람과 나가는 사람의 합이 100% 이상이 되어야 한다. 들어오는 사람(28%)과 나가는 사람(9%)을 합쳐서 37%밖에 되지 않

---

54 이선민, 2008, p. 49

는 것은 한민족이라는 단어 때문이다. 한민족이 한국인을 대신하지 못한다는 것이다. 여기서 한민족 대신에 한국인이라는 용어를 사용했다면 이런 이상한 결과가 나오지 않았을 것이다. 즉 네이션, 즉 국인의 개념으로 한국인으로 표현한다면 올바르게 나올 텐데 국민과 민족 두 가지 용어만 사용하다 보니 언어 표현의 오류로 인하여 우문에 우답이 되고 마는 것이다.

여섯째, 민족주의라는 말로서 한국인의 미래는 물론이고 현재의 삶의 환경도 수용할 수 없다. 세계화로 사람들이 살아가는 환경이 과거와 달라졌다. 한국땅에 사는 이민족의 비중이 크게 늘었고 앞으로 더 늘어날 가능성이 크다. 이들과 함께 살아가는 일과 민족주의 개념은 어울리지 않는다. 문화적 민족주의라고 하지만 우리는 이미 "다문화가정"이라고 하지 않는가? 문화적 민족주의로도 수용이 안 된다는 것을 말해주고 있는 것이다.

2007년 유엔 인종차별철폐위원회(Committee on the Elimination of Racial Discrimination: CERD)가 한국이 한국사회의 다민족적 성격을 인정하고, 단일민족국가라는 이미지를 극복해야 한다고 지적했다. 한국같이 다른 민족이나 국가를 해코지한 적이 없는 순둥이 국가이면서 이런 난데없는 권고까지 받게 된 것은 웬일인가? 우리의 생각과 다르게 외국 사람들에게는 한국이 혈통적 순수성을 내세우는 민족주의가 강한 나라로 보이고 있다는 것이다. 여기에는 여러 요인이 있겠지만 민족주의라는 용어의 영향도 매우 크다고 생각된다. 우리가 인종차별을 한 적도 없고 민족국인주의를 표방한 적도 없지만, 단지 이 용어 때문에 이런 것을 표방하는 것과 마찬가지로 되고 있는 것이다.

현재 한국에는 한민족공동체 또는 이와 유사한 이름의 단체나 활동이 많이 있다. 이들 단체의 대부분은 한민족의 혈연적 연원을 기초로 하고[55] 있다. 한국의 미래를 위해서는 혈연의 한계를 넘어 보다 포괄적인 집단으로서의 우리도 필요하고 그러기 위해서는 또 다른 용어도 있어야 한다. 우리가 열린 민족주의, 개방적 민족주의 를 외치지만 민족이라는 용어로는 열리지 않는다. 한국인 또는 한 국인공동체라고 해야 열리게 된다.

일곱째, 민족은 우리 고유의 말과 어울리지 않는 말이다. 내셔널 리즘(nationalism)의 본래의 뜻에 맞으면서도 우리의 품격을 높이고 우리의 선조들이 사용하던 기품 있는 말이 국인이다.

제3절 ┃ 서구 국인주의의 생성과 발전

1. 용어의 유래

1) 국 인

Nation(국인)은 출생 혹은 혈통, 종족의 의미인 라틴어 "natio"에서 유래하였다. 프랑스어 "nacion"도 이 "natio"에서 나왔는데 "nacion" 은 출생, 계급, 후손, 고향 등을 뜻하는 말이었다. 영어 nation은 12 세기에 라틴어에서 들어왔거나 13세기에 프랑스어에서 들어 온 것으 로 추정되고 있다.[56] 14~15세기경 유럽의 큰 대학에서는 유럽 각지 에서 학생들이 왔으므로 출신지역별로 나누어 French natio, English natio, Spanish natio와 같은 식으로 나누어서 학사운영을 하였는데, 프랑스출신학생, 영국출신학생, 스페인출신학생 등과 같이 natio가 어느 지역사람의 뜻으로 사용되었던 것이다. 『웹스터영어사전』에 의하면 14세기에 nation이라는 단어가 등장하였다고 하며,[57] 초기

---

55 이선민, 2008, p. 53
56 Nation, n.d., online etymology dictionary
57 Nation, n.d., Merriam-Webster Online

에는 공통의 조상을 갖는 사람들의 대단위 집단의 의미로 사용되다
가 점차 정치적인 색채가 가미되면서 그 주된 의미가 변화하게 되
었다.

이와 같이 원래 민족 집단의 의미가 강했던 네이션(nation)이 근
대에 들어오면서 정치적인 의미를 갖게 되면서 국인 또는 국가의
의미로 사용되어지게 된 것이다. 영국의 1908년 판의『신영어사전』
(New English Dictionary)에는 nation의 의미에 대해서 "옛날에는 주
로 종족적 집단을 의미하였으나 최근에는 정치적 단일성과 자주의
의미에 치우치고 있다"라고 기술하고 있다고 한다. 같은 시기인 20
세기 초의 스페인어 사전에서는 "하나의 정부에 의해서 다스려지는
사람들 총체" 그리고 같은 시기 브라질의 포르투갈어 사전에서는
"같은 정치체제나 정부아래에 살아가는 공통의 이익을 갖는 국민
공동체" 등으로 기술되었다고 한다.[58]

2) 국인주의

Nationalism(국인주의)이라는 용어가 등장한 것은 18세기 말이다.
기록상 사회 정치적인 의미의 용어로서 처음으로 등장한 것은 1798
년 프랑스 성직자 바뤼엘(Abbe Augustin de Barrurel)[59]의 글에서의
"nationalisme"이었으며, 비슷한 시기에 독일의 철학자 헤르더(Johann
Gottfried Herder)도 같은 말을 사용한 것으로 전해진다.[60] 그리고 영
어에서 nationalism이라는 용어가 처음으로 등장한 것은 1844년으
로 알려져 있다.[61]

58 Hobsbawm, 1990, p. 14~15
59 Giradet, 1965, p. 425
60 Smith, 2010, p. 5
61 Nation, n.d., Merriam-Webster Online

2. 국인, 국인주의, 국인국가

유럽은 고대 로마시대에 하나의 나라이다가, 이후 오랫동안 기
독교라는 하나의 종교 지배체제하에 살게 된다. 그러다가 르네상스
와 종교개혁을 거쳐 1648년 베스트팔렌 조약으로 유럽에서의 교황
에 의한 지배가 끝나게 되고, 국가(state)에 대한 주권(sovereignty)이
인정되면서 근대적 국가개념이 생기게 되었다. 이때만 하더라도 유
럽은 지금과 같이 국가로서의 개념이 뚜렷하지 않았고, 국가간 경
계도 뚜렷하지 않았던 것이다.

이후 18세기 들어오면서 국인(nation)과 관련하여 큰 변화가 일어
났다. 영국의 시민혁명, 미국의 독립, 프랑스 대혁명으로 이어지는
민주주의의 발전과 산업혁명의 영향으로 18세기 후반 이후 유럽에서
는 정치, 경제, 사회, 문화의 환경변화와 함께 국가체제도 큰 변혁을
맞게 되었다. 이러한 상황에서 특정 집단 사람들이 자신들만의 국가
를 갖겠다거나 강대한 국가를 건설하겠다는 국인주의(nationalism) 기
운이 강하게 일어나게 된 것이다. 이 국인주의는 특정지역에서 역
사, 전통, 언어 등을 함께 하면서 살아온 사람들은 그들만으로 이루
어진 정부를 이루어야 한다는 생각, 즉 국인국가(nation-state)가 되어
야 한다는 생각을 기초로 한다. 국인은 자주적으로 살아야 하는데,
이것은 국인 자신의 국가를 가질 때 가능하므로, 이는 결국 겔너
(Ernest Gellner)의 국인주의 정의대로 하나의 국인(nation)은 하나의
국가(state)로 되어야 한다는 것을 말한다. 여기서 국인은 순수한 단
일 민족이라면 이상적이겠지만 완전한 단일 민족을 고집하기에는
현실적인 어려움이 따르므로 단일 민족이 되지 않더라도 유사 민족
이나 주관적으로 그 나라의 사람이라고 생각하는 사람들의 집단으
로 대체된 것이다.

원래 정치 엘리트들이 새로운 정치조직을 만들려고 할 때 그 바탕은 공통의 조상을 가진 같은 연고의 사람들 집단으로서 민족을 생각하였을 것이다. 그런데 현실적으로 민족들이 너무 많이 섞여 있어 순수하게 같은 혈연만 선별해 내기도 어렵거니와 또 그러다 보면 너무 작은 집단으로 나뉘어져 국가로서의 힘을 발휘할 수 없다. 또 어느 집단과 어느 집단까지를 우리 집단의 범주안에 넣고 어느 집단에서 어느 집단까지를 다른 집단의 범주에 넣어야 할지 객관적인 기준에 따라 구분하는 것이 현실적으로 불가능하다. 혈통, 종교, 언어, 출신지, 문화 등 다양한 기준을 동시에 만족하는 집단이 존재하기에는 사람들은 이미 너무나 복잡하게 섞여 살고 있었기 때문이다. 따라서 혈통의 색채가 짙은 단어 국인(nation)으로 시작하였지만 실제로는 가급적 많은 사람들의 집단이 될 수 있도록 누구나 참여하면 구성원이 될 수 있도록 한 것이다. 이와 동시에 자기집단 공통의 언어, 법제, 문화, 상징을 보급하여 집단 구성원의 동질성을 확대하고 자기집단의 특별함을 부각시켜 집단 구성원이 전체로서의 일체감을 갖도록 하는 노력속에서 국인이 형성되어진 것이다.

이런 식으로의 국가재편작업은 20세기에도 계속되었다. 유럽의 국가들은 강국이 되기 위해서 국가 규모를 키우기 위하여 주변의 민족들을 흡수하였고, 제국주의로 국가내에 많은 식민지의 다양한 민족을 포함하면서 다민족국가가 되었다. 이러한 상황에서 국인의 기준이 민족과 관련 없는 공민국인주의(civic nationalism)로 나아가게 되었다. 이후 양차대전을 통한 힘의 상실로 유럽의 시대가 막을 내리고, 제2차 세계대전이 끝나자 유럽국가의 식민지로 있던 아시아, 아프리카의 지역에 많은 독립국가가 탄생하면서 민족단위의 국가들이 늘어나게 되었다. 이러한 변화 이후에도 세계 대다수 국가는 둘 이상의 민족으로 구성된 다민족국가이다. 또 영국, 미국, 러시아, 중국 등과 같은 강대국은 대부분 다민족국가이다. 그래서 이들 국가가 주도하는 오늘날의 세계는 공민국인주의, 문화적 국인주의가 국인주의의 일반적인 형태이다.

세계에는 하나의 민족이 하나의 국가를 이루고 있는 경우도 있고, 한 국가내에 여러 민족이 있기도 하고, 한 민족이 한 국가 이상으로 나눠져 있기도 하며, 민족만 있고 국가는 없는 경우도 있다. 코너(Walker Connor)는 1971년 연구에서 세계 132개국을 조사한 결과 국인국가(nation-state)라고 할 수 있는 국가는 단지 12개국으로 전체의 9.1%밖에 되지 않는다고 하였다.[62] <표 1-3>은 오늘날 국가들의 민족 구성을 보여주고 있다. 2015년 현재 조사대상 200개 국가중에서 주류민족의 비율이 50%미만인 국가가 86개국으로 43%를 차지하고 있으며, 50%이상인 국가가 114개국으로 57%를 차지하고 있다. 또 주류민족의 비율이 75%이상인 국가는 74개국으로 37%를 차지하고 있고, 주류민족의 비율이 90%이상인 국가가 37개국으로 18.5%를 차지하고 있다. 그런데 90%이상이라고 하더라도 단일민족이라고 말하기는 어렵다. 중국 같은 경우는 한족의 비율이 약 91.5%정도에 이르지만 단일 민족국가라고 할 수는 없기 때문이다. 실제 단일민족으로 알려진 국가는 세계 200여 개 국가중 한국, 일본 등 20개국 정도에 불과하다. 이들 국가에서도 세계화로 인구의 유동성이 증가하게 되면서 주류민족의 비중이 점점 줄어들고 있는 추세이다.

---

[62] Connor, 1994b, p. 39

| 표 1-3 | 주류 민족 비중별 국가 분포 | | |

(2015년)

주류민족비중	국가수(비율%)		비고
90~100	74(37%)	37(18.5%)	
75~90	114(57%)	37(18.5%)	
50~75	40(20%)		
0~50	86(43%)		
합　계	200(100%)		

자료: 각국의 통계자료.
　　　http://www.populstat.info.
참고: 1. 각국의 통계자료를 바탕으로 작성.
　　　2. 민족의 이름이 있는 민족을 단위로 계산(단순히 백인이나 흑인 등과 같
　　　　 은 구분은 민족으로 산정하지 않음).
　　　3. 각등급 초과~이하임. 예: 90초과 100이하.

제4절　국인주의의 기본 사상

　국인주의(nationalism)는 개인이 자신이 소속하고 있는 집단에 대해서 갖는 생각의 한 부류이다. 사람은 자기사랑으로 시작하여 가족사랑, 향토사랑, 나라사랑, 인류사랑으로 그 범위를 넓혀가면서 관심과 사랑을 베풀게 된다. 이러한 우리를 둘러싸고 있는 하나의 집단으로서의 자기 나라사람에 대하여 특별한 일체감과 애착을 갖는 것이 국인주의이다.

　밀(John Stuart Mill)은 같은 국인간에는 다른 국인과는 함께 가질 수 없는 공감을 갖게 하는 국인성(nationality)이 존재한다고 하였다.

그는 또 국인국가의 중요성을 다음과 같이 피력하였다. "같은 국인의 사람들간에는 더 잘 협력하게 되고, 그들은 하나의 같은 정부를 갖고 싶어 하고, 그들만의 정부를 갖고 싶어 한다. 국인성이 다른 사람들로 하나의 국가를 이루게 되면 자유로운 사회체제를 형성하는 것이 거의 불가능하다. 동료의식이 없는 사람들간, 특히 다른 말을 읽고 말하는 사람들간에는 대의정치에 필수적인 요소라고 할 수 있는 단합된 여론을 형성할 수 없기 때문이다."[63] 이와 같이 국인주의의 사상적인 기초로서의 같은 국인으로 하는 정치 사회체제를 구성하는 것이 좋다는 것은 누구나 할 수 있는 생각이고 가질 수 있는 느낌이다.

스미스(Anthony D. Smith)는 국인주의(nationalism)의 근간을 이루는 기본적인 사상으로 다음 네 가지를 들고 있다.

첫째, 세계는 국인(nation)으로 나누어진다.

둘째, 국인은 모든 정치적, 사회적 힘의 원천이며, 국인에 대한 충성은 다른 모든 충성을 능가한다.

셋째, 사람이 자유로워지고 자기실현을 하기 위해서는 국인과 일체감을 가져야 한다.

넷째, 평화롭고 정의로운 세계가 되기 위해서는 국인이 자유롭고 안전하여야 한다.[64]

국인주의는 자기가 몸담고 있는 조직에 대하여 일체감과 애착심을 갖고 이를 앞세운다는 점에서 전체주의와 같은 면이 있다. 전체주의(totalitarianism)는 개인과 집단전체를 두 축으로 두고 비교했을 때 집단전체에 월등히 큰 가치를 두어 개인은 집단전체를 위한 수단이 되는 사상을 의미하는 반면에 국인주의는 다른 국가 집단과

---

63 Mill, 2001, p. 144
64 Smith, 1991, pp. 72~74

자국 집단을 비교하여 자국 집단을 우선시하는 사상을 의미한다. 예를 들면, 1930년대 일본은 국가내의 사람들이 국가전체만을 위하는 하나의 정치체제로서 전체주의였다. 이에 비해서 당시 한국인들의 독립운동은 한국인만의 정치체제를 갖겠다는 국인주의였던 것이다. 또 국가주의(statism)는 최상의 조직체로서의 권능과 권한을 국가에 부여하고 국가가 경제나 사회의 모든 면을 관리 통제하여야 한다는 사상이라는 점에서 국인주의와 다르다.

제5절   국인주의의 표출 형태

스미스(Anthony D. Smith)는 국인주의(nationalism)가 나타나는 경우를 다음과 같이 열거하고 있다.
① 국인(nation) 또는 국인국가(nation-states)를 형성하고 유지하는 전 과정
② 국인에 소속되는 것을 의식하는 것
③ 국인과 그의 역할에 대한 언어와 상징
④ 국인과 국인 의지의 문화적 교리, 그리고 국인 의지와 열망의 실현을 위한 처방 등을 담은 이념
⑤ 국인 의지와 국인의 목표를 실현하기 위한 사회적 정치적 운동[65]
스미스의 설명은 비교적 추상적이다. 구체적으로 현실세계에서 국인주의가 표출되는 모습으로 다음과 같은 것을 들 수 있다.
① 민족의 독립이나 자치권의 요구
② 국가적인 행사에서의 대중의 동원
③ 국기, 국가, 국화(國花), 국조(國鳥), 동전, 지폐, 우표, 현충일, 국경일, 역사 사적지, 국가의례, 정부의 문양, 국가원수의 휘

---

[65] Smith, 1991, pp. 72~74

장, 문장 등
④ 국제 운동경기에서의 응원
⑤ 자국 선수의 외국에서의 운동경기 또는 자국 유명인의 외국
에서의 활동에 대한 응원
⑥ 전시 또는 대외 파병의 경우의 인력 및 자원 동원
⑦ 대내외적 위협에 대응한 국력의 결집
⑧ 국가의 힘을 결집하기 위한 국민통합
⑨ 독재자의 권력집중을 위한 국인주의 선동
⑩ 혁명시의 민중의 결집 목적의 국인주의 선동
⑪ 국산품애용운동, 국채보상운동, 자국기업살리기운동 등
⑫ 선거에서의 국익 수호 공약

이상에 열거된 것 이외에도 수없이 많다. 일본에서 천황은 일본
사람들의 아버지이다. 한국에서도 마찬가지로 과거의 전통에 철저
한 사람들중에는 대통령을 어버이로 생각하는 사람들이 많다. 미국
도 마찬가지이다. 미국인들은 워싱턴(George Washington)을 국부(The
Father of United States)라고 하며 워싱턴의 생일날인 2월 셋째 월요
일은 미국의 대통령기념일(Presidents' Day)로 공휴일이다. 이와 같이
세계 모든 나라에서 공통적으로 국인주의는 개개인의 삶에서 알게
모르게 일상화되어 있다. 빌릭(Michael Billig)은[66] 현대에 일상생활
에서의 국인주의가 큰 영향력을 행사한다고 주장한다. 지금 세계는
독립할 만한 국가는 이미 대부분 독립하였기 때문에 독립국인주의
가 중요한 문제가 아니다. 이보다는 기존 국가간에 치열한 경쟁속
에서 생기는 국인주의가 더 심각하고 중요한 문제이다. 이것은 세
계화로 인하여 국가간의 교류가 많아지는 가운데 한편에서는 세계

---

[66] Billig, 1995, pp. 5~9

주의(cosmopolitanism)의 물결이 일어나고, 다른 한편으로는 이러한 물결로부터 자국의 정체성과 자국의 이익을 지키려는 입장에서 국인주의(nationalism)가 강화되고 있기 때문이다.

제6절 국인의 요소

하나의 국인(nation)이 되기 위해서 어떤 요인들을 필요로 하는가? 이는 어느 나라의 사람들이 다른 나라의 사람들과 구분된다면 어떤 요소로 인하여 구분되는가의 문제이다. 여기에는 다양한 요소들이 있고 다양한 방식으로 분류할 수 있겠으나 우선 가장 큰 기준으로 객관적인 요소와 주관적인 요소로 나눌 수 있다.

1. 객관적 요소

국인(nation)의 객관적 요소로서 사람들이 가진 언어, 종교, 영토, 역사, 혈통, 민족성(ethnicity), 문화 등을 들 수 있다. 이들 요소에서 공통성이 큰 사람들일 수록 같은 국인으로 될 가능성이 크고, 이들 요소에서 이질성이 클 수록 다른 국인으로 구분될 가능성이 커지게 될 것이다.

국인의 객관적인 요소와 관련하여 널리 알려져 있는 것이 러시아 스탈린(Joseph Stalin)의 국인에 대한 정의이다. 스탈린은 그의 책『막시즘과 국인 문제』(Marxism and the National Question)에서 국인(nation)의 요소로서 공통의 언어, 공통의 영토, 공통의 경제생활, 공통의 심리적 기질 4가지를 들었다.[67] 러시아의 사회주의 혁명기에 레닌은 사회주의의 길로 나아가는데 국인주의가 장애요인으로 될 것을

---

[67] Stalin, 2015, pp. 7~9

우려하였다. 그래서 레닌은 스탈린을 오스트리아 비엔나로 보내서
민족문제를 연구하고 오도록 하였다.[68] 당시 비엔나는 15개 민족으
로 구성된 오스트로·헝가리(Austro-Hungary) 제국의 수도로서 여러
민족들로 이루어진 다민족 문화를 형성하고 있던 곳이었다. 1913년
스탈린은 비엔나에서 『막시즘과 국인 문제』를 출간하였고, 이후 스
탈린은 국인주의에 대한 전문가로서 레닌으로부터 능력을 인정받았
던 것으로 알려지고 있다.

　　그런데 문제는 이러한 객관적인 요인이 일반적으로 큰 의미를
갖기는 하지만 실효성 있는 기준이 될 수는 없다는 점이다. 예를
들어 스페인과 멕시코는 같은 언어를 사용하지만 같은 국인이 될
수 없고, 스위스의 경우는 영어, 독어, 불어를 쓰는 사람들이 하나
의 국인을 형성하고 있다. 또 이스라엘과 팔레스타인은 같은 땅을
두고 서로 다른 국인으로서 대립하고 있다. 혈통은 알기도 어렵거
니와 지키기도 어려워서 실제로 순수혈통 사람들만의 집단을 유지
하기가 쉽지 않다.

　　한국과 같은 경우에는 이 객관적 요소에 의한 기준이 잘 맞는다
고 할 수 있다. 지리적으로 아시아 대륙 동쪽 끝에 멀리 떨어져 있
고 반도로 분리되어 있는데다가 오랫동안 은둔의 왕국으로 살아 왔
기 때문이다. 그런데 세계에 한국 같은 나라는 많지 않다.

2. 주관적 요소

　　국인결정에서의 주관적인 요소로는 자기정체감, 집단내 동질의
식, 집단내 유대감, 집단에 대한 충성심, 함께하려는 의지 등을 들
수 있다.

---

68 Ishay, 2004, p. 187

사람은 사물과 달라서 객관적인 측면 못지않게 주관적인 측면도 중요하다. 미국에 가면 코가 큰 사람만 있는 것이 아니라 작은 사람도 많고, 모두 다 영어를 잘하는 것만 아니라 못하는 사람도 많으며, 종교도 개신교, 천주교, 유태교, 이슬람교, 불교 등 다양하다. 이런 면에서는 도무지 공통점을 찾을 수 없다. 그런데 공통적인 것이 하나 있다. 당신은 어느 나라 사람이냐고 물어보면 모두 공통적으로 미국인이라고 대답한다. 코가 커야만 미국사람이 되는 것도 아니고, 영어를 잘해야만 되는 것도 아니고, 기독교를 믿어야 되는 것도 아니다. 자신이 미국사람이라고 의식하는 사람들이 미국사람이라는 것이다. 지금의 미국인은 원래 영국 사람들이었고 독립전쟁을 하기 전까지만 해도 영국인이었다. 그런데 그들이 미국땅에 살고 있는 우리들만으로 하나의 독자적인 나라 사람들로서 함께 하겠다는 마음으로 바뀜에 따라 그들은 미국인(American)으로 된 것이다.

1882년 프랑스의 르낭(Ernest Renan)은 『국인(nation)이란 무엇인가?』에서 인종, 언어, 종교, 이익의 공유, 지리적 환경, 이런 것 다 소용없고 "구성원의 함께 하고자 하는 의지"만 있으면 된다고 했다. 그래서 국인(nation)의 존속여부는 "매일 매일 이루어지는 국민투표"에 의해서 결정되는 것과 같다고 했다. 국인은 사람들의 마음속에 존재해야만 존속할 수 있다는 것이다. 이는 달리 말하면 개개인의 마음에 따라서 국인은 언제든지 바뀔 수 있다는 것이다. 18세기 이전 프랑스는 여러 민족으로 구성되어 있었으나 프랑스 대혁명을 계기로 하나의 국인으로 통합되었다. 르낭의 주장은 자칫하면 여러 국인으로 구성되어 중소국가들로 나누어 질 수 있었던 프랑스의 입장을 잘 대변하고 있는 것이다. 그래서 이 주관적인 측면은 미국, 영국과 같은 다민족국가에서 강조되고 있는 요소이다.

주관적 요소는 객관적 요소의 여건이 받쳐주지 못한다고 하더라

도 사람들이 주관적으로 우리는 하나의 국인이라는 의식을 갖는 것
이 결정적으로 중요하다는 것이다. 이러한 면에서 볼 때 사람들로 하
여금 하나의 국인 공동체라는 의식을 갖도록 만드는 것이 국인 형성
에 매우 중요하게 된다. 그래서 르낭은 역사를 왜곡하는 것이 국인
형성의 일부를 이루고 있다[69]고 말하였고, 홉스봄(Eric Hobsbawm)은
국인주의(nationalism)는 명백히 그렇지 않은 사실에 너무 많은 믿음
을 요구한다[70]라고 하였다. 역사적으로는, 1860년대 이탈리아 통일
후에 마시모 다제글리오(Massimo d'Azeglio)는 우리가 이탈리아를 만
들었으니 이제는 이탈리아인을 만들어야 한다고[71] 말하였다. 그리
고, 같은 맥락에서 20세기 초 폴란드 국인주의자 조셉 필수드스키
(Jozef Pilsudski)는 국가가 국인을 만드는 것이지 국인이 국가를 만
드는 것이 아니라고[72] 하였다. 즉, 폴란드 민족이 있었지만 폴란드
민족끼리 살겠다는 의지를 모은 정치적인 행위가 없었다면 오늘날
의 폴란드는 없었을 것이고, 따라서 국인주의가 국인에 앞선다고
말할 수 있는 것이다.

그런데 주관적 측면으로 국인의 기준을 삼는 것은 객관적 측면
에 비해서 다소 충분하지 못한 면이 있다. 먼저 세상사람 누구나
주관적으로 그 나라 사람이 되고 싶다고 해서 될 수 있는 것이 아
니다. 지금도 후진국에서 선진국으로 가는 길목은 만원이다. 오늘도
지중해나 미국 국경지역에서 수많은 사람들이 밀입국을 시도하다
목숨을 잃고 있다. 미국이나 유럽국가의 국인이 되고 싶어 목숨을
걸 정도이지만 마음대로 그 나라 사람이 될 수 있는 것이 아니다.
그렇기 때문에 주관적 측면은 처음부터 바로 적용될 수 있는 것이

69 Renan, 1990, pp. 7~8
70 Hobsbawm, 1990, p. 12
71 Hobsbawm, 1996, pp. 256~257
72 Pearson, 2014, p. 267

아니라 객관적인 요소의 토대위에서 2차적으로 적용될 수 있는 요소이다. 즉 아프리카에 있는 사람이 미국인이 되는 문제가 아니라 크리미아 사람이 우크라이나인이 되느냐 러시아인이 되느냐의 문제와 같은 경우에 적용될 수 있는 기준인 것이다. 그렇지만 주관적인 기준은 객관적인 기준보다 더 결정적인 역할을 하게 된다. 역사적인 예를 들자면, 1차 세계대전 후 알자스·로렌이 역사, 민족 등과 같은 객관적 요소로 볼 때 독일과 더 가까웠지만 국민투표 결과 프랑스 영토로 된 것과 같은 것이다.

제7절 국인주의의 유형

1. 공민국인주의와 민족국인주의

1) 공민국인주의

공민국인주의(civic nationalism)는 국인(nation)이 법에 따라 권리의무를 지는 자유롭고 평등한 국민들로 구성된 합리적인 집단이어야 한다는 생각을 기초로 한다. 누구든지 인종이나 출생지에 상관없이 자유의사에 따라 그 국인의 일원으로 함께 살아가고자 한다면 일원이 될 수 있다는 것이다. 민족국인주의(ethnic nationalism)가 혈통이나 연고지에 기초하여, 태어나면서 국인이 정해지고 죽을 때까지 버리지 못하는 것이라고 생각하는데 반하여 공민국인주의(civic nationalism)는 자기의 뜻에 따라 선택할 수 있다는 것이다.

공민국인주의(civic nationalism)는 합리주의 및 자유주의 사상에 뿌리를 두고 있다. 사람이 보람있는 삶을 영위하기 위해서, 그리고 민주주의가 제대로 기능하기 위해서는 개개인이 자유롭고 평등한 가운데 자율성이 보장되어야 한다. 즉, 개인이 자발적인 의지로서

국가를 선택하고 선택한 국가에서 공민정신을 갖고 정치와 사회에
적극 참여함으로써 민주주의가 된다는 것이다.

이는 앞에서 언급한 국인 구성의 요소로서의 주관적 요소가 중
심이 된다는 것을 의미한다. 또 사람들이 하나의 공동체라고 의식
하면서 같이 살면 하나의 국인이 되는 것이며 혈통, 종교, 역사 같
은 것은 별 의미가 없다는 사고이므로, 현재 같이 사는 곳, 즉, 장
소가 중심이 되는 영토적 성격을 갖는다. 그래서 공민국인주의에
기초를 두고 있는 나라들은 대부분 출생지주의(jus soli)를 택하게
된다. 이와 같이 자신이 태어난 나라나 거주하는 국가를 중심으로
하는 국인주의를 속지적 국인주의(territorial nationalism)라고도 한다.
오늘날 공민국인주의는 서부유럽 국가들, 민족적 뿌리가 없는 미국,
캐나다, 멕시코, 뉴질랜드, 호주, 중남미 국가들을 비롯한 유럽인들
의 신정착지 국가들, 민족적 다양성이 큰 인도 등에서 두드러진다.

그런데 공민국인주의는 자유주의 사상에 기초하고 있지만 그렇
다고 해서 공민국인주의(civic nationalism)가 정말로 자유로운 것만
은 아니다. 과거 프랑스의 경우 독일과 달리 유태인들도 프랑스 국
인이 될 수 있다고 하였다. 하지만 단서가 있었다. 유태인적인 것을
버리고 프랑스인적인 것을 취득한다는 조건이다. 인종의 용광로라
고 하는 미국의 경우도 마찬가지이다. 세상에 미국만큼 미국인이
될 것을 강요하는 나라도 없다. 미국 어디에 가더라도 참으로 어려
운 것이 미국 성조기를 안 만나는 일이다. 관공서, 대학 건물, 회사,
공장, 가정집, 자동차, 중고차매매주차장, 건설공사현장, 쓰레기장에
이르기까지 어디든지 성조기를 게양하고 있다. 미국국기, 미국국가,
미국의 정신, 미국의 건국이념, 미국의 헌법, 미국의 역사, 미국선조
들, 미국순국선열, 미국의 공휴일, 미국의 상징, 미국의 특별함 등등
이러한 것이 일상의 온 영역에 걸쳐서 국민들에게 다가가도록 하고

있고, 이를 통해서 국민들이 자신도 모르게 미국인으로서의 일체성과 충성심을 갖게 되도록 하고 있다. 이러한 것은 프랑스나 미국뿐만 아니라 세계 모든 나라에 공통된 것으로서 정도의 차이가 있을 뿐이다.

2) 민족국인주의

민족국인주의(ethnic nationalism)는 국인(nation)은 혈통, 언어, 종교, 역사, 문화 등의 선대로 부터 내려오는 유산을 공유하는 사람들로 구성되어야 한다고 생각하는 것이다. 사람이 귀속감을 갖게 되는 곳은 태어날 때 이미 결정되는 것이며, 자신이 어느 국인에 소속될 것인가는 개인의 의지로 결정할 수 있는 문제가 아니라는 것이다.

BC 5세기경 헤로도투스(Herodotus)는 자신의 책 "역사"에서 그리스인으로서의 혈통, 언어, 제례의식, 생활양식 등에서의 공통성을 언급하고 있다.[73] 이는 민족을 구분하여 살아온 것은 수천 년 전에도 있었다는 것을 보여주는 것이다.

민족국인주의는 국인의 결정에서 객관적 요소가 중심이 된다는 것을 의미한다. 민족국인주의는 그 나라의 국민이 되는데 혈통주의(jus sanguinis)를 택하는 나라들로서 주로 동유럽, 중동국가, 아시아, 아프리카 국가들에서 많다. 산업혁명 이후 사람들의 이동성이 커짐에 따라 조상들이 살던 그 자리에서 계속 한데 뭉쳐서 살아가기가 어렵게 되었다. 20세기의 제국주의의 식민지화 그리고 세계화 추세 속에 시간이 갈수록 이러한 이동성은 가속화 되어 과거의 유산과 전통을 공유하는 사람들의 집단이 유지되는 경우가 많지 않다. 그래서 오늘날 세계 대부분의 국가는 다민족으로 구성되어 있다. 이러한 국가들에서 민족국인주의로서 국가의 통합을 기하기는 어렵

---

73 Herodotus, *The Histories*, Book 8, chapter 144, section 2

다. 오히려 다민족국가에서 민족국인주의는 엄청난 해독이 된다. 그
래서 미국과 같은 인종 문제가 심각한 나라에서는 민족국인주의에
대한 인식은 매우 부정적이다.

한국은 오랫동안 은둔의 왕국으로 살아오면서 다른 나라에 비하
여 사람들의 이동성이 작았다. 세계에는 한국과 같은 하나의 민족
이 절대적인 비중을 차지하는 민족국가가 많지 않다. 그래서 많은
한국사람들의 마음속에는 순수혈통의 긍지를 갖고 있다. 가문과 혈
통을 중시하는 것은 한국뿐만 아니라 동양의 오랜 전통사상이었다.
그런데 세상이 많이 달라졌다. 이것에 대하여 좋다고 혹은 나쁘다
고 하는 가치평가가 쉽지 않게 된 것이다.

이러한 한국의 경우에도 한국인의 혈통을 갖고 한반도를 떠나
외국의 국적을 갖거나 해외에 거주하는 사람이 전체인구의 약 8%
나 된다. 그리고 많은 다른 혈통의 사람들이 한국인과 결혼하여 한
국국적을 취득하여 한국인이 되었고, 이들로부터 태어난 아이들이
아동인구의 큰 비중을 차지하고 있다. 또한 난민과 운동선수를 포
함하여 매년 1만 명이 넘는 다른 혈통의 사람들이 한국인으로 귀화
하고 있다.

민족국인주의에 기초하여 자신들이 인종적으로 우수하다고 생
각하고, 우수한 인종이 열등한 인종을 지배하는 것이 당연하다고
생각하게 되면 인종차별적 국인주의(racial nationalism)가 된다. 이러
한 예로 나치독일의 아리안(Aryan) 민족주의를 들 수 있다.

2. 서구국인주의와 동구국인주의

1944년 독일의 한스 콘(Hans Kohn)은, 국인주의를 서구국인주의
(Western nationalism)와 동구국인주의(Eastern nationalism)로 구분하

였다. 전자는 영국, 프랑스, 미국, 네덜란드, 스위스 등 서부유럽 국가들의 근대화된 사회에서의 국인주의이고, 후자는 독일을 비롯한 중동부 유럽과 러시아, 아시아 등의 국가에서의 과거의 전통적인 후진성을 탈피하지 못한 사회에서의 국인주의라는 것이다.

서구국인주의는 공민국인주의(civic nationalism)의 성격을 갖고, 동구국인주의는 민족국인주의(ethic nationalism)의 성격을 갖는다. 한스 콘의 주장을 요약하면 서구국인주의는 그 기원에 있어서 18세기에 풍미했던 개인의 자유와 합리적인 사해동포주의에 기초하고 있는 반면에, 동구국인주의는 혈연을 중심으로 하고 있다는 것이다. 그리고 서구국인주의는 과거에 대한 감정보다는 정치적인 현실과 현재의 투쟁속에서 국인(nation)을 만들기 위해서 일어났다고 한다면, 동구국인주의는 정치적 사회적 현실에 뿌리 두지 않은 채 이상 속에서 생각하는 고국과 정치적인 기대속에 과거에 대한 신화와 미래에 대한 꿈에서 발생되었다는 것이다. 그래서 동구국인주의는 자기확신의 결여, 열등의식속에 감정적이면서도 서구국인주의에 비하여 훨씬 강하게 일어나 큰 잠재력과 함께 문제점도 많았다는 것이다.[74]

3. 부흥국인주의와 통합국인주의

부흥국인주의(risorgimento nationalism)는 민족의 통일 또는 독립을 위한 국인주의를 말한다. 리소르지멘토(risorgimento)란 이탈리아 말로 부흥이라는 의미로 이탈리아 통일운동에서 카부르(Camillo Bensodi Cavour)가 1847년 발간한 신문『일 리소르지멘토』(Il Risorgimento)에서 유래되었다.

통합국인주의(integral nationalism)는 국가의 통합을 위한 국인주

---

[74] Kohn, 1967, pp. 330~331

의이다. 이미 국가가 수립되어 있는 상태에서 국력을 신장시키기 위한 국인주의로 대표적으로 이탈리아의 파시즘, 독일의 나치즘을 들 수 있다. 통합국인주의는 반개인주의, 국가주의, 확장적 군국주의와 같은 성향을 갖는 경우가 많고 결국 자국우월주의적 극단적 국인주의로 진행하게 되는 것이 일반적이다.

4. 기타 국인주의

1) 문화적 국인주의

문화적 국인주의(cultural nationalism)는 국인(nation)을 같은 문화를 공유하는 사람의 집단으로 규정하는 것이다. 문화는 선천적으로 갖고 태어나는 것도 아니고 그렇다고 단기간에 쉽게 취득되는 것도 아니다. 그래서 문화적 국인주의는 공민국인주의와 민족국인주의의 중간영역에 있다. 혈통을 중심으로 하는 민족국인주의는 배타성이 강해서 문제가 되고, 그렇다고 해서 언어나 문화가 다른 사람들이 함께 사는 일도 쉬운 일이 아니므로 문화를 공유하는 수준에서 국가 공동체를 형성한다는 것이다.

2) 자유주의적 국인주의

자유주의적 국인주의(liberal nationalism)는 모든 국인(nation)은 평등하며, 자율적으로 살아갈 자기결정권을 가지며, 다른 국인의 지배하에 있는 국인은 국인주의를 통하여 억압에서 해방되어야 한다는 생각을 기초로 한다. 이태리의 독립운동가 마찌니(Giuseppe Mazzini), 루소(Jean-Jacques Rousseau), 밀(J. S. Mill), 윌슨(Woodrow Wilson) 등이 이러한 사상의 대표적인 인물이다.

3) 보수적 국인주의

보수적 국인주의(conservative nationalism)는 국인주의를 통하여 국가 구성원들이 애국심을 갖게 하고, 국민단합을 하게 함으로써 사회질서를 유지하고 국가발전을 이룩할 수 있다는 생각이다. 보수적 국인주의는 국가가 사회혁명이나 외부적인 위협에 직면하거나 강한 국가 건설을 위해 국민적 단합이 필요한 경우에 많이 나타난다. 영국의 디즈레일리(Benjamin Disraeli), 독일의 비스마르크(Otto von Bismarck), 프랑스의 드골(Charles de Gaulle)과 같은 강한 국가를 추구하는 정권에서 이러한 경향을 많이 보였다.

4) 좌익국인주의

좌익국인주의(left-wing nationalism)는 사회평등, 민족해방, 민족자결 등의 이념을 바탕으로 하는 국인주의이다. 좌파이념과 국인주의가 결합한 형태이며, 반인종주의, 반파시즘적 성격을 갖는다. 프랑스 혁명당시 자코뱅주의(Jacobinism)가 효시이며, 대표적으로 마하트마 간디의 인도 국민회의파(Indian National Congress), 아일랜드의 신페인(Sinn Fein)당, 남아프리카공화국 넬슨 만델라의 아프리카민족회의(African National Congress) 등을 들 수 있다. 자본주의적 제국주의에 의한 지배를 벗어나기 위하여 사회주의적 연대와 민족자결을 주장하는 사회국인주의(socialist nationalism)도 같은 부류에 포함된다.

5) 확장적 국인주의

확장적 국인주의(expansionist nationalism)는 국익을 위해서 국가의 영역을 확대해 나가는 공격적이고 급진적인 국인주의로서, 제국주의와 궤를 같이한다. 대표적으로 나치독일이나 일본제국 등을 들 수 있다.

6) 범국인주의

범국인주의(pan-nationalism)는 한 국인(nation)이상의 광범위한 영역의 사람들을 묶어 그 전체를 하나의 집단으로 형성하려는 이념이다. 독일의 범위를 넘어 게르만 민족전체를 하나로 하는 범게르만주의나 러시아의 범위를 넘어 슬라브 민족전체를 하나로 하는 범슬라브주의가 대표적인 예이다.

7) 반식민국인주의

반식민국인주의(anti-colonial nationalism)는 다른 국가의 식민통치하에 있는 국인들의 독립국인주의이다. 제2차 세계대전 직후에 아시아, 아프리카 지역에 서구국가의 지배하에 있던 많은 지역들에서 외세를 몰아내고 자주국가 수립을 위한 반식민국인주의가 활발히 전개되었다.

8) 식민후국인주의

식민후국인주의(post-colonial nationalism)는 독립으로 식민통치에서 벗어난 국가들에서 독립하고 난 이후에도 발생하고 있는 국인주의이다. 유럽 국가들은 피지배지역의 국경이나 민족적 경계와 상관없이 자국의 사정대로 임의로 분할하거나 합쳐서 지배하였다. 식민지국가들이 독립할 때에도 이런 상태에서 독립시켰기 때문에 국가 내부에 여러 민족이 대립하거나 같은 민족이 나누어지기도 하였다. 이러한 상황에서 새로운 독립과 영토변경을 요구하는 국인주의가 발생하였다. 또 식민상태에 있다가 새로 독립한 국가들에서 내부적 통합을 위한 국인주의도 많이 발생하였다.

9) 국수주의

국수주의(ultra-nationalism)는 그 수준이 통상의 정도를 넘어서 지나치게 과도한 국인주의를 말한다. 자국의 것은 무조건 좋고 우수하며, 타국 것은 자국 것 보다 못하다고 여기거나 배척하는 사상이다. 대부분 군국주의적, 인종차별적, 폐쇄적인 성향을 갖는 경우가 많아 외국과의 마찰과 전쟁을 불러오는 원인이 되기도 한다.

10) 쇼비니즘

쇼비니즘(Chauvinism)은 맹목적, 호전적, 배타적인 애국주의 또는 국인주의를 말한다. 나폴레옹을 숭배하여 극단적인 애국심을 발휘했던 니콜라 쇼뱅(Nicolas Chauvin)이라는 병사의 이름에서 유래되었다. 그는 나폴레옹 전쟁에 참가했다가 부상으로 퇴역하여 어렵게 살았지만 나폴레옹이 몰락하고 부르봉왕조가 재집권한 이후에도 주위 사람들의 왕따에도 아랑곳하지 않고 나폴레옹을 찬양하였다.

11) 징고이즘

징고이즘(Jingoism)은 호전적, 배타적 국인주의를 말한다. 자국이 타국보다 우월하다고 여기며 자국에 대해서는 극단적으로 옹호하고, 다른 국가에 대해서는 공격적인 성향을 갖는 것으로 프랑스 쇼비니즘의 영국 버전에 해당된다.

12) 좋은 국인주의와 나쁜 국인주의

좋은 국인주의(good nationalism)와 나쁜 국인주의(bad nationalism)라고 하기도 하고, 긍정적 국인주의(positive nationalism)와 부정적 국인주의(negative nationalism)라고도 하는 데 학술적인 용어가 아니

라 일상적으로 사용하는 말이다. 국인주의도 다른 모든 이념들과
마찬가지로 부정적 측면도 있고 긍정적 측면도 있다. 좋은 국인주
의는 긍정적 측면이 발휘되는 애국심, 국민적 단합, 공민정신의 함
양, 사회적 연대를 가져오는 국인주의이며, 나쁜 국인주의는 부정적
인 측면이 부각되는 자국우위의 과시, 소수자와 약자에 대한 억압,
차별, 자유의 제약, 집단이기주의의 국인주의이다. 전자는 개방적인
공민국인주의를 지칭하고, 후자는 폐쇄적인 민족국인주의를 지칭하
는 경우가 많다.

제8절　국인주의와 애국심

　애국심(patriotism)과 국인주의(nationalism)는 실제 일상에서 혼동
하여 사용하는 경우가 많고, 같은 의미로 보는 학자도 있다. 자기 국
가에 대한 개인의 사랑 또는 개인의 헌신이라는 측면에서 애국심이
나 국인주의는 동일하다. 그러나 엄밀하게 보면 구분되는 개념이며
분석해 보면 여러 면에서 차이가 난다.

　애국심은 영어로 patriotism이다. Patriotism은 그리스어 "patris"
즉 아버지의 땅(fatherland), 혹은 고향땅에서 나온 말이다. Nationalism
이 출생이라는 의미의 "natio"라는 말에서 기원한 것을 상기하면,
그 유래가 patriotism이 땅과 관련된 반면, nationalism은 사람과 관
련되어 있음을 알 수 있다. 그래서 전자는 국토에, 후자는 국인에
연관된 개념이 되며, 또 전자는 정치적인 면, 후자는 사회 문화적인
면에 치중되는 성격을 갖는다. 그리고 다음 여러 측면에서 애국심
과 국인주의는 구분된다.

표 1-4	애국심과 국인주의 비교	
애국심(patriotism)	**국인주의(nationalism)**	
국가에 기초	국가 없이도 가능	
자기 국가에 대한 사랑	자기 국인 및 국가에 대한 사랑 다른 국인 및 국가에 대한 미움이 포함될 수 있음	
땅의 개념에서 기원	사람의 개념에서 기원	
정치적인 성격	사회문화적인 성격	
국민으로서의 공공도덕과 개인윤리에 기초	국인으로서의 감정에 기초	
개인적	집단적	
감정	감정 또는 이념	
다른 국가 및 국인 없이 발현 가능	다른 국인 및 국가와의 관계에서 발생	
긍정적, 방어적, 평화적	부정적, 공격적, 호전적	
내가 하는 경우	남이 하는 경우	

첫째, 애국심은 국가의 기반 위에서 존재하지만, 국인주의는 국가가 있을 때뿐만 아니라 독립을 원하는 민족들과 같이 국가가 없을 때도 존재한다.

둘째, 애국심은 자기 국가에 대한 사랑이지만, 국인주의는 자기 국인 및 국가에 대한 사랑은 기본이고 이에 더 나아가 다른 국인 및 국가에 대한 미움이 포함될 수도 있다.

셋째, 애국심은 국민으로서의 공공도덕과 개인윤리에 기초하지만, 국인주의는 국인으로서의 감정에 기초한다. 액톤경(Lord Acton)

은 애국심을 도덕적 관계로 본 반면에 국인주의는 애착과 본능으로 보았다.[75]

넷째, 애국심은 국가와 개인간의 관계에서 형성되는 개인적인 것이지만, 국인주의는 국인에 대하여 여러 사람이 동시에 갖게 되는 집단적인 감정이다.

다섯째, 애국심은 감정적인 영역에서 그치지만, 국인주의는 감정 또는 이념이다. 케두리(Elie Kedourie)는 애국심은 애착의 감정으로, 국인주의는 철학적, 정치적 교리로 보았다.[76]

여섯째, 애국심은 다른 국가나 국인에 상관없이 발현 가능하지만, 국인주의는 다른 국인 및 국가와의 관계 속에서 발생한다. 예를 들어서 코소보가 세르비아로부터 독립을 원하는 경우 코소보는 코소보대로, 세르비아는 세르비아대로 국인주의가 일어나게 되는 것이다.

일곱째, 일반적으로 애국심은 긍정적으로 생각하고, 국인주의는 부정적으로 생각한다. 애국심은 방어적이고, 나라와 사회를 건강하게 하고 평화적인 것인 반면, 국인주의는 공격적이고, 통제하기 어려운 집단감정이어서 호전적이라고 생각하기도 한다.

여덟째, 그래서 자국에 대해서는 애국심이라고 하고, 외국에 대해서는 국인주의라고 한다. 1930년대 나치독일도 자신들을 국인주의라고 말하지 않았다. 모든 나라에서는 자국의 상황을 국인주의로 생각하거나 그렇게 표현하지 않는다. 애국심은 자국 사람들의 자국을 위하는 행위를 미화하는 용어로 사용되고, 국인주의는 외국에서 같은 행동을 할 때 비난하는 용어로 사용된다.

---

75 Acton, 1972, pp. 141~170
76 Kedourie, 1985, pp. 73~74

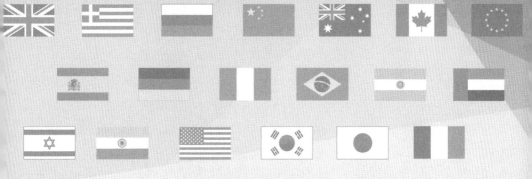

제 2 장

국인주의 이론

제 1 절   원초주의
제 2 절   영속주의
제 3 절   근대주의
제 4 절   민족상징주의
제 5 절   국인주의 이론의 문제점

NATIONALISM

제2장 | 국인주의 이론

유럽에서는 1920~30년대에 칼톤 헤이즈(Carlton Hayes)와 한스 콘(Hans Kohn), 루이스 스나이더(Louis Snyder) 등에 의하여 근대에 나타난 사상으로서의 국인주의에 대한 연구들이 있었다. 제1차 세계대전의 참혹한 전쟁의 경험을 하고 난 이후 국가간 대립과 반목의 한 원인으로서 국인주의(nationalism)에 대한 관심을 갖게 되었던 것이다. 이후 1960~80년에 케두리(Elie Kedourie)의 연구에 이어 헥터(Michael Hechter), 내언(Tom Nairn), 암스트롱(John Armstrong), 겔너(Ernest Gellner), 앤더선(Benedict Anderson), 홉스봄(Eric Hobsbawm), 스미스(Anthony Smith)를 비롯한 많은 학자들이 국인주의 연구에 참여함으로써 활기를 띠게 되었다. 특히 이 기간 동안 근대주의 이론이 크게 발전하여 주류 이론으로 자리 잡게 되었다.

오늘날 유럽의 국인주의 이론에 있어서 가장 의견이 팽팽하게 대립되고 있는 논의의 초점은 두 가지이다. 하나는, 국인주의(nationalism)의 본질이 무엇인가에 대한 것이고, 다른 하나는, 국인

(nation)은 언제 생겨났는가에 대한 것이다. 이러한 문제들에 있어서 국인주의 이론은 원초주의와 근대주의로 크게 양분된다. 먼저 첫 번째 물음에서 원초주의는 인간의 진화과정에서 획득된 태곳적부터 갖고 내려온 인간의 원초적인 감정이라고 생각하는 반면, 근대주의는 근대화과정에서 형성된 이념이라고 생각한다. 이에 따라 두 번째 물음에서도 원초주의는 국인이 국가역사의 시작 때부터 있었다라고 생각하는 반면, 근대주의는 국인은 근대화기간에 생겨났고 그래서 18세기 유럽에서 처음 생겨났다고 주장한다.

국인주의 이론은 학자마다 그 내용과 주안점을 두는 부분이 워낙 다양해서 분류하기가 쉽지 않지만 일단 크게 원초주의와 근대주의로 나눌 수 있다. 그리고 또 원초주의와 근대주의의 중간에서의 타협이라고 할 수 있는 민족상징주의가 있다. 여기서 원초주의와 별도로 구분되기도 하고 원초주의와 같은 부류에 넣기도 하는 영속주의가 있다. 그리고 근대주의내에서도 세부적으로 여러 이론이 있으나 그 중 설명력이 강하고 독자성이 뚜렷한 이론으로서 도구주의가 있다. 이러한 분류체계에 따라 각 이론을 대표하는 학자들의 주장을 중심으로 이들 이론을 살펴보기로 한다.

제1절   원초주의

1. 내 용

원초주의(Primordialism)는 사람이 국인(nation)의식과 국인주의(nationalism)를 갖는 것은 태곳적부터 내려온 원초적인 성향이라고 생각하는 것이다. 미국의 사회학자 쉴즈(Edward Shils)가 사용한 원초적(primordial)이라는 말에서 비롯한 원초주의는 주로 사회학자들에 의하여 주장되고 있는 이론이지만 그 기본적인 내용은 보통 사람들의 생각이기도 하다. 원초주의를 대표하는 학자들로서 쉴즈(Edward Shils), 거어츠(Clifford Geertz), 이삭스(Harold Isaacs), 코너(Walker Connor), 베르게(Pierre van den Berghe) 등이 있다.

사람은 누구나 태어나면서부터 자신이 속한 사회의 언어, 종교, 관습, 전통을 접하게 되기 때문에 자신의 집단을 의식하게 되는 것은 자연스럽고도 당연한 것이다. 사람이 어떤 곳에 태어나게 되면 그 곳에 애착을 갖게 되고 같은 곳에 사는 사람이나 같은 환경에 있는 사람들에 대해서 애착을 갖게 된다.[1] 그래서 민족집단이나 국가집단에 대해서도 사람이 집단 소속원으로서의 자기 정체성을 갖고 자민족과 자국인에 대하여 애착을 갖는 것은 오래전 옛날부터 있어온 일이다. 이러한 감정은 원래 타고 난 속성이기 때문에 잘 변하지 않는 고정적인 것이며, 분석하거나 설명하기 어려운 성질의 것이라는 것이다.

오랜 옛날부터 사람들이 살아오는 과정에서 민족이 형성되었으며, 민족이라는 것은 역사 이전부터 존재했던 것이다. 어떤 사람이 어떤 민족의 일원이 된다는 것은 어떤 가족의 일원이 되는 것과 마찬가지로 태어날 때부터 정해지게 되는 것이다. 이러한 오랜 기간 동안 함께 살아온 사람들간의 유대는 원초적인 것으로서 강하고, 비이성적이며, 감정적이며, 자연적이고, 지속적이며, 역사적이며, 설명이 어렵다는 점에서 다른 유대관계와 다르다. 이 유대관계는 같은 민족의 사람들간에 형성되는 무언가 표현하기 어려운 정서로서 존재하며, 이렇게 형성된 민족들은 서로 차별된다.

이와 같이 모든 사람은 자신의 공동체에 맞춰서 살아가야 한다는 점에서 이 민족 공동체는 다른 어떤 공동체보다 큰 의미를 갖는

---

1 Brass, 1994, p. 83

다. 국인(nation)은 이런 민족공동체를 토대로 자신들의 역사적 고토 위에서 자신들만의 운명을 겪으면서 형성되었다는 것이다. 그래서 국인은 역사와 경험에 깊게 각인되어 있으며, 이와 같은 공동체로 서의 역사성을 갖고 있기 때문에 국인은 공동체의 자주권, 합법성, 정치력의 근원이 된다. 원초주의는 국가 공동체형성의 근간을 민족 에 두고 있으며 따라서 민족국인주의(ethnic nationalism)에서 더 설 득력을 갖는다.

　원초주의의 설명에는 크게 두 가지의 접근법이 있는데 하나는 사 회생물학적 접근방법이고, 다른 하나는 문화주의적 접근방법이다.

2. 사회생물학적 접근

1) 혈연선택이론

　국인주의의 근본이 되는 자민족, 자국인을 위하는 마음은 서로 피를 나눈 혈연적 유대에서 비롯되고, 혈연적 유대가 어떻게 이러 한 마음을 갖게 하는지에 대한 설명이 혈연선택이론이다.

　원래 사람은 모두가 자신의 이익을 앞세우는 이기적인 존재이지 만 어떤 사람에 대해서는 자신의 희생을 무릅쓰고 사랑하고, 돕고, 베푸는 이타성을 발휘하기도 한다. 그런데 누구에게나 다 똑같이 그렇게 이타적으로 되는 것은 아니다. 그렇다면 이타성은 어떻게 발휘되는가? 혈연선택이론은 이타성을 갖게 되는 이유를 유전자로 써 설명하고 있다.

　포괄적응도이론(inclusive fitness theory)이라고도 불리는 혈연선택 이론(kin selection theory)이 나온 것은 1964년 해밀턴(William Donald Hamilton)에 의해서였다. 이후 도킨스(Richard Dawkins)의 『이기적 유전자』(The Selfish Gene, 1976)와 같은 사회생물학 관련서적에서

소개되면서 일반인들에게도 널리 알려지게 되었다.

이기적인 유전자에 대한 이론은 이 세상 모든 생명체에서 그 주인은 유전자이며 생명의 개체들은 유전자를 이송시키는 운송수단에 불과하다는 주장이다. 유전자는 자기 보존을 위해서 이기적으로 작동하며, 개체들이 이기적인 성향을 갖는 것은 이 이기적인 유전자를 위해서이다. 각 개체들은 겉으로 보기에는 스스로를 위해서 행동하는 것처럼 보이지만 실제는 이 유전자를 위해서 움직이기 때문에 이 유전자를 보존하기 위하여 이기적인 행동은 물론이고 이타적인 행동도 하게 된다는 것이다.

이렇게 포괄적응도이론은 모든 생물이 자기 유전자의 존속과 번영의 극대화에 목표를 두고 행동하는 것을 전제로 개체들의 이타적 행위를 설명한다. 여기서 적합성(fitness)이란 개체가 유전자를 보존하는 비율을 의미하며, 포괄적적합성(inclusive fitness)이란 적합성의 단위를 둘 이상의 개체로 하여 집단적인 차원에서 유전자를 보존하는 비율을 말한다. 개체는 혈육과 일정부분 같은 유전자를 공유하기 때문에 자신의 유전자를 보존하는 것은 자신이 갖고 있는 유전자를 보존함으로써 가능하지만 혈연이 갖고 있는 자기 유전자의 보존을 통해서도 가능하다. 다만 혈연은 자신보다 자기 유전자를 적게 갖고 있으므로 이런 면도 감안해야 한다. 그래서 포괄적응도이론은 자기 자신에 의한 유전자의 보존과 함께 혈연을 통한 유전자의 보존 가능성까지 고려하여 전체로서의 유전자 보존량을 극대화하려 한다는 것이다.

표 2-1	친족의 공유도		
관계		공유도	비고
일란성 쌍둥이		1.0	
부모-자식, 형-아우, 언니-동생		1/2	
조부모-손자, 삼촌-조카, 배다른 형제간		1/4	
사촌		1/8	
육촌		1/32	
팔촌		1/128	

예를 들어, 나의 유전자는 부모로부터 물려받은 것이기 때문에 가족들과 부분적으로 나누어 갖고 있다. 나의 유전자의 반은 아버지의 유전자이고, 반은 어머니의 유전자이므로 나는 유전자 50%를 어머니와 공유하고, 마찬가지로 50%를 아버지와 공유한다. 이와 같이 형제간에는 50%의 유전자를 공유하고 있고, 조부모나 삼촌은 25%, 사촌은 12.5%, 팔촌은 0.78125%와 같은 식으로 혈연관계가 멀어질수록 점점 공유비율이 줄어들게 된다. 그런데 목표는 개체로서의 나 자신의 생존과 번영이 아니라 내 유전자의 생존과 번영이다. 그렇다면 여기서 단순하게 생각해서 형제들이 죽게 되는 위험 상황에 직면했을 때 나 하나 희생해서 형제 두 명 이상을 살릴 수 있다면 그렇게 하는 것이 잘한 선택이라는 것이다. 자신의 희생으로 자기 유전자를 더 많이 남기는 결과가 되기 때문이다. 이렇듯 포괄적적응도이론에 의하면, 사람은 자기 자신만에 대한 이기성을 추구하는 존재가 아니라 자기 자신에 대한 이기성과 함께 친족에 대한 이타성을 추구하는 존재가 되는 것이다.

2) 확장된 혈연선택

베르게(Pierre van den Berghe)는 사회생물학적인 관점에서 민족과 국인(nation)을 확장된 혈연선택으로 설명하였다.[2] 민족이란 혈연으로 연결된 관계로서 하나의 거대한 가족이라는 것이다. 민족은 친족보다는 혈연적 거리가 멀기 때문에 이타심이 혈연적 거리가 가까운 친족에서 만큼은 강하지 않지만 그래도 이타심이 작용한다. 그래서 자민족에 대한 애착은 약화된 혈연선택이다. 자민족은 자신과 혈연적 연관성이 전혀 없는 이민족보다 자신의 유전자를 더 많이 공유하기 때문에 당연히 자신이 아끼고 사랑하게 된다는 것이다.

베르게는 서로 협력하는 상호성(reciprocity), 힘의 불균형관계에서 발생하는 강요(coercion), 그리고 혈연선택, 이 세 가지를 인간사회에 기본적으로 작동하는 행위요소로 보았다. 족벌주의(nepotism)와 자민족중심주의(ethnocentrism)도 이러한 혈연선택에서 나온 것으로 이는 모든 사회적 동물에서 발견되는 기본적 행태중의 하나라는 것이다. 또 이러한 혈연선택의 방식으로서 민족내 혼인을 통해서 혈통의 순수성을 지키고, 공통의 신화, 공통의 역사적 경험, 공통의 문화를 통하여 민족의 결속을 강화시켜 나간다는 것이다. 그리고 혈연선택은 강력한 사회집단성을 만드는 하나의 방법이며, 이렇게 형성된 민족이 정치적인 의식을 갖고 하나의 국가로 살아가기를 원하게 될 때 국인이 된다는 것이다.[3]

그런데 친족이라는 것이 매우 중요하지만 실제로 친족여부에 대해 확인할 수 있는 방법이 없다. 여기서 외형적으로 자신의 민족인지 아닌지를 알 수 있게 해주는 것이 문화적 표지(標識)이다. 그래서 언어, 종교, 관습, 의상, 매너 등과 같은 문화적인 요인의 중요성

---

2 van den Berghe, 1994, p. 97
3 van den Berghe, 1978, pp. 401~411

을 인식하게 되면서 문화주의적 접근이 대두하게 된다.

3. 문화주의적 접근

1950년대 쉴즈(Edward Shils)는 가족, 민족, 종교 등 사적이고 원초적인 관계의 중요성을 주장하였다. 당시 대부분의 서구 지식인들은 산업화된 사회를 살아가는 사람들의 행동양식에 대하여 정치적 사회적 제도속에서 각자의 이익을 도모하는 공민으로서 살아가는 측면만을 생각하였다. 이에 대해서 쉴즈는 퇴니스(Ferdinand Tonnies)가 혈연공동사회(Gemeinschaft)와 이익사회(Gesellschaft)로 구분한 것과 같이 사회의 결속을 원초적인 결속과 공민적인 결속으로 나누어 현대사회에서도 여전히 전자가 중요성을 잃지 않고 있다고 하였다.

거어츠(Clifford Geertz)는 쉴즈의 이 같은 개념을 아시아, 아프리카 등의 국가에 적용하여 이들 국가에서는 식민상태로부터 독립하여 제도적으로는 공민적 결속하에 있지만 실제로 더 중요한 것은 원초적인 결속이라고 하였다. 사람들은 혈연, 언어, 인종, 지역 등에 기준하여 자신들과 다른 사람들을 구분하게 되고, 이에 따라 국인(nation)이 만들어지게 되는데, 거어츠는 이중에서도 사회관습, 언어, 종교 등과 같은 문화적 측면에서의 공통성이 국인형성에서 중요하다고 보았다. 거어츠는 공민국가인 서구사회는 정치적인 이념과 강제적 힘에 의하여 사람들을 결속시키는 반면, 비서구사회에서는 이와 같은 원초적인 관계를 통하여 사람들이 결속되고 이러한 가운데 국인이 형성되었다고 하였다. 이와 같이 문화적 측면에서 접근한 쉴즈와 거어츠에 대하여 스미스(Anthony D. Smith)는 문화적 원초주의자(cultural primordialist)라고 칭하였다.[4]

---

4 Özkirimli, 2010, p. 57

거어츠가 설명하는 원초적인 애착은 다음과 같다.

첫째, 원초적인 애착은 주어진(given) 것이다. 사람은 자신의 동족, 자신이 사는 곳에 함께 사는 사람, 자기가 믿는 것을 믿는 사람이라는 그 자체로서 그들에게 애착을 갖게 된다.

둘째, 원초적인 감정은 말로 표현할 수 있는 것이 아니며, 의지로서 벗어날 수 있는 것이 아니다. 이것은 개인적인 성향, 현실적인 필요, 공통의 이해관계, 의무에서 나오는 것이 아니라 무언가 설명할 수 없는, 그리고 어떻게 할 수 없는 그 자체에서 기인하는 것이다.

셋째, 원초주의는 감정 문제이다. 원초적인 애착은 사람마다 다를 수 있고, 사회마다 다를 수 있으며, 시간에 따라 다를 수 있고, 정도의 차이는 있지만, 사회적인 상호작용에서라기보다는 타고난 것으로서 항상 존재한다.5

4. 비 판

원초주의는 다음과 같은 점에서 비판을 받고 있다.

첫째, 민족과 국인(nation)의 정체성은 원초주의에서 말하는 것처럼 고정적인 것이 아니다. 원초주의자는 개개인의 민족적 국인적 정체성은 태어나면서 이미 주어진(given) 것이며, 핵심적인 특성은 변하지 않고 고정되어서 세대에서 세대로 이어 내려가는 것이라고 한다. 그런데 최근의 여러 연구들에서 민족적 국인적 정체성은 고정된 것이 아니라는 사실을 보여주고 있다. 개인적 선택, 계산된 결정, 정치적 기회, 기타 다양한 우연적인 사건의 영향으로 인하여 정체성이 변하게 되는 경우가 매우 많으며, 그 경계와 내용이 변화하는 환경에 세대마다 적응하고 반응하면서 끊임없이 새롭게 정의되

---

5 Geertz, 1973, pp. 259~260

고 새롭게 결정되어진다는 것이다. 그래서 국인 정체성은 생래적으로 주어지는 것이라기보다는 오히려 사회적으로 만들어지는 것이라는 것이다.

이러한 면에서 특히 강하게 비판하는 사람들은 도구주의자들이다. 도구주의자 브라스(Paul Brass)에 의하면6 민족적 국인적 정체성은 가변적인 것이 명백하다고 주장한다. 이러한 주장들은 다음과 같은 면에서 설득력이 있다. 먼저 언어의 예를 들면 자신의 모국어가 중요하다고 하지만 많은 사람들은 자신의 언어에 대해 그렇게 깊게 생각하지 않으며 정서적으로 그렇게 깊게 매여 있지 않다. 사회에서는 많은 사람들이 하나 이상의 언어를 말하거나 지방어를 사용하며, 문맹의 사람들은 모국어에 애착심을 갖지 않을 뿐만 아니라 자신의 이름조차 모르는 사람도 있다. 어떤 사람들은 보다 나은 기회를 갖기 위해서 자신이나 자녀들의 언어를 바꾸기도 한다. 종교도 마찬가지이다. 모든 사람이 신앙심을 갖는 것이 아니며 신앙을 가졌다 하더라도 개종하기도 한다. 출생지의 경우도 마찬가지이다. 많은 사람들이 자신이 출생했던 땅을 떠나 다른 나라로 이민을 가며, 새로운 나라에 가서 그 곳에 동화되기 위해서 노력한다. 이러한 면에서 볼 때 민족(ethnic group)이 확대된 친족관계라는 것에는 가공적인 면이 다분한 것이다.

스미스(Anthony D. Smith)7도 같은 취지로 비판하고 있다. 국제결혼, 국제이주, 이민족 정복, 노동자 이동 등으로 인해 민족 집단이 문화적으로나 혈연적으로 순수성을 유지하기가 어려우며, 그래서 민족적 결속도 다른 사회적인 집단과 마찬가지로 정치적, 경제적, 사회적 또는 기타의 여건에 따라 수시로 변한다는 것이다.

6 Brass, 1994, pp. 83~84
7 Smith, 1998, p. 150

이에 대해서 베르게는 생물학에서 근거를 두고 있는 민족적, 국인적 정체성이 고정적이라는 것은 완전히 정태적이거나 고정된 것을 의미하는 것은 아니며, 세대가 흘러가면서 바뀌는 것은 당연히 있을 수 있는 일이라고 반박한다. 어쨌든 원초주의는 단순하기 때문에 민족의 탄생, 변동, 융합, 해체와 같은 다양한 측면을 도외시하는 면이 있는 것은 사실이다.

둘째, 원초주의의 주장은 비과학적이고 목적론적이다. 원초주의는 민족과 국인에 대한 애착은 주어지는 것이며 다른 것에서 유래한다거나 사회적인 관계로 인하여 생길 수 있는 것이 아니라고 한다. 또, 민족과 국인에 대한 애착은 설명할 수 있는 것이 아니고 분석하기 어려운 것이라고 한다. 이에 대해서 비판자들은 체계적인 연구의 가능성을 배제하는 비과학적인 설명이며, 실재의 본성을 밝혀내지 못하는 목적론적인 주장이라고 비판한다.

셋째, 사회생물학적인 접근의 혈연선택에서 혈연으로 국인의식을 설명하는 것은 작은 규모의 집단인 경우에는 이러한 설명이 가능하겠지만 수백만, 수천만, 또는 수억 명에 이를 수도 있는 국인에서는 그 설명력에 한계가 있다. 모두가 공통 조상의 자손들이라는 것은 실제로 혈통의 순수성을 유지하는 것은 쉬운 일이 아니기 때문에 항상 어느 정도는 가공적인 요소를 포함하고 있다는 것이다.

넷째, 원초주의는 친족관계가 점차 확대되어 공동체로서의 정체성을 갖게 되고 국인이 형성되었다고 한다. 그렇다면 왜 어떤 사람들은 공통의 정체성을 형성한 반면에 왜 어떤 사람들은 그러한 정체성이 역사의 과정에서 사라지고 말았는지, 또 왜 어떤 사람들은 국인 형성에 성공을 거둔 반면에 왜 어떤 사람들은 성공하지 못했는지에 대한 의문을 해소해주지 못한다.

다섯째, 원초적인 감정의 존재에 대한 의구심이다. 원초주의는 국인을 가족과 같은 선상에 두고 사람이 자신의 국인에 대해서 어떻게 깊은 감정을 가지는지에 대해서 설명하고 있는데, 이것은 근대주의 이론에서 설명하지 못하는 부분이다. 하지만 국인주의 이론들이 대부분 그렇듯이 원초주의 설명도 부분적으로만 설득력을 갖는다. 단순히 원래 갖고 태어난다는 설명만으로 국인주의가 어떻게 그렇게 많은 열정과 강한 애착을 불러일으키는가에 대한 설명으로서 충분하다고 할 수 없기 때문이다. 이 같은 비판에 대해서 그로스비(Steven Grosby)는 집단성의 삶을 고양시키는 성격 그리고 삶을 영속시키는 자산으로서의 친족과 영토 등에 대한 믿음이 그러한 애착의 감정을 불러올 수 있다고 설명한다.8 한편, 엘러와 카글런(Eller & Coughlan)은 원초주의의 주장에 대해서 이 같은 감정은 선천적으로 태어나면서 타고나는 것이 아니라 사회생활속에서 후천적으로 갖게 되는 것이라고 주장한다.9 또 케이(James McKay)는 같은 종족간에도 분규가 발생한다는 점, 그리고 어떤 경우에는 같은 종족간에 분규가 발생하고 어떤 경우에는 발생하지 않는데, 이러한 현상을 원초주의는 설명하지 못하고 있다면서 원초적 감정의 존재를 부정한다.10

　여섯째, 국인주의는 근대기에 시작되었다는 근대주의자의 입장에서 보면, 사람에게 원초적으로 국인성이 있다면 여태까지 나타나지 않고 있다가 왜 하필이면 근대에 와서 이러한 현상이 나타나게 되었는가에 대한 설명이 있어야 한다는 주장도 가능하다.

---

8 Grosby, 1994, pp. 164~171
9 Eller & Coughlan, 1993, p. 192
10 McKay, 1982, pp. 395~420

제2절 영속주의

1. 내 용

영속주의(perennialism)는 국인(nation)을 시간적으로 초역사적이고 공간적으로 보편적인 실체라고 생각한다. 즉 국인(nation)은 인간사회의 보편적인 속성으로서 역사적으로 오랜 옛날부터 항상 존재해왔다는 것이다. 영속주의를 주장하는 대표적인 학자로는 세톤-왓슨(Hugh Seton-Watson), 피쉬맨(Joshua Fishman), 하스팅스(Adrian Hastings), 길링햄(John Gillingham), 본느(Colette Beaune), 기니(Bernard Guenee), 코너(Walker Connor), 로쉬월드(Aviel Roshwald) 등으로 유럽 중세역사 연구자들이 많다. 영속주의는 두 가지로 나눌 수 있다. 하나는 연속 영속주의(continuous perennialism)로서 국인이 계속적으로 존재해왔다는 것이고, 다른 하나는 재발 영속주의(recurrent perennialism)로서 국인이 불연속적으로 존재해왔다는 것이다.

영속주의는 학자에 따라서 원초주의와 같은 부류에 포함시키기도 하고 다른 부류로 구분하기도 한다. 영속주의나 원초주의나 오랜 옛날부터 국인이 존재했다고 하는 면에서는 같다. 그러나 영속주의는 원초주의가 주장하는 내용과 상관없이 국인의 존재 여부에 대해서만 주장하기 때문에 원초주의가 되면 자연히 영속주의도 되지만 영속주의라고 해서 원초주의가 되는 것은 아니다. 사람의 타고난 성향에 무게를 두는 원초주의가 주로 사회학자나 생물학자에 의하여 주장되는 반면에 국인의 존재여부에 중심을 두고 있는 영속주의는 주로 역사가들에 의해 주장되고 있다. 그리고 대다수 일반인들도 영속주의와 같이 생각한다. 그래서 근대주의가 나오기 이전까지는 근대 이전에 국인이 존재했는가는 논의의 대상이 아니었다.

비록 국인주의(nationalism)는 근대에 생겨났다 하더라도 국인(nation)은 역사적으로 언제 어디에든 있어왔다고 생각해왔던 것이다. 영속주의자들은 역사적인 사실들을 관찰해 보면 최소한 일부 국인이 그 이유에 상관없이 장시간 유지되어 왔다고 생각한다. 그리고 특정 국인들이 등장하고 사라지거나 단절과 불연속이 있었다고 할지라도 국인 자체는 지구상 모든 대륙에서 언제 어디서나 존재해온 보편적인 것이라고 주장한다.[11]

하스팅스(Adrian Hastings)는 민족을 언어와 문화정체성을 공유하는 사람들의 집단으로 정의하였고, 국인(nation)은 민족보다 훨씬 더 자신들을 의식하는 집단으로서 정치적 독립성과 자기 영토의식을 갖는 집단으로 정의했다. 그는 국인주의가 근대에 확산된 것은 사실이지만 국인주의가 나타난 것은 근대주의자들이 주장하듯이 프랑스혁명이나 미국독립의 시기가 아니라 그 이전의 중세기로 거슬러 올라간다고 주장한다. 근대기의 국인과 연속되지 않는 국인이 중세기에 적어도 몇 세기 동안 존속했었다는 것이다. 국인주의는 사람들이 자신들의 국인적 전통은 특별히 가치 있는 것이며, 어떠한 희생을 치루더라도 자신의 국가를 세우고 확장해나감으로써 간직해야 하는 것이라는 믿음에서부터 시작된 것이며, 이러한 믿음은 이미 중세기에 형성되었다는 것이다. 구체적으로 그는 영국의 경우 10세기 말에 이미 영국국인이 발생하였고, 영국이 프랑스와 전쟁을 치르던 14세기경에는 국인주의가 이미 형성되었다고 주장한다.[12]

그리고 고대 이스라엘이나 그리스에 국인이 존재하지 않았다고 하는 근대주의자들의 생각과 달리 로쉬월드(Aviel Roshwald)는 고대에 이스라엘과 그리스와 같은 나라에서 국인뿐만 아니라 국인주의

11 Smith, 2010, pp. 53~55
12 Hastings, 1997, pp. 3~5

도 존재했다고 주장한다.13

2. 비 판

근대 이전에 국인(nation)이 존재했다는 영속주의 주장에 대하여 근대주의자들은 과거에 있었던 것이 아니라 특정 역사시점에 지배자나 사상가들에 의해서 만들어진 것이라고 주장한다. 중세 역사학자인 기어리(Patrick J. Geary)는 중세시대의 사람과 지금의 사람간의 일치성을 찾는다면 이것은 신화에 불과하며, 중세기 유럽에서는 사회적 정치적 집단에 대한 생각이 근대 이후와 전혀 달랐기 때문에 중세기에 근대에서와 같은 형태의 국인(nation)과 국인주의(nationalism)의 존재를 주장하는 것은 어불성설이라고 반박한다.14 옛날의 이름을 정치적으로 조작하고 전용함으로써 옛날의 것들이 그대로 내려온 것으로 되어 있지만, 역사는 부단히 변하면서 진행되기 때문에 실제로는 끊임없이 변화하고 단절이 반복되어 왔다는 것이다. 실제에 있어서 지배자와 피지배자가 인종적으로 끊임없이 바뀌었고,15 겉으로는 같은 제도가 계속되었지만 실제의 내막에서는 귀속감이라든가 정체성의 요소들이 시간의 변화에 따라 완전히 달랐다는 것이다. 또, 다민족 국가에서 민족은 구성원 정체성에 있어서 하나의 요소일 뿐 가장 중요한 요소는 아니었고, 19세기까지 지방성이나 종교가 소속감에 중요한 역할을 하였다는 것이다.

여기서 중요한 것은 일반 사람들의 국인의식이다. 코너(Walker Connor)는 과거에 국인의식이 있었느냐는 학자들이나 상류층의 사람들이 기록한 사료를 갖고 판단해서는 안 되고 일반 민중의 입장

---

13 Roshwald, 2006, pp. 8~30
14 Geary, 2002, pp. 12~17
15 이것은 영국이나 유럽의 역사에 해당되는 것이고 한국의 경우는 다르다.

에서 국인의식이 있었느냐의 여부를 판단해야 한다고 주장한다.[16]
이러한 대중적 현상으로서의 국인의식에 대해서 코너의 주장에 동
의하지 않는 학자들도 있다. 이중 하스팅스(Adrian Hastings)는 국인
이 존재하기 위해서는 모든 군중이 다 이를 의식해야 하는 것은 아
니며 정부의 범주를 넘어서 여러 사람들이 믿거나 작은 집단의 사
람이라도 일관되게 믿는다면 국인(nation)은 존재했다고 해야 한다
고 주장한다.[17]

제3절 ｜ 근대주의

1. 근대주의 이론

근대주의(modernism) 이론이 나오기 전까지는 국인주의(nationalism)
는 고대로부터 내려온 인간사회에서 보편적이고 자연스러운 것으로
서 논의가 불필요한 자명한 것으로 받아들여졌다. 이러한 기존의
생각을 뒤엎고 등장한 새로운 패러다임이 근대주의 이론이다. 국인
주의는 원래부터 있었던 것이 아니라 18세기를 전후하여 유럽에서
발생한 것으로서 근대혁명에 의해서 탄생한 근대에 고유한 것이라
는 것이다. 국인(nation)과 국인주의(nationalism)는 자본주의, 산업
화, 도시화, 세속주의, 관료국가 등의 진행과 함께 근대화과정에서
발생한 근대혁명의 산물이라는 것이고, 그렇기 때문에 근대화 이전
에는 이것이 존재할 수 있는 여지가 없다는 것이다. 근대주의 이론을
대표하는 학자들로서 케두리(Elie Kedourie), 겔너(Ernest Gellner),
호로위츠(Donald Horowitz), 홉스봄(Eric Hobsbawm), 앤더선(Benedict

---

16 Connor, 1990, pp. 92~103
17 Hastings, 1997, p. 26

Anderson), 내언(Tom Nairn), 헥터(Michael Hechter), 부루일리(John Breuilly), 기든스(Anthony Giddens), 만(Michael Mann), 틸리(Charles Tilly) 등이 있다.

근대주의에서는 인종적 문화적인 요소는 별 의미가 없는 것으로 본다. 왜냐하면 18세기 말 이후 국인주의 발생 초기에는 주로 공민적 영토적 국인주의가 일어났고, 민족국인주의는 나중에 일어났기 때문에 근대국가중 민족국인주의에 의하여 형성된 국가는 찾기 어렵다는 것이다. 근대국가의 형성과정을 보면 정치적 상부계층에서 자신들의 정치적 경제적 이익을 확보하기 위해서 문화적 상징성 등을 활용하여 하부계층에 국인(nation)이라는 의식을 주입함으로써 국인이 만들어지고 국인국가가 만들어 졌다는 것이다. 근대주의자들은 민족국인주의도 마찬가지로 원래 민족이 있었던 것이 아니라 엘리트의 발명품이 자연화한 형태로 이해한다. 어떤 민족도 민족적 기반을 자연적으로 갖지 않으며 국인과 마찬가지로 사회적 형성물로 민족화한다는 것이다.[18]

근대주의 이론을 제시한 사람은 수없이 많고, 근대주의는 국인주의 이론의 주류 이론이 되었다. 근대주의 이론은 그 내용에 있어서 다양하지만 이들의 공통된 주장과 입장은 국인주의와 국인은 근대화과정에서 생긴 것이며, 국인주의는 이념이고 운동이라는 것이다.

근대주의 이론은 매우 다양하기 때문에 체계적으로 분류하기가 쉽지 않다. 여러 가지의 방법으로 분류할 수 있겠으나 여기서는 첫째, 정치적 이념적 측면, 둘째, 사회 경제적 측면, 셋째, 사회 문화적 측면 그리고, 또 하나의 구분되는 부류로서 잘 알려져 있는 도구주의를 네 번째로 하여 네 개의 범주로 나누어 살펴보기로 한다. 학설 내용의 범위나 성격에 따라서는 어느 한 분야에 특정 짓기 어

---

18 Balibar & Wallerstein, 1991, p. 96

려운 경우도 많지만 그 중심적인 내용을 기준으로 가장 가까운 범주에 포함시키기로 한다.

2. 정치적 이념적 측면

1) 내 용

일부 국인주의 연구자들은 근대화기에 정치적 목적, 국가의 행위, 이념형성, 법과 제도, 관료체제 등과 같은 요인에 의해서 국인주의(nationalism)가 형성되었다고 본다. 이러한 부류의 대표적인 학자들로 케두리(Elie Kedourie), 홉스봄(Eric Hobsbawm), 부루일리(John Breuilly), 만(Michael Mann) 등이 있는데, 이들의 이론을 중심으로 살펴보기로 한다.

20세기 후반 국인주의 연구에 새로운 활력을 불어 넣은 사람은 케두리(Elie Kedourie)였다. 1960년 그는 19세기 초 유럽에서 만들어진 국인주의로 인하여 세계에 새로운 정치형태를 가져왔고, 민족적인 계보에 따라 세계를 재편하는 작업이 이루어지면서 평화와 안정에 큰 손상을 입게 되었다고 하였다. 그는 계몽주의의 철학적 전통, 특히 자발적인 의지만이 선의지가 될 수 있다는 칸트(Kant)의 사상을 기초로 하여, 피이테(Johann Gottlieb Fichte)를 비롯한 독일 낭만주의자들에 의하여 이 칸트(Immanuel Kant)의 교의와 헤르더(Johann Gottfried von Herder)의 문화 사상이 접합되어 공통의 언어를 사용하는 사람들의 공동체로서의 국인(nation)을 중시하며, 국인의 자결을 위한 투쟁에서만 개인의 자아는 실현될 수 있다는 생각을 갖게 되었다고 한다. 국인주의가 추구하는 국인의 자기결정원리는 독일 낭만주의의 의지의 원리와 자율성을 추구하는 칸트의 정치철학에 의해서 영향을 받은 지식인들의 정치이념에서 나온 것이라는 것이다.

이러한 정치이념으로서의 국인주의는 자의적으로 창조되어 사람들에게 종교처럼 주입되어 그들로 하여금 조국을 위해 무언가 해야 할 의무와 책임이 있는 것으로 믿게 하였고, 많은 국가에서는 이를 이용하여 현상을 타파하고 국경을 만들거나 변경하고자 하였다는 것이다. 그리고 이런 결과로 인종, 전통, 종교, 정치적 이념에 따라 사람들이 갈라서고, 긴장이 고조되고, 새로운 분규가 발생하면서, 1848년부터 제2차 세계대전에 이르기까지 유럽역사는 분규와 전쟁으로 점철되었고, 수많은 사람들에게 엄청난 참사를 가져다 주었다고 하였다.[19]

부루일리(John Breuilly)는 국인주의(nationalism)를 국가권력을 획득하고 행사하기 위한 목적으로 동원되는 것으로서 근대국가의 발전과정과 관련하여 이해되어야 할 하나의 정치형태라고 보았다.[20] 그는 근대기의 정치적인 환경변화에 초점을 맞추고 있다. 근대화가 되면서 사회조직이 이전의 총괄적(corporate) 형태에서 기능적(functional) 형태로 바뀌었다. 과거의 길드,[21] 교회, 마을공동체 등은 경제적, 문화적, 정치적 기능 등 모든 기능을 함께 수행하는 조직이었지만 근대화가 되면서 기능적으로 분화되어 경제적 기능은 개인과 기업에, 신앙적 기능은 교회에, 정치적 기능은 정부로 나누어지게 되었다. 그래서 공적인 권력은 정부에 이양되고, 사적인 권력은 시장, 기업, 가족 등 비정치적 기관에 넘어가면서 공적인 영역으로서의 국가와 사적인 영역으로서의 공민사회의 명확한 구분이 이루어지게 되었다.[22]

이러한 결과로 길드, 교회는 지금까지 갖고 있던 공적인 권력을 상실하고, 일반인들도 권력엘리트의 지지자로서 정치에 참여하게

---

19 Kedourie, 1961, p. 138
20 Breuilly, 1982, p. 1
21 중세의 상인 및 수공업자 조합
22 Breuilly, 1996, pp. 163~164

되자 권력엘리트들은 자신의 세력확보를 위하여 민중의 감정을 활
용하게 되었고, 여기서 국인주의는 정치과정에서 활용할 수 있는
하나의 중요한 정치자원으로 되었다는 것이다. 부루일리는 다른 모
든 정치운동이 그러하듯이 국인주의도 다양한 사회적 경제적 이해
관계와 연관되어 있지만 그렇다고 해서 이것이 항상 사회적 경제적
이해관계속에 설명될 수 있는 것이 아니며, 국인주의는 근대국가의
발전과의 연관속에서만 설명될 수 있는 근대 정치의 한 특성이라고
주장한다.23

　　홉스봄(Eric Hobsbawm)은 국인(nation)은 역사적으로 최근의 특
정시기 즉 근대 이후에만 나타난 현상이며, 국인이 있어서 국가가
형성된 것이 아니고 국가가 국인을 만들었다고 주장한다. 그는 프
랑스 혁명 당시에 프랑스 인구중 절반은 프랑스어를 전혀 할 줄 몰
랐을 뿐만 아니라 프랑스어를 올바르게 말할 줄 아는 사람은 12~
13%에 불과했다고 한다.24 그는 19세기 초반, 국가가 경제적으로
효율성 있는 집단이 되기 위해서 일정한 규모가 되어야 하므로 일
정한 규모이상의 민족들이 국인이 되었다고 한다.25 이때 국인이
되기 위해서는 첫째, 최근 혹은 긴 기간에 있어서 국인의 역사가
있어야 하고, 둘째, 고유의 행정관리언어 혹은 문어에 능통한 문화
엘리트가 존재해야 하고, 셋째, 주변의 민족을 제압할 정복능력이
있어야 했다.26 국인주의가 있기 이전에 언어, 종족, 종교 등을 함
께하는 사람들간의 일체감 또는 정치적 결속을 토대로 하는 원형
국인주의(proto-nationalism)가 있었는데,27 이러한 원형 국인주의에
감정이 가미됨으로써 국인주의는 순식간에 강력한 힘으로 등장하게

23 Breuilly, 1982, p. 401
24 Hobsbawm, 1990, p. 60
25 Hobsbawm, 1990, pp. 31~33
26 Hobsbawm, 1990, pp. 37~38
27 Hobsbawm, 1990, pp. 46~79

되었다는 것이다.

그는 또 국인주의가 일어난 기간 동안 정부의 역할과 기능이 어떻게 변화했는지를 설명한다. 국인국가(nation state)가 됨으로써 전 영토에 걸쳐 동일한 법과 제도가 부과되고, 작은 마을의 하층민에 이르기까지 국가의 영향력이 미치게 되고, 정치적으로 거주민을 직접 지배하고 통치하게 되었다는 것이다. 국가는 국가기관의 등록업무, 문서교부, 정기적인 통계조사와 같은 행정적인 관리 등의 업무로 거주민과의 접촉이 많아지면서 공무원 숫자가 크게 증가하게 되었다.

그는 국인국가에서의 국민의 참여와 국가에 대한 충성심이 국가와 국민의 상호관계속에서 형성되었다는 점에 주목한다. 민주화는 국가로 하여금 국민의 여론에 귀 기울이게 하고, 참정권이 확대됨에 따라 국민들의 정체성과 충성심은 커지게 되었다. 그래서 국가는 농민을 국민으로 만들었고, 국민을 주인으로 교육시켰다.[28] 또 국민개병제가 됨으로써 국방력은 국민의 참여의식과 충성심에 좌우됨에 따라 국가는 국민에 대해서 수동적인 애국심 이상을 요구하게 되었으며, 전시에는 전력을 높이기 위해서 맹목적 애국주의·영웅주의에 호소하는 가운데 국가적 위기나 국제적인 갈등은 국인주의를 강화시키는데 큰 계기가 되기도 하였다는 것이다.

홉스봄은 국인의 인위적인 가공(artefact), 날조(invention), 사회적 공작(social engineering)과 같은 요소를 강조한다. 국인은 본질적으로 위에서부터 만들어진 것[29]으로서 국가가 학교나 국가행정을 통하여 국인의 이미지와 유산을 전파하고, 국가에 대한 귀속감을 주입하며, 국민으로 하여금 국가에 대하여 애착심을 갖게 하고, 전통을 만들어 내고, 국인까지 만들어 내었다는 것이다.[30] 국인주의

28 Hobsbawm, 1990, p. 91
29 Hobsbawm, 1990, p. 10
30 Hobsbawm, 1990, pp. 80~92

(nationalism)는 때때로 이전에 있었던 문화를 국인으로 바꾸어 놓고, 문화가 없을 때는 문화를 만들기도 하고, 목적에 따라 문화를 말살하기도 한다. 국인이 국가와 국인주의를 만드는 것이 아니라 국가와 국인주의가 국인을 만들었기 때문에 국인주의가 국인에 앞서 있었다고 주장하는 한편[31] 국인주의는 명백히 그렇지 않은 것에 대해서 믿음을 강요하는 경우가 너무 많다고 주장한다.[32]

만(Michael Mann)은 근대 국인주의의 등장과정에는 군사적인 측면이 큰 영향을 미쳤다고 주장한다. 국인은 18세기 유럽과 미국에서 일어나 다른 지역으로 전파되었으며, 근대기 서구 민주주의 혁명이 일어나기 이전에는 지배계층이 대중들의 삶과 괴리되어 있었기 때문에 국인이 존재할 수 없었다고 한다.

그는 네 개의 국면을 거쳐서 유럽에 국인국가가 형성되었다고 주장한다. 첫째 국면은 16세기 종교개혁 시기이고, 둘째 국면은 1700년경 국가확장과 상업자본주의 시기, 셋째 국면은 18세기 국가 재정위기와 군국주의 시기, 그리고 넷째 국면은 19세기 말의 산업자본주의 시기이다. 첫째와 둘째 국면은 원형국인(proto-nations)으로서 소수의 엘리트들만 의식하는 단계이고, 계급에 상관없이 국인의식이 나타나게 된 것은 셋째 단계 이후부터이다. 이 단계에 들어서면서 국가 재정위기와 국가간 군사적인 대결 상황에 세금을 징수하고 국민개병제를 실시하면서 국인개념이 정치화(政治化)하게 된다. 그리고 넷째 단계에서 국가가 통신, 교육, 건강, 복지 등 국가의 기능을 확대하고 사회적 조정자로서의 힘을 장악하면서 국인은 국가에 더 많이 참여하고 더 동질화되는 가운데 국가와 국인간의 연관성이 긴밀해지게 되었다는 것이다.[33]

31 Hobsbawm, 1990, pp. 9~10
32 Hobsbawm, 1990, p. 12
33 Mann, 1993, p. 730

2) 비 판

정치적인 측면에서의 근대주의 이론들은 다음과 같은 비판을 받고 있다.

첫째, 권력엘리트들에 의해서 국인(nation)이 만들어지고 조작되어졌다고 하는 데 실제 정치적으로 대중들에게 어떻게 했는지에 대한 구체적인 내용에서의 설명이 불충분하다.

둘째, 국인이라는 것이 아무 것도 없는 상태에서 만들어지고 조작되어진다는 주장은 지나치다는 것이다. 스미스(Anthony D. Smith)는 국인은 아무 것도 없는 상태에서 만들어진 것이 아니라 민족적 과거에서 재구성 또는 재발견된 것이라는 점에서 홉스봄(Eric Hobsbawm)의 "날조된 전통"과 같은 인식은 잘못된 것이라고 주장한다.

셋째, 근대화기 이전에도 국인의식이 존재했다는 주장도 있다. 스미스는 근대주의가 근대 이전에 존재했던 국인의식에 대한 부분을 감안하고 있지 않는 점은 문제라고 지적한다. 영국은 물론이고 경우에 따라서는 프랑스, 스코틀랜드, 스페인, 스웨덴에서도 16세기에 이미 귀족 및 상류계층에서는 국인의식이 있었다고 주장한다.[34]

넷째, 정치적 이념적 설명으로 국인주의의 감정적 요인을 설명하는데 미흡하다는 점이다. 즉, 어떻게 수많은 사람들이 국인을 위하여 자신의 목숨도 버릴 정도로 사람들의 마음을 그렇게 강하게 사로잡을 수 있었는가에 대하여 설명하지 못하고 있다는 것이다.

---

34 Smith, 2010, p. 78

3. 경제 사회적 측면

1) 내 용

일부의 근대주의자들은 근대화기에 있었던 자본주의, 산업화, 그리고 기타 경제 사회적인 환경변화 요인에 의해서 국인(nation)과 국인주의(nationalism)가 형성되었다고 본다.

겔너(Ernest Gellner)는 당시까지 하나의 사상적인 이념으로 생각하던 국인주의를 사회 경제적으로 분석함으로써 이 분야 연구에 새로운 지평을 열었다. 그는 전통사회에서 근대사회로의 변화과정에서 국인주의가 탄생하게 된 것으로 보았다.

근대에 와서 이념적인 결과로 국인주의가 생성되었다는 케두리의 주장[35]에 대해서 국인주의가 근대의 산물이긴 하지만 일부 사람들의 의도에 따라 그렇게 만들어진 것이 아니라 근대 산업사회의 도래에 따라 발생된 필연적인 산물이었다는 것이다.[36] 산업사회가 되면서 이전의 농업사회와는 달리 사람들이 문자해독 능력을 갖추지 않으면 안 되었고, 표준화된 공공교육과 산업사회의 문화를 받아들이지 않으면 안 되었다. 이렇게 형성된 근대성은 독자적인 국가를 필요로 하였다. 왜냐하면 국가만이 교육과 공용어와 같은 제도를 통하여 산업사회에서 필요로 하는 문화적 소양을 갖춘 사람을 만들어 낼 수 있기 때문이다. 이러한 결과로 국인주의가 나타나고 국인주의는 국인이 없는 곳에 국인을 만들어냄으로써 국가를 세우게 되었다는 것이다. 이처럼 케두리가 국인주의를 정치적 의지의 원리로 본 반면에 겔너는 국인주의를 산업화과정에서 형성된 문화적 형태로 본 것이다.[37]

---

35 Kedourie, 1961, pp. 20~31
36 Ernest Gellner는 그의 책 많은 부분을 Kedourie의 주장을 반박하는데 할애하고 있다.
37 Anthony, 2010, p. 72

겔너는 전통 농업사회와 근대 산업사회는 확연히 구분되는 다른 사회로 보았다. 전통사회가 정태적이고, 계층적이고, 폐쇄적이고, 전통적 체제로 결속된 반면, 근대사회는 동적이고, 평등하며, 열린 사회이며, 언어와 문화로 결속된 사회라는 것이다.[38] 겔너는 역사단계설에 따라 인간의 역사를 수렵채취단계, 농경단계, 산업화단계의 세 단계로 나누었다.

처음의 수렵채취단계에서는 국가가 없었기 때문에 국인주의가 해당되지 않는다. 다음의 농경사회에서는 아래로는 친족 또는 마을 사람들로 이루어지는 지역적 공동체가 형성되고, 그 위에 정치, 종교, 군사 엘리트들이 지배하고 있었는데, 이들 지배층은 인구중의 극히 일부분이고 보통사람의 일상생활과는 별 상관이 없었다. 공동체가 지역별로 분할된 구조에서 각 공동체마다 문화적인 다양성이 존재했고, 지배층과 피지배층간의 구분은 엄격했다. 이 시대의 정치 체제는 지배층과 피지배층간에 구분되고 차이가 나는 것을 더 바람직하게 여기고 계층간에 문화적 동질성보다는 이질성이 더 강조되었다. 그렇게 함으로써 지배계층이 권위를 가질 수 있기 때문이다. 또한 이 시대에는 지배층과 피지배층이 같은 민족이 아니라도 문제되지 않았다. 국가는 세금을 거두고 평화를 유지하는 데는 관심이 있지만 국가내의 공동체간에 의사소통을 촉진시키거나 문화적 동질성을 갖게 하는 것과 같은 일에는 관심이 없었다.[39] 따라서 농경사회에서는 문화적으로 동질성을 형성할 수 없었기 때문에 국인(nation)이 있을 수 없었다는 것이다.

겔너는 농경사회에서 벗어나 산업사회가 되면서 국인주의가 발생할 수밖에 없었던 제반 사회적 변화에 주목한다. 산업사회가 되면

---

38 Hearn, 2006, p. 105
39 Gellner, 2006, pp. 8~11

서 사람들이 하는 일의 형태가 달라졌다. 괭이나 낫을 사용하여 몸
으로 하던 노동의 일에서 기계를 조종하고 관리하는 일의 형태로
바뀌게 된 것이다. 지금부터는 노동자가 되기 위해서는 문자를 알아
야 하고, 숫자도 셀 줄 알아야 하며, 기본적으로 요구되는 전문 기
술, 작업 관습, 사회적 기술 등을 터득하지 않으면 안 되었다.40 이
러한 것들은 어느 직업에서나 공통적으로 필요한 것들이기 때문에
직장을 옮기더라도 이들은 항상 쓰이게 되는 것이다. 근로자는 일하
는 과정에서 새로 만나는 사람들과 끊임없이 의사소통을 해야 하고
농경사회에서처럼 대충 맥락을 짚어서 이해할 수 있는 형태가 아니
라 명확하고 분명하게 의사전달이 되도록 해야 한다. 또 문자수단을
통해서 누구인지도 모르는 사람과 의사소통을 해야 하며, 그러기 위
해서는 표준화된 언어와 문자를 사용하여야 한다.41 산업사회가 되
면서 전통사회와 달리 비인격적이고 서로를 잘 모르는 개체화된 인
간들간에 이같이 새로운 문화를 공유하는 시대가 된 것이다.

　전통사회에서는 교회 성직자나 관료와 같은 엘리트계층만이 할
수 있었던 문자사용이 이제는 일반인들도 가능하게 되어 전통사회
에서 엘리트계층만이 누렸던 상위문화(high culture)는 산업화사회에
서는 모든 사람들의 문화로 되었고 농민들은 국민으로 바뀌게 되었
다.42 이렇게 해서 일정 집단의 사람들이 문화적인 동질성을 갖게
되었고 이러한 동질성속에서 정치적인 환경도 달라지게 된 것이다.
이와 같은 새로운 정치적 환경에서 동질성을 의식하는 사람들의 국
인에 대한 의식과 이들로 구성되는 국가를 요구하는 국인주의가 필
요하게 되었다. 왜냐하면 상위문화를 유지하기 위해서는 이를 지탱
하며, 이에 필요한 자원을 획득하고 분배하며, 질서를 확립시킬 수

40 Gellner, 2006, p. 27
41 Gellner, 2006, p. 34
42 Gellner, 2006, pp. 34~37

있는 중앙집권화된 기관인 국가가 필요하기 때문이다.[43] 겔너는 케두리(Kedourie)가 국인주의가 문화적 동질성을 부여했다고 한데 대하여 국인주의가 동질성을 부여하는 것이 아니라 이 같은 상황으로 발생한 문화적 동질성이 국인주의로 나타나게 했다고 주장한다.[44]

또 겔너는 국인(nation)은 국인주의(nationalism)에 의해서만 탄생될 수 있다고 주장한다. 국인주의는 옛날부터 역사적으로 내려온 유산이나 문화를 이용하여 이를 변형시키고 가공함으로써 국인을 만들어 내었다는 것이다.[45] 그리고 그는 산업화 과정에서의 지역간 불균등한 발전이 국인주의를 불러올 수 있음을 언급하고 있다. 근대화와 산업화는 사회적 불평등과 새로운 사회계급을 발생시키는데, 문화적으로 구분되는 어떤 집단의 사람들이 자신들은 약자의 위치에서 불공평하게 대우받고 착취당하고 있다고 느끼게 되는 경우에 자신들만의 집단에 공동체의식을 갖게 되고 자신들만의 국가로 분리 독립을 원하게 된다는 것이다.[46]

사회 경제적 측면을 다룬 겔너의 설명 외에도 경제적 측면을 중심으로 하는 이론으로서 마르크스이론(Marxist theory), 합리적선택이론(rational choice theory)을 적용한 이론 등이 있다.

국인주의에 있어서 마르크스이론은 기본적으로 자본주의로 인하여 국인주의(nationalism)가 출현하였다는 것이다. 마르크스와 엥겔스가 살았던 19세기 중반은 국인주의 또한 성행했던 때였다. 사회계급 측면에 큰 의미를 찾을 수 없는 국인주의에 사회주의이론이 연결될 수 있는 여지가 많지 않았다. 그래서 마르크스와 엥겔스는 국인주의에 대하여 특별한 언급을 하지 않았다. 오히려 마르크스가

---

[43] Gellner, 2006, p. 135
[44] Gellner, 2006, p. 38
[45] Gellner, 2006, pp. 54~55
[46] Gellner, 2006, p. 107

공산당 선언에서 "노동자에게는 조국이 없다"라고 사회주의 운동
의 국제성을 추구한 점에 비추어 볼 때 사회주의와 국인주의는 서
로 배치되는 면이 있었다. 계급을 기초로 사람집단을 상하로 구분
짓는 사회주의와 민족과 지역을 기초로 수평적으로 나누는 국인주
의가 함께 할 수 있는 공간은 많지 않다. 하지만 1970년대 이후 내
부적 식민주의, 불균등발전론 등을 근간으로 하여 국인주의를 설명
하는 신마르크스주의 이론이 대두되었다.

헥터(Michael Hechter)는 내부 식민주의(internal colonialism)에 기
초하여 동일 국가내 중심부와 주변부의 관계에 기초하여 국인주의
를 설명하고 있다. 산업화 이전의 국가는 지역간에 발전정도의 차이
도 없고 지역간의 경제적인 교류도 거의 없다. 그러다가 산업화가
되면서 산업이 발전한 지역과 발전하지 못한 지역간에 차이가 발생
하면서 중심부와 주변부로 갈라지게 된다. 그리고 지역간에 교류도
많아지는 가운데 중심부 지역은 다변화된 산업구조를 갖는 반면 주
변부 지역은 중심부에 의존적인 산업구조를 갖게 된다. 지역간의 교
류에서 중심부는 주변부로부터 이익을 흡수하고, 자신들의 이익을
지키기 위해서 특권과 차별을 제도화하고, 정치적, 사회적, 경제적
차별을 구조화하면서 주변부의 접근을 막는다. 이러한 상황이 진행
되면 주변부의 사람들은 자신들의 위치를 확인하고 같은 입장의 사
람들간에 결속하여 자신들의 독립을 주장하게 된다는 것이다.47

내언(Tom Nairn)은 제국주의와 불균등 경제발전에 기초한 국인
주의 이론을 제시하였다. 그는 군더 프랭크(Andre Gunder Frank)의
종속이론을 적용하여 중심부와 주변부의 관계에서 국인주의의 발생
을 설명하였다. 즉 국인주의는 경제가 발전한 중심부와 낙후된 주
변부간의 불균등한 경제발전으로 인하여 중심부로부터 착취당하는

---

47 Hechter, 1975, pp. 7~8

주변부가 이들의 지배로부터 벗어나기 위하여 독자적인 정치체제를 수립하고자 하는 과정으로 본 것이다.

그는 근대화기 이전에 국인성과 민족적 자기인식이 이미 있었지만 왜 근대화기에 와서 세계적으로 국인주의가 강한 조류가 되었는지를 설명한다. 서구의 부르조아들이 세계 주변부의 후진지역을 힘으로 영토를 병합하고 이들 지역의 자원과 노동력을 착취함으로써 중심부 서구지역은 발전하였지만 주변부 후진지역은 발전할 수 없었다. 이런 상황을 본 주변부 후진지역의 엘리트들은 큰 좌절감을 갖게 되었고, 그들이 가진 것은 함께 살아온 대중들뿐이라는 것을 알고 이들을 통하여 세상을 바꾸고자 시도하게 되었다. 즉 세계적인 차원에서 중심부 국가의 제국주의에 대항하여 주변부지역의 엘리트들이 착취당하는 대중들에게 중심부의 압제에서 벗어날 것을 선동함으로써 국인주의가 발생하게 되었다는 것이다.[48]

한편, 헥터(Michael Hechter)는 합리적선택이론에 근거하여 어떻게 하면 국인주의에 의한 분규를 억제할 수 있을 것인가의 문제를 다루고 있다. 그는 국인주의를 통치의 단위와 국인의 경계를 일치시키려는 집단행동으로 정의하고, 이러한 집단행동의 발생을 줄이기 위한 방법으로 간접통치를 들고 있다. 근대화 이전에는 교통과 통신이 발전하지 못했기 때문에 직접통치보다는 간접통치가 일반적이었다. 간접통치는 큰 국가의 중앙 통치자가 지방의 대리인에게 공물, 세금, 전시의 병력징발 등 몇 가지의 의무를 이행케 하는 대신 통치권한을 위임하는 것이다.[49] 그런데 근대적 체제가 되면서 직접통치가 늘어나게 되고 이것에 대한 반발로 국인주의도 강해지게 되었다는 것이다. 따라서 다민족국가에 있어서 국인주의 발생에

---

48 Nairn, 1977, pp. 84~91
49 Hechter, 1988, pp. 264~279

의한 문제를 줄이기 위해서는 집단행동의 비용을 높이든지, 민족
정체성이 줄게 하든지, 민족적 주권요구가 줄게 하든지 해야 한다.
그런데 현재의 시대상황에서 가능한 방법은 민족적 주권요구를 줄
게 하는 방법뿐이고 이를 위해서는 간접통치의 방법으로 분권화된
의사결정이 되도록 해야 한다는 것이다.

또 그린펠드(Liah Greenfeld)는 국인주의(nationalism)는 16세기 초
영국에서 먼저 생성되어, 다음으로 북미대륙의 영국인 정착민에 파
급되고, 다음으로 18세기에 프랑스와 러시아에 전파되었으며, 그리
고 19세기와 20세기에 유럽의 여타지역 그리고 전 세계로 확산되었
다고 주장한다.[50] 그녀는 근대화가 국인(nation)을 만들었다는 근대
주의자들의 일반적인 주장과 달리 국인이 근대화를 촉진시켰다고
주장한다. 국인주의는 본질적으로 평등성을 추구하기 때문에 사회
계급을 허물어 사회계층간 이동성을 증가시키고, 노동력을 해방시
키고, 시장의 영역을 확대하여 경제발전에 필요한 형태로 사회구조
를 변화시키고, 국가간 경쟁을 촉진시킴으로써 근대적 경제발전을
가져오게 했다는 것이다.[51]

2) 비 판

겔너(Ernest Gellner)는 산업화로 인하여 국인주의(nationalism)가
발생하였고 그래서 국가가 만들어졌기 때문에 산업화 이전에 국인
(nation)이나 민족 같은 것은 존재하지 않았다고 주장한다. 그런데
이러한 주장은 실제 역사와 맞지 않는다는 비판을 받고 있다. 학자
들은 국인주의가 산업화와 무관하게 혹은 산업화가 되기 훨씬 이전
에 일어난 경우도 많았다고 말한다. 실제로 독일에 국인주의가 일

어났을 때 산업화는 전혀 되지 않았고, 영국에서는 산업화가 되기 150~200년 전에 국인주의가 일어났으며,[52] 마찬가지로 그리스에 국인주의가 일어났을 때 산업화와는 거리가 멀었다는 것이다. 그래서 산업화가 기존의 국인주의를 강화시키거나 자극하는 촉매제 역할을 하였다고 한다면 모를까 산업화가 국인주의를 생성시켰다는 주장은 무모하다는 것이다. 또 인도의 간디가 이끈 국인주의는 산업화에 적대적이었기 때문에 산업화와 아무런 연관성이 없으며, 국인주의에 적대적이었던 사회주의 러시아에서는 산업화과정에서도 국인주의가 일어나지 않았다.[53] 또한 겔너는 사회 경제적인 틀속에서 국인주의를 이해하려 하기 때문에 국인주의의 감정적인 힘을 설명할 수 없다는 비판을 받고 있다.

헥터(Michael Hechter)의 이론에서도 현실에 맞지 않는 문제가 있다. 지역간 경제발전의 차이를 기초로 국인주의 발생을 설명하고 있는데 지역적으로 민족이 구분될 때는 국인주의가 일어날 수 있지만 동일지역내에 여러 민족들이 섞여있을 때는 국인주의가 잘 형성되지 않는다. 이것은 지역보다 민족이 국인주의를 발생시키는 요인으로서 더 중요하고 지역간 차이는 별 의미가 없다는 것을 뜻한다. 또한 발전이 덜된 지역에서만 독립을 요구하는 것이 아니라 더 발전한 지역에서 독립을 요구하는 경우도 많다. 스페인의 카탈로니아나 영국의 스코틀랜드는 내부 식민지입장에 있었던 적이 없고 오히려 국가내에서 경제적으로 가장 발전한 지역들이었다. 그리고 영국의 북동지역이나 이태리 남부지역은 경제적으로 낙후된 지역이지만 국인주의가 없다. 이들 지역은 과거의 민족적인 기억을 상실하였기 때문이다.[54]

---

52 Kitching, 1985, p. 106

53 Minogue, 1996, p. 120

54 Smith, 1998, p. 62

내언(Tom Nairn)의 이론에서도 마찬가지로 실제 역사적인 사실에 부합되지 않는 부분이 많다. 우선 국인주의는 유럽에서 먼저 시작되었다는 점에서 내언의 유럽 제국주의에 대항하는 반식민국인주의는 역사적 현실과 맞지 않는다. 그리고 발전된 지역으로부터의 착취에 직면하여 낙후된 지역에서 국인주의가 발생한다고 했는데, 실제로는 발전된 지역에서 국인주의 운동이 많이 발생했으며 경제발전의 차이나 균등성 여부와 상관없이 국인주의 운동이 발생한 경우도 많았다는 점이다. 합스부르그(Habsburg)제국에서 마자르(Magyar)의 국인주의는 이들 지역이 경제적으로 낙후된 지역이거나 착취당한 지역이 아니라 오히려 그 반대였으며, 체코 국인주의의 중심지였던 보헤미아(Bohemia) 역시 합스부르그제국의 가장 발전한 지역이었다. 그리고 벨기에는 1830년 네덜란드로부터 독립할 당시 국가내에서 가장 산업화된 지역이었다.

헥터(Michael Hechter)의 합리적선택이론에 기초한 국인주의 억제방안에 있어서도 실제 역사적인 현실과 맞지 않는다는 비판을 받는다. 하나의 예로 1905년 스웨덴으로부터 독립한 노르웨이의 경우를 보면, 독립 이전에 노르웨이에 자치권이 너무 많았기 때문에 노르웨이 분리국인주의 운동이 쉽게 성공을 거둘 수 있었다. 이와 같이 분권화나 간접통치하에서는 국인주의 집단행동이 용이해지기 때문에 분리를 추구하는 정치지도자들에게 오히려 좋은 환경을 제공하게 되는 것이다. 또한 사람들의 감정적 또는 비이성적인 행동에 관련되는 부분에 있어서는 합리적선택이론의 적용이 어렵다는 한계가 있다.

4. 사회 문화적 측면

1) 내 용

일부 학자들은 국인(nation) 및 국인주의(nationalism)의 형성 원인을 근대화과정의 대중문화 형성, 소통(communication) 발달, 문자 사용 확대, 언어통일, 표준화된 교육 등과 같은 사회 문화적 요인에 두고 설명한다.

칼 도이취(Karl Deutsch)는 근대화기에 국인과 국인주의의 형성에 있어서 사회적 소통의 중요성을 지적하였다. 구성원 상호간에 의사가 원활하게 전달되지 않는다면 공동체는 존속할 수 없다. 소통을 통하여 집단 구성원이 지도적 상부계층과 동질화되고 집단내 통합의 감정을 갖게 된다. 전통사회에서 근대사회로의 이행과정에서 국인공동체를 형성하는 데 있어서 공통의 언어나 문자를 통한 사회적 소통이 중요한 역할을 하였다는 것이다.[55] 소통은 집단내 사람들의 사회적 결속을 창출할 뿐만 아니라 자기 집단의 사람들과 다른 집단의 사람들을 구분지운다. 국인은 서로간에 보다 효과적이고도 쉽게 소통할 수 있는 사람들의 집단이기 때문이다.[56]

이후 앤더선(Benedict Anderson)은 인쇄매체의 발달이 국인(nation)과 국인국가의 형성에 결정적인 역할을 하였다고 주장하였다. 그는 인쇄 자본주의(print-capitalism)라는 용어를 사용하여 자본주의적 인쇄 간행물의 대량생산이 사회를 어떻게 변화시키고 국인국가를 수립하게 했는지에 대한 과정을 설명한다.

종교개혁으로 라틴어의 사용이 줄게 되고 지역언어로 성서를 출판하면서 지역언어에 의한 인쇄물이 늘어나게 되었다. 여기에 자본주의 사업가들은 더 많은 부수를 팔기 위하여 책과 신문 등의 인쇄

---

[55] Deutsch, 1953/1966
[56] Ozkirimli, 2010, p. 41

물을 일부 지식인만이 사용하는 라틴어나 소수민 언어가 아닌 많은
사람이 함께 읽을 수 있는 일상언어로 출간하게 된 것이다. 이에 따
라 각 지역마다 각기 다른 방언을 사용하던 사람들도 이들 인쇄매
체를 읽음으로써 서로 소통할 수 있는 공통의 언어를 접할 기회가
많아지게 되고, 인쇄언어의 사용이 점점 늘게 되었다.

그래서 지금까지 다른 곳의 소식은 교회에 나가서 가끔 들을 수
있었던 사람들이 이제는 멀리 있는 사람들에 대한 정보나 소식을
이웃마을 소식처럼 바로 들을 수 있게 된 것이다. 이렇게 연결된
모든 사람들이 하나의 공동체로 되고, 어느 한 사람이 비록 자신의
공동체안의 다른 사람을 본 적도 없지만 대중매체를 통해서 저기에
그러한 사람이 있다는 것을 의식할 수 있게 되었다. 또 일상의 생
활속에서 같은 신문을 동시에 읽으면서 같은 사실을 알게 되고 같
은 생각을 하면서 이전에는 지역마다 달랐던 생활 습속이나 관습이
통일되거나 공통성이 커지게 되었다. 이에 따라 한 번도 본적이 없
는 멀리 있는 사람들간에도 친밀감과 동료의식을 갖게 되면서 공동
체의식이 형성되어 갔는데, 이것을 앤더선은 "상상공동체(imagined
communities)"라고 하였다.

앤더선은 국인(nation)을 "상상으로 이루어진 정치적 공동체(imagined
political communities)"라고 정의했다.[57] 상상공동체(imagined communities)
라는 말은 자칫 국인이 허위로 날조해서 만들어진 허구적인 것이라
는 의미로 이렇게 표현했다고 생각하기 쉬운데 이것은 오해이다. 오
히려 앤더선은 국인을 근대 세계에 있어서 가장 강력하고 현실적인
사회집단이라고 하였다.[58] 여기서 상상공동체(imagined communities)
란 실체가 없는 허구의 공동체라는 의미가 아니고 상상을 통하여
형성되었다는 의미이다. 어떤 영역의 사람들이 하나의 공동체가 되

---

57 Anderson, 2006, p. 8
58 King, 2006, p. 250

기 위해서는 우리 집단이라는 의식이 있어야 한다. 이러한 의식은 공동체의 다른 구성원을 직접 본 적도 들은 적도 없지만 같은 공동체의 일원으로 상상속에 생각함으로써 생기게 된다. 사실 같은 마을에 살면서 서로 만나는 사람들간의 공동체가 아닌 이상 대부분의 큰 공동체는 상상공동체(imagined communities)인 셈이다.

그는 보다 구체적으로, 그 공동체의 범위가 끝도 없이 모든 사람들을 다 포함하는 것이 아니라 일정한 범주로 한정되어 있음을 상상하고, 자신들이 자유롭게 결정할 수 있는 주권을 가진 것으로 상상하고, 모두가 평등한 동지들로 구성된 공통체인 것으로 상상하면서 형성되었다고 하였다. 그래서 지난 2세기 동안 수많은 사람들을 죽이고 자신의 목숨조차도 기꺼이 내던질 수 있었던 것은 그들이 상상하는 나라사람(국인)에의 동포애 때문이었다는 것이다.[59]

앤더선은 근대화기에 있었던 이러한 소통과 의사교류의 사회 문화적인 환경 변화를 바탕으로 하여 국인주의(nationalism)가 일어나게 되었다고 주장한다. 일반대중에게 자신의 생각을 전파시켜 대중을 움직이기가 훨씬 용이하게 되자, 정치 엘리트들이 자신의 정치적인 목적으로 대중들에게 국인의식을 고취시키는 가운데 국인주의는 점점 확산되었고, 이러한 결과로 전통적 왕권과 교회를 중심으로 하던 공동체가 와해되고 그 자리에 국인공동체가 대신 자리 잡게 되었다는 것이다.

또한 그는 국인주의는 라틴 아메리카의 크레올(Creole) 사람들에 의해서 가장 먼저 일어났고, 유럽은 이 지역에서 국인주의가 끝날 무렵에 시작되었다고 하였다.[60]

한편 체코의 흐로크(Miroslav Hroch)는 영국, 프랑스, 스페인, 스

59 Anderson, 2006, p. 8
60 Anderson, 2006, pp. 49~68

웨덴, 덴마크, 포르투갈, 네덜란드, 러시아, 독일, 이탈리아 등 30개 이상의 민족(ethnic group)을 대상으로 국인주의(nationalism)에 대하여 광범위하게 사회 역사적인 분석을 하였다.[61] 흐로크는 국인국가를 설립하기 위한 운동은 그 시작에서 종료까지의 과정을 단계별로 A, B, C 세 국면으로 나눌 수 있고, 각 국면마다 다음과 같은 특성을 갖는다고 하였다.

A국면 시작단계이다. 국인주의의 활동가들이 자기민족의 언어, 역사, 문화 등에 대해서 학술적인 탐사를 하여 자료들을 발굴하고 수집하게 된다. 이 단계에서 그들은 대중들과 격리되어 있으며, 정치적인 목적이나 대중을 선동할 의도가 있는 것도 아니고, 이러한 노력이 어떤 결과를 가져올 것이라는 확신이 있는 것도 아니다.

B국면 A단계에서 발굴된 과거의 유산들을 정치적 변화에 활용하게 된다. 현재 체제에서의 사회적 정치적 위기, 다수 인구의 불만누적, 전통적 도덕체제의 신뢰상실 등과 같은 계기가 발생하면 이 국면으로 급속히 진행된다. 새로운 활동가들이 나라를 건국하기 위해 자기민족 사람을 결집시키려 한다. 이러한 활동가들의 노력이 대부분 바로 성공으로 이어지는 것이 아니고 처음에는 사람들의 지지를 받지 못하다가 시간이 가면서 서서히 많은 사람들에 의해서 받아들여지게 된다.

C국면 마지막 단계이다. 국인의식이 사람들의 관심사가 되면서 대다수 사람들이 참여하는 국인국가 설립 운동이 형성되고 국인적 사회 구조가 형성된다. C국면에 들어서기 위해서는 이전단계의 국인주의자들의 노력이 대중의 지지를 받아야 한다. 대중의 지지를 받기 위해서는 피지배 민족집단에서도 교육을 받은 사람들이 있는 것과 같은 어느 정도의 수직적인 사회이동이 있어야 하고, 현 체제의

61 Ozkirimli, 2010, pp. 113~120

합법성의 위기, 비교적 높은 수준의 사회적 소통, 민족집단간의 알력 등과 같은 여건이 필요하다.

2) 비 판

앤더선(Benedict Anderson)의 상상공동체(imagined community)는 실제 상상하는 것만으로 국인주의(nationalism)라는 감정이 심어지는 것은 아니라는 면에서 국인주의의 발생원인에 대한 설명으로 충분하지 못한 면이 있다. 국인주의가 교회의 종교를 대체하게 되었다는 앤더선의 주장 또한 비판의 대상이 된다. 켈라스(J. G. Kellas)는 아일랜드, 폴란드, 아르메니아, 이스라엘, 이란 등에서는 오히려 종교기관이 국인주의를 북돋아 주었으며, 종교적 열의와 국인주의가 함께 일어난 곳도 많기 때문에 역사적 사실과 일치하지 않는다고 비판한다.[62] 또, 그린펠드(Liah Greenfeld)도 국인주의는 종교개혁으로 종교에 대한 열기가 강할 때 생성되었으며 이후에도 많은 경우에 종교가 국인의식의 한 부분이 되었다고 주장한다.[63] 그리고 브루일리(John Breuilly)는 국인주의에 있어서 정치적인 측면이 더 중요했음에도 앤더선은 문화적 측면에 치우쳐서 정치적인 측면을 간과하고 있다고 주장한다.[64]

또 유럽보다 먼저 라틴아메리카에서 국인주의가 발생했다는 주장에 대해서 많은 학자들은 영국, 프랑스, 독일 등지에서 먼저 일어났다는 반론을 제기하였다. 이에 대해서 앤더선은 국인주의가 유럽에서 먼저 일어났다고 주장하는 것은 유럽학자들이 얼마나 유럽중심주의적인가를 말해 준다고 반박하였다.[65]

---

[62] Kellas, 1991, p. 48
[63] Greenfeld, 1993, p. 49
[64] Breuilly, 1985, pp. 71~72
[65] Anderson, 2006, p. 210

흐로크(Miroslav Hroch)도 앤더선과 마찬가지로 국인주의 형성에 있어서 정치적인 측면을 도외시하였다는 비판을 받고 있다. 또 흐로크의 연구가 서유럽의 국인국가들이 중세기부터 시작하여 장기간의 과정을 거쳐서 국인국가로 되었다고 주장하는 점에서 홀(J. A. Hall)은 그의 이론은 근대주의가 아니라 스미스(Anthony D. Smith)가 주장하는 민족상징주의에 가깝다고 비판한다.[66]

5. 도구주의

1) 내 용

도구주의(instrumentalism)는 국인주의를 하나의 도구로 생각한다. 국인의식은 엘리트들이 자신들의 목적을 달성하기 위해서 동원하는 하나의 수단이라는 것이다. 여기서 목적은 권력, 부, 특권 등과 같이 정치적, 경제적, 사회적, 기타 여러 영역에서 다양한 형태일 수 있다. 또 국인은 정치적 지도자에게 있어서 자신의 추종자를 동원하는데 가장 좋은 자원이기 때문에 시간을 두고 사회적 정치적으로 조작된다는 것이다. 도구주의자로는 브라스(Paul Brass), 헥터(Michael Hechter), 틸리(Charles Tilly), 겔너(Ernest Gellner), 호로위츠(Donald Horowitz) 등이 있다.

브래스(Paul Brass)에 의하면 집단간에 문화적 혹은 인종적인 차이가 있다는 것 자체로는 국인주의가 형성되지 않는다고 한다. 오직 그것이 정치적인 이용대상이 되고, 정치엘리트가 자신의 이익을 확보하기 위하여 이를 정치도구화 했을 때 국인주의(nationalism)가 발생하게 된다는 것이다. 반대로 정치가들이 다른 민족집단, 국인집단 또는 기존의 정치권력과 협력하기 위하여 민족적 국인적 차이를

---

66 Hall, 1998, p. 6

희석시키게 되면 국인주의는 줄어들게 된다. 그래서 민족적, 문화적 차이와 이를 이용하려는 정치적 목적, 이 두 존재가 합쳐졌을 때 국인주의가 발생하게 된다는 것이다. 여기에 민족집단 또는 국인집단의 일반 대중과 정치 엘리트간에 소통이 필요한데 지역 공통의 언어나 신문과 같은 대중매체가 근대화과정에서 생겨남으로써 이러한 소통을 가능하게 하였고, 그래서 국인주의가 근대기에 일어나게 되었다고 설명한다.[67]

2) 비 판

도구주의(Instrumentalism)는 합리성, 근대성, 정치성 이 세 가지만을 기초로 설명하고자 하기 때문에 다른 측면의 논의에 대해서는 받아들이지 않으려는 폐쇄성을 보여준다. 도구주의 이론에 대하여 맥케이(James McKay)는 인간은 정치경제적인 이해관계뿐만 아니라 이상과 가치를 두고도 싸운다는 점을 간과하고 있다고 비판한다.[68] 또 코너(Walker Connor)도 도구주의는 국인의식의 비이성적, 감정적인 측면을 이해하지 못하고 있다고 비판하고 있다.[69]

6. 근대주의 비판

현재 근대주의 이론은 국인주의(nationalism) 이론들중에서 절대적인 위치에 있는 주류이론이다. 그럼에도 불구하고 근대주의는 다음과 같은 측면에서 적지 않은 문제점과 한계를 드러내고 있다.

첫째, 근대주의는 기본적으로 유럽을 벗어나면 적용하기 어려운 이론이다. 논의의 초점이 유럽의 국인국가의 형성과정에 맞춰져 있

---

67 Brass, 1991, pp. 63~64
68 McKay, 1982, pp. 395~420
69 Smith, 2010, p. 77

고 유럽외의 다른 나라들은 배제되어 있다.

둘째, 국인주의에 대한 원인을 제대로 지적하지 못한다. 근대주의는 사람들이 언제 자민족 언어를 사용하기 시작했고, 신문을 보기 시작했으며, 학교교육을 받기 시작했고, 병역의무를 지기 시작했느냐 등등을 나열하면서 사회의 구조적 변화에서 국인주의의 원인을 찾는다. 그래서 근대주의는 국인주의가 발호하게 되는 환경과 과정을 잘 설명하고 있다. 그런데 중요한 것은 사람들은 왜 그러한 행동을 하는가이다. 사람들에게 주어진 환경과 상황에 상관없이 인간이 항상 하는 행동에 대한 근본적인 원인을 찾는 것이 중요하다. 이런 측면에서 보면 인간의 본성에서 그 이유를 찾으려는 원초주의가 더 평가받을 수 있다.

셋째, 근대주의 이론가들의 주장은 현실과 맞지 않는 경우가 매우 많다. 대표적으로 많은 사람들에게 잘 알려져 있는 겔너(Ernest Gellner)와 앤더선(Benedict Anderson)을 예로 들어보자. 겔너는 산업화로 인하여 국인주의가 형성되었다고 하나 많은 나라에서 산업화 이전에 국인주의가 형성된 경우도 많고, 산업화와 전혀 상관없는 경우도 많았다. 앤더선은 인쇄자본주의에 의하여 국인주의가 만들어지게 되었다고 하지만, 실제 18세기의 유럽에서 문자해독능력을 가진 사람들이 많지 않았기 때문에 상상공동체라는 화려한 수사에 비해서 실제로는 별 설득력이 없는 이야기로 평가된다.

넷째, 근대주의는 국인주의를 물질적 기계적으로 이해하려고 하기 때문에 감정적인 요인과 그로부터 나오는 열정과 힘에 대해서 크게 고려하지 못한다. 자국인으로 구성된 국가단위로 살아가려는 열망은 수많은 사람들이 목숨을 바치고 피를 흘린 이유이며, 이에 대한 동력이 국인과 국인주의이다. 그런데 근대주의에서 이것을 날조와 조작에 의해서 한 순간에 생긴 일로 치부하는 것은 부분적으

로는 사실이라 할지라도 전체적으로 생각하면 상식에도 맞지 않는
다. 근대주의 이론이야 말로 한 시대, 한 지역 사람들의 마음을 사
로잡는 이론이라고 할 수 있다.

다섯째, 근대주의는 근대 이전의 역사적인 사실에 대해서는 어
떤 것도 국인주의가 될 수 없다고 본다. 그래서 근대주의에 있어서
는 국인과 국인주의가 될 수 있는 기준이 아주 엄격하다. 그러다
보니 너무 엄격한 기준으로 인하여 근대 이후의 국인주의조차도 국
인주의가 될 수 없는 경우가 많다는 비판을 받는다.

여섯째, 다양한 상황에서 다양한 형태로 발생하는 국인주의를
모두 함께 묶어 근대화라는 하나의 변혁의 틀에 넣어 설명하려고
하는 것은 무리일 수밖에 없다.

일곱째, 근대주의 이론가들은 민족적 정체성에 대한 문제는 근
대화 이후에는 점차 해소되고 사람들은 더 큰 공동체에 귀속하게
되면서 민족적, 인종적인 문제는 없어질 것으로 보았다. 근대주의는
유럽의 18세기의 역사적 환경에서 그 원인을 찾고 있기 때문에 그
와 같은 상황은 다시 반복될 가능성이 없으므로 국인주의는 그 시
기의 문제로 한정시키기 때문이다. 그러나 세계에 국가 독립에 관
련된 문제는 계속적으로 진행되어 왔고 인종적인 분쟁은 수그러들
지 않고 있다.

여덟째, 국인주의 현상에 대하여 객관적으로 보지 않고 부정적
으로 보고 백안시한다. 제2차 세계대전 이후 많은 반식민국인주의
가 팽배하던 시기에 유럽에 국인주의 논의가 재점화되었고 이로써
근대주의 이론이 형성되었다. 유럽의 국가는 제국주의를 추구해온
식민지를 가진 국가이고 국인주의에 의한 독립을 억제해야 하는 입
장에 있기 때문에 제3세계에서 보는 국인주의와 반대의 방향에서
바라보고 자신들의 입장을 정당화하려는 측면이 있다.

제4절 | 민족상징주의

1. 내 용

　민족상징주의(ethnosymbolism)는 민족 집단에서 오래전부터 내려오던 상징, 신화, 기억, 가치, 전통 등의 존재가 근대적 국인국가의 형성에 결정적인 역할을 하였다는 이론이다.

　민족 집단이 근대화과정을 통하여 오래전부터 내려오던 민족의 상징을 재발견하고 재해석함으로써 고유의 이름, 공통조상의 신화, 역사의 공유, 공통의 문화 등을 강조하며 다른 국가의 사람들과 구분되는 집단을 형성함으로써 국인(nation)으로 자리잡게 되었다는 것이다. 이러한 점에서 민족상징주의는 원초주의와 근대주의 타협 선상에 있다고 할 수 있다. 근대주의 이론이 엘리트 중심적인 분석인데 비하여 민족상징주의는 엘리트와 일반 대중간의 상호작용에 대한 분석에 더 비중을 둔다. 민족상징주의 이론의 대표적인 학자는 암스트롱(John A. Armstrong), 스미스(Anthony D. Smith), 허친슨(John Hutchinson) 등이다.

　암스트롱(John A. Armstrong)은 역사는 긴 기간을 두고 진행된다는 관점에서 근대 이전의 민족에 대하여 연구하였다. 그는 민족의식은 고대 이집트와 같은 고대문명에서도 찾을 수 있을 정도로 오래전부터 존재해 왔으며, 국인주의는 이렇게 오래된 집단조직에서부터 있었던 민족의식의 마지막 단계에 불과하다고 주장하였다. 그는 상징에 의한 민족 및 국인 정체성은 물질적인 요소보다 훨씬 더 영속되는 것이며, 상징에서의 경계에 따라 집단이 달라지게 되는 것에 주의를 기울일 필요가 있다고 하였다.[70]

---

70 Armstrong, 1982

또한 허친슨(John Hutchinson)은 국인주의 운동의 발생을 설명하는 데 있어서 장기적으로 지속되는 문화적 요소가 중요하다고 보았다.[71]

스미스(Anthony D. Smith)는 민족의식의 중심에는 신화·상징복합체(myth-symbol complexes)가 있다고 하고, 이것은 누가 민족의 구성원인가를 결정할 뿐만 아니라 민족의 구성원이 된다는 것이 무엇을 의미하는지에 대해서도 규정한다고 하였다.[72] 신화·상징복합체는 여러 상황을 해석하는데 영향을 주어 무엇을 받아들이고 받아들이지 않는가를 결정하며, 또 다른 민족에 대해서 편견을 갖게 하거나 유형화하기도 하고 속죄양을 삼기도 한다. 스미스의 민족상징주의 접근방법은 문화적 요소와 근대 이전의 민족에 주안점을 두고 있다. 그는 근대주의가 긴 기간을 두고 이루어진 국인의 정체성 형성과 근대 국인과 국인주의 운동에서의 신화·상징복합체의 정치적인 영향력을 적절하게 고려하지 못하고 있다고 비판하고, 근대 국인은 그 이전에 있었던 민족적 요소를 고려하지 않고서는 이해될 수 없다고 하였다.

스미스의 민족상징주의 접근방법은 문화적 요소와 근대 이전의 민족에 주안점을 두고 있다. 그에 의하면 근대화과정에서 민족적 유산이 없어도 국인이 설립된 경우가 있긴 하지만 이런 경우는 극소수이고, 대부분의 경우 조상의 것으로 여겨지는 과거의 자취가 있었다는 것이다. 많은 국가에서 비록 희미한 기억이나마 이러한 것들이 있기만 하면 이를 되살려서 근대 국인 건설의 기초로 활용하였다. 특히 그 민족 황금시대의 신화나 선택받은 민족이라는 신화는 국인주의자들이 군중을 동원하는 데 있어서 엄청난 힘을 발휘하는 가공할만한 무기였기 때문이다.

---

71 Hutchinson, 1987
72 그는 신화, 기억, 가치, 상징 등을 신화·상징복합체라고 불렀다.

스미스는 국인(nation)과 이와 구분되는 국인 이전의 민족공동체 (ethnie, ethnic community)라는 개념을 제시하는데 국인이 고유의 이름, 공통의 신화, 역사의 공유, 독자적인 공공문화, 고토에 거주, 공통의 법과 관습, 단일 경제 등의 특성을 갖는 사람들의 집단인 반면, 민족공동체는 고유의 이름, 공통의 조상신화, 기억의 공유, 차별되는 문화, 고토(古土)와 연계, 엘리트의 연대성 등의 특성을 갖는 집단으로 구분하였다. 국인과 민족공동체는 모두 문화적인 공동체이고, 높은 수준의 자기 정체성을 갖고 있고, 신화, 상징, 기억을 공유하는 공동체의 형태를 갖는다는 점에서 동일하다. 그러나 국인은 특정한 역사적인 고토에서 거주하며, 구성원에 대한 공공문화를 보급하고, 구성원에 관습과 법을 보급하고 시행한다는 점에서 민족공동체와 다르다.73

민족상징주의는 상징(symbol)과 국인(nation)의 연결성에 있어서 근대 이전과 근대 이후가 영속되어 있는 경우가 많다고 주장한다. 어떤 국인들의 경우는 중세, 심지어 고대에 이르기까지 연결되어 있다고 주장하는 학자들도 있다. 예를 들면, 하스팅스(Adrian Hastings)는 19세기 짜르 러시아는 중세 모스코바대공국(Grand Principality of Moscow)에서 상징적 요소를 끌어왔고, 메이지 일본은 나라나 헤이안 시대에서 끌어왔다고 주장한다.74 근대주의자들이 국인주의가 국인을 만들었다고 하는 것에 대하여, 스미스는 국인주의(nationalism)가 근대적 현상이고 국인이 대부분 근대에 만들어졌다는 것을 인정하면서도, 일부 국가의 경우에는 국인주의 이전에 국인이 존재했을 가능성이 있다고 말한다.75 예를 들어, 영국의 경우, 또 경우에 따

---

73 스미스의 국인과 민족공동체에 관한 내용은 제1장에서 설명하였으므로 여기서는 자세한 내용은 생략하기로 한다.
74 Smith, 2005, pp. 99~100
75 Smith, 2010, p. 63

라서는 프랑스, 스페인, 스웨덴에서도 일부 성직자나 관료 계층에서 15세기부터 영토적 문화적 공동체로서 국인의식이 있었고 자기민족에 대하여 강한 애착을 보였으며, 16세기경에 와서는 영국과 네덜란드에서는 중산층계급까지 국인주의가 광범위하게 퍼져있었다고 주장한다.[76]

2. 비 판

민족상징주의는 근대 이전에 있었던 사람들의 민족의식에 큰 의미를 부여한다. 여기에 민족상징주의를 비판하는 사람들은 근대 이전에 소수 사람들이 갖고 있던 민족으로서의 의식은 큰 의미가 없으며, 민족상징주의는 근대적 국인(nation)과 그 이전의 민족공동체 간의 차이를 과소평가하고 있다고 주장한다. 코너(Walker Connor)는 국인에 있어서 구성원이 이를 의식한다는 것은 대중적인 의식을 말하는 것이며, 소수의 엘리트에 의한 이러한 인식은 의미가 없다고 주장한다. 또한 과거의 어느 시대 어느 지역에서 많은 사람들이 국인 의식을 갖고 있었다고 주장하지만 대다수의 사람들이 어떤 의식을 가졌었는지 지금 확인할 방법이 없다. 그렇다면 확인되지도 않은 이러한 것을 주장할 수는 없는 일이라는 것이다.[77] 또한 브루일리(John Breuilly)는 완전하고 영속적이면서도 사회적·지리적으로 모든 사람이 함께하는 정체성이 확보되기 위해서는 제도적인 기초가 있어야 하는데 근대 이전에는 교회와 왕조를 제외하고는 이런 제도가 없었다. 그래서 근대 이전의 민족 공동체와 근대 이후의 국인은 같을 수가 없다고 주장한다.[78]

---

76 Smith, 1995, p. 38
77 Connor, 2005, p. 42
78 Breuilly, 1996, pp. 150~151

엘리와 서니(G. Eley & R. G. Suny)는 고대 그리스인이나 5세기경의 아르메니아인들이 아무리 강한 민족의식을 갖고 있었고 결속력을 갖고 있었다 할지라도 영토, 자치권, 독립에 대한 요구가 뒷받침된 것이 아니었기 때문에 근대적 의미의 국인과는 거리가 있는 것이라고 주장한다.[79] 이러한 정치적인 요구는 근대 이후에나 가능했기 때문이라는 것이다.

또한 케두리(Elie Kedourie)는 민족적 국인적 정체성은 실제로 대단히 유동적이고 시간에 따라 변화하는 것이기 때문에 민족상징주의에서 이를 지속적이고 영속성이 있는 것이라고 믿는 것은 잘못된 것이라고 지적한다.[80]

칼훈(C. Calhoun)은 이러한 과거의 문화적인 유산은 단순히 이어져 내려오는 것이 아니라 재생산되어야 하기 때문에 이러한 유산이 풍부하다고 해서 국인주의 운동에 기초가 된 것은 아니라고 주장한다.[81]

한편 국인이 성립하기 위해서는 이것이 자리 잡을 수 있는 토대가 있어야 하는가의 물음에 대하여 브루일리는 민족의 문화적 유산이 없었다 하더라도 국인주의 운동에서 성공한 경우가 많았다고 주장한다.[82] 또 이와 같은 물음에 대해서 겔너(Ernest Gellner)는 "국인(nation)이 배꼽이 있는가?"라고 반문하였다. 아담은 하느님이 직접 만들었으므로 배꼽이 없었을 것이다. 배꼽이 있다는 것은 출생과 관련하여 그 이전 세대와 연결되어 있다는 것을 의미하고, 배꼽이 없다는 것은 처음으로 만들어졌다는 것을 의미한다. 이러한 맥락에서 보면 민족이나 국인 형성의 기초가 될 수 있는 집단이 배꼽이 될 수 있을 것이다. 그런데 어떤 국인은 배꼽이 있고 어떤 국인은

---

79 Eley & Suny, 1996, pp. 3~38
80 Kedourie, 1994, p. 141
81 Calhoun, 1997, p. 49
82 Breuilly, 1996, p. 150

없다면 이것이 반드시 있어야 하는 것은 아니라는 것이다. 여기에 그는 에스토니아를 예로 들었다. 19세기가 되기까지 그들은 자신들의 이름조차 갖고 있지 않았다. 그들은 단지 독일에도, 스웨덴에도, 러시아에도 속하지 않는 사람들일 뿐이었다. 그들은 자신을 의식하지 않던 민족집단이었다. 그런데도 국인주의(nationalism)와 국인(nation)이 생성되던 근대적 과정에서 자신들의 문화도 함께 만들어졌다는 것이다.83

그 외에 민족상징주의는 분석면에서 엄격하지 못하고 역사적인 구체성이 부족하다는 지적을 받고 있으며, 그래서 민족상징주의 또한 이론적 설명과 실제 역사가 일치되지 않는 경우가 많다는 비판을 받는다.

제5절 국인주의 이론의 문제점

국인주의(nationalism)는 주로 유럽에서 많이 연구되어 오고 있다. 현재 국인주의 이론의 주류는 근대주의 이론이다. 근대주의 이론은 유럽의 최근 200여 년의 상황의 변화를 중심으로 하여 어떻게 유럽에서 국인국가가 형성되었는지에 초점을 맞추고 있다. 그래서 국인주의에 대한 논의는 대부분 서양역사에 대한 것이고, 독립내셔널리즘이 중심이 된다.

서양에서는 기본적으로 원초주의는 비현실적이고 진보를 가로막는 비이성적인 과거의 유물이라고 생각하는 경향이 있다. 서구사회는 개인주의적인 문화이므로 비유럽권에서의 가족과 혈연을 중시하는 전통사회의 문화에 비해서 원초주의를 받아들이기 어렵다. 그리고 국인주의 연구가 유럽중에서도 공민국인주의인 서유럽에서 많

---

83 Gellner, 1996b, pp. 366~370; Gellner & Smith, 1996, pp. 357~370

이 이루어지고 있기 때문에 민족국인주의에서 더 설명력을 갖는 원
초주의가 호응을 받기 어렵다. 영속주의 이론은 유럽이나 유럽 주
변국가의 역사를 중심으로 국인과 국인의식의 존재에 대하여 주로
근대주의 이론을 반박하는 역할만 하고, 민족상징주의는 근대주의
이론의 약점을 보완하는 측면이 강하기 때문에 그 위상이 근대주의
이론과 같지 않다.

　　원초주의와 근대주의 논의에서 등장할 수 있는 것이 근인주의
(近因主義)이다. 근인주의는 근인(近因: 가까운 원인)은 보고 원인(遠因:
먼 원인)은 보지 말라는 것이다(Causa proxima non remota spectatur).
그런데 원초주의에서 주장하는 원인(原因)은 원인(遠因, remote causes)
이고, 근대주의에서 주장하는 원인(原因)은 근인(近因, proximate causes)
이다. 그런데 원초주의의 원인은 매우 멀리 있는 원인(原因)이지만
궁극적인 원인(ultimate causes)인 반면, 근대주의의 원인은 매우 가
까이 있는 원인(原因)이지만 궁극적인 원인이 되지 못한다. 대부분
의 사회과학자들은 궁극적 원인보다 근인을 더 좋아한다. 다루기에
더 편하고 비용과 시간이 적게 들기 때문에 그 지식의 유용성이 더
크기 때문이다.[84] 하지만 원래 근인주의는 시간과 거리상으로 가장
가까운 것이 아니라 가장 효과적으로 영향을 미친 것을 말한다는
측면에서 결국 문제는 근대주의에서 제시하는 국인형성의 원인들이
얼마나 효과적인 원인이 될 수 있느냐이다.

　　또 한 가지 현재 국인주의 연구의 특징적인 점은 국가국인주의에
대한 연구가 매우 적다는 점이다. 근대주의 이론에서는 국인주의를
18~19세기의 독특한 현상에 한정하고 현대 국가에서 일상적으로 존
재하고 있는 국가국인주의에 대해서는 거의 관심의 대상에서 제외되
어 있다. 헤이즈(Carlton Hayes)는 17세기 이후부터 국인(nation)이라

---

84 Charlesworth, 1986, pp. 1~35

는 말은 독립주권을 가진 국가의 구성원을 표시하는 말로 사용되어
왔다라고[85] 하고 있다. 국인주의(nationalism)가 국가를 중심으로 그
구성원의 의식과 신조에 대한 부분을 포함하는 것은 당연하다. 뿐만
아니라 현시점에서의 각국 사람들 국인주의에 대한 연구가 지나간
과거시점에서의 연구 못지않게 중요하다. 하지만 유럽이나 미국에서
는 현재 시점에서의 자국의 국인주의에 대한 연구는 많지 않을 뿐만
아니라 다른 나라에 대해서는 국인주의라고 하지만 자국에 대해서는
국인주의라는 말을 사용하는 것조차 회피한다.

　현재 국인주의 연구는 서구국가의 입장을 잘 반영하고 있다. 서
구에서 관심을 갖게 되는 영역 그리고 서구에서 필요로 하는 영역
에서 주로 연구가 이루어지고 있는 것이다. 서구국가들은 과거 식
민지경영을 하던 과정에서 많은 이민족이 유입되어 대부분 여러 민
족들로 이루어진 다민족국가이다. 공민국인주의는 이러한 역사적
배경과 무관하지 않다. 이들 국가에 있어서 민족국인주의는 자국에
있어서 분열과 혼란을 의미하므로 민족국인주의에 대해서는 부정적
인 입장을 취한다.

　지금까지의 국인주의 연구는 보편성의 측면에서 미흡한 면이 많
다. 주류인 근대주의 이론을 비롯하여 대부분의 연구가 유럽을 중
심으로 하고 있기 때문이다. 근대주의 이론은 서양의 경우에는 훌
륭한 이론일 수 있다. 유럽은 고대 로마시대에 하나의 나라이다가,
이후 중세기에 하나의 기독교 지배체제하에 살아왔기 때문에 근대
화기 이전에는 지금과 같이 서로 다른 국가로서의 개념이 뚜렷하지
않았고, 국가간 경계도 뚜렷하지 않았다. 그런데 문제는 이 이론들
을 세계 보편적인 것으로 간주하고 비서구지역에도 이를 일반화하
려는 데에 있다. 유럽 이외의 지역에서도 유럽에서의 국인주의에

---

85 Hayes, 1972

대한 설명의 틀에 맞추어서 국인주의를 설명하려 한다.[86] 더 나아
가서 근대주의 이론은 서구중심주의적이다. 앤더선은 세계 각지에
서 국인주의가 일어나는 것에 대하여 "세계 각지의 엘리트들이 유
럽에서 만들어진 특허품을 도용해서 자기들의 사회에 적용함으로써
생긴 일"이라 하였다.[87] 국인으로 이루어진 국가를 유럽인들이 만들
어서 전 세계에 나누어 주었다는 것이다.

이러한 근대주의 이론에 의한 비서구국가의 국인주의 설명은 제
국주의나 서구우월주의와 같은 서구사람들의 불순한 사고와 연결된
다. 세계의 모든 비서구사회에 대해서 아프리카 미개사회와 같았다
고 생각하면서 자신들이 비유럽사람들을 비문명의 무지의 세계에서
구원하고 해방시켜주었다고 생각하는 것이다. 이러한 면에서 "근대
주의란 침략자의 무력으로 문명을 선점하고 그에 대한 해석을 독점
한 가운데 서구 근대를 기준으로 한 사물인식을 강요하는 것"[88]이라
고 한 정태헌의 근대주의에 대한 정의는 여기서도 타당하다.

한국의 경우에도 대부분 근대주의 이론을 따르고 있다. 이러한
근대주의 이론의 틀에 따라 한국의 국인주의는 근대화가 이루어지
는 조선이 망하기 직전이나 일제시대에 우리나라에 국인주의가 생
기고 국인이 형성되었다고 설명한다. 보다 엄밀하게 근대주의 이론
을 그대로 적용하여 말하자면 근대화가 이루어진 일제시대에 형성
되었다고 해야 할 것이다. 국인과 국인주의는 근대화속에서만 설명
되기 때문에 그 이전의 모든 것들은 인정할 바탕이 없다는 것이다.
이것은 앞뒤가 바뀐 것이다. 발에다 구두를 맞추는 것이 아니고 구
두에다 발을 맞추는 격이다. 한국의 입장에서 국인과 국인주의는
어떠한 것을 의미하며, 한국의 근대화는 한국의 국인주의와 국인

---

86 Ichijo & Uzelac, 2005, p. 13
87 Anderson, 1991, p. 69
88 정태헌, 2007, p. 28

형성과정에 무엇을 했는지 내용적인 설명이 있어야 한다. 예를 들면 앤더선이 출판자본주의 발전에 따라 먼 거리에 있던 사람들간에도 마음으로의 소통이 이루어지고 상상공동체가 형성됨으로써 국인이 형성되었다고 하는 식으로 한국의 상황에 맞는 설명이 있어야 하는데 무조건 국인주의는 근대적 현상이므로 한국도 근대화가 된 이후에 국인과 국인주의가 가능하게 되었다는 식의 주장은 논리에 맞지 않다.

흔히들 근대화를 통한 주권의식이나 정치적 의식을 많이 내세우지만 이것은 국인주의와 국인을 설명하는 데 한 부분일 뿐이다. 민주주의와 같은 정치적 요소가 절대적인 요인이 될 수는 없다. 지금도 세계에는 민주주의라고 할 수 없는 나라들이 수없이 많은데 이들 나라에는 국인주의가 없다고 할 것인가? 오히려 그 반대가 대부분일 것이다. 이러한 문제와 관련하여 국인주의 연구를 가로막는 중요한 요소중의 하나는 국인과 국인주의에 대한 명확한 정의이다.

서양의 학자들중에는 국인주의가 중요했던 시절은 지났으며, 국인주의 연구도 이젠 성숙되었다고 하는 사람들이 많다. 이같은 서구학자들의 인식은 유럽의 역사학자들에게는 타당할지 몰라도 다른 많은 사람들에 있어서는 연구적인 측면뿐만 아니라 현실적인 측면에서도 옳다고 할 수 없다. 서구와 비서구를 가릴 것 없이 많은 지역, 많은 영역에서 국인주의가 팽배하고 있는 작금의 현실세계에 비추어 지금까지 국인주의 이론은 그 의미나 효익을 제대로 제공하지 못하고 있다. 한 지역에 대한 설명이 아니라 세계 전체에 공통적으로 적용될 수 있고 현 시대 상황에 맞는 새로운 이론을 찾는 노력이 필요하다고 본다.

제 3 장

국인주의 형성 원인

제 1 절   사람과 집단
제 2 절   사람과 국가
제 3 절   결   론

NATIONALISM

제3장 | 국인주의 형성 원인

  국인주의(nationalism)는 사람들이 자신의 국인(nation)에 대하여 애착을 갖는 마음이다. 사람이 자신의 국인에 대하여 애착을 갖게 되는 이유는 두 가지이다. 하나는 자신의 국인에 대하여 애착을 갖는 본성이고, 다른 하나는 이성적으로 판단하여 국인에 대하여 애착을 갖는 것이 자신에게 좋은 일이기 때문이다.

  국인에 대한 애착은 사람의 집단에 대하여 갖는 본성의 한 부분이다. 국가라는 집단속에서 살아온 기간은 그 이전의 집단에서 살아온 기간에 비하면 극히 짧은 기간이어서 사람의 국인에 대한 마음의 근본은 대부분 국가 이전의 기간에 형성된 본능에 기초한 것이다. 따라서 국인주의의 본성 측면을 알기 위해서는 어떤 이유에 의해서 사람이 자기집단에 대해서 애착을 갖게 되었으며 이러한 애착이 국인에 대한 애착으로 이어지게 되었는지를 검토해 보아야 한다.

  그리고 이지적인 동물인 사람들에게서 국인주의라는 뚜렷한 행동양식이 드러나는 데에는 본성만으로 설명할 수 없는 이성적 측면에 근거한 이유가 있을 수밖에 없다. 사실 국인에 대한 본성이 형성된 것도 자신에게 유리한 일로서 오랜 기간을 지내오는 과정에서 본성으로 굳어지게 된 것이다. 그래서 본성적인 면, 이성적인 면 두 측면에서 사람들이 국인주의를 갖는 이유를 찾아보기로 한다.

제1절 사람과 집단

1. 사람의 역사

1) 사람의 진화

지구상에 생명이 탄생한 것이 지금으로부터 약 36억 년 전이었고, 영장류가 출현한 것은 약 7,500만 년 전이었다. 그리고 사람과 침팬지의 공동조상이 약 1,000만 년 전에 출현하였고, 약 600만 년 전에 침팬지와 사람이 분리된 것으로 알려지고 있다. 사람들은 약 600만 년에서 200만 년 전에 큰 동물의 살을 벗겨내거나 골수를 꺼내먹기 위해서 석기를 사용하였다. 약 170만 년에서 10만 년 전 아프리카, 아시아, 시베리아, 인도네시아 등지에서 거주했던 직립원인(homo erectus)은 정해진 주거지에서 불을 사용하며 살았다. 그리고 현대인의 조상인 현생인류(homo sapience sapience)는 약 20만 년 전에 나타나게 되었다.

사람은 사람으로 분화될 때부터 이미 사회적 동물로서 사냥에서 팀웍을 사용하는 것과 같은 협력관계를 유지하는 가운데 군집생활을 하였으며,[1] 이후에도 이러한 능력을 지속적으로 발전시키면서 진화해왔다. 생명체가 개체별로 홀로 살아가는 것보다 군집으로 살아가게 되면 유리한 점이 많다. 더 나아가 사회적 동물은 생존경쟁

---

1 Wilson, 2012, Kindle loc. 587/5093

에서 유리한 점이 더욱 많다.

사회생물학자 윌슨(Edward Wilson)은 인간과 같은 사회적 동물인 개미, 흰개미, 벌 등은 긴 기간을 두고 진화하여 왔기 때문에 다른 동식물도 이에 적응하여 진화하면서 공생할 수 있었지만, 인간은 짧은 기간에 매우 급속하게 발전하였기 때문에 다른 동식물들은 인간의 진화에 적응하지 못하고 무차별 파괴되거나 종속될 수밖에 없게 되었다고 말한다.[2] 개미, 흰개미, 벌 등이 출현한 것은 6,500만 년~6,000만 년 전이었던 것에 비해 인간이 지구전체에 퍼지게 된 것은 불과 5~6만 년 전이었지만 지구 전역을 인간의 무대로 만들고, 만물의 영장으로서 독보적인 위치를 차지하게 되었다.

표 3-1 인류 진화 과정

지질시대 (만년전)	연대 (만년전)	영장류 진화	비고
중신세 Miocene (2,370~530)	7,000	영장류 출현	
	600	침팬지와 사람의 분리	
선신세 Pliocene (530~160)	600~200	석기사용 시작	안트롭 뼈 화석위에서 최고의 석기발견
	400~200	오스트랄로피데쿠스	
	210~160	호모하빌리스	
홍적세 Pleistocene (160~1)	160~13	호모에렉투스	
	35~4	네안데르탈인	
	20~	호모사피엔스	
	5~1		전 세계 호모 사피엔스 퍼짐
충적세 Holocene(1~)	1~		농업시작, 신석기시대

---

2 Wilson, 2012, Kindle loc. 223/5093

인간의 생물학적인 한 세대의 기간을 25년으로 잡으면 인간으로 240,000세대를 살았고, 현생인류로서 8,000세대를 살았고, 농업을 하기 시작하면서 400세대를 살았으며, 산업화된 세계에 살게 된 것은 지역에 따라 많게는 9세대 적게는 3세대에 불과하다. 살아온 세대 수를 보더라도 인간이 현재와 같은 삶을 살아온 것은 극히 짧은 기간에 불과하기 때문에 인간의 모습은 대부분 그 이전의 오랜 기간에 형성되었다고 할 수 있다. 최근 인지과학과 진화심리학에서의 발전은 우리 인간의 마음의 상태가 어떠하며 어떻게 현재와 같이 되었는지에 대하여 많은 정보를 제공하고 있다. 인간의 행태(behavior)중 많은 부분은 사람들이 문명의 길로 들어서기 전 수백 만 년의 기간 동안에 유전적으로 진화되어 온 것이다. 오늘날 사람들 마음속의 국인주의도 그 기초가 이 기간에 형성되어진 것이다.

2) 인간과 집단

사람은 사람들속에서 집단으로 살아간다. 친밀한 사람과 함께 할 때 심적인 안정과 기쁨을 누린다. 자신에 대한 다른 사람의 태도와 평가에 주의를 기울이며 항상 다른 사람들을 의식한다. 또 집단을 등에 업고 힘을 행사하고자 한다. 집단속에서 자신의 안전과 번영을 도모해온 삶의 오랜 과정에서 이러한 것들이 인간의 기본적인 본능으로 자리 잡게 된 것이다.

집단으로 살아가는 것이 사람뿐만 아니라 다른 영장류 동물에도 공통적이라는 사실을 생각하면 이러한 삶이 시작된 것이 매우 오래되었음을 알 수 있다. 사람은 다른 맹수들보다 힘이 약하므로 하나의 개체로서는 맹수들을 이길 수 없다. 그러나 집단을 이루어 협력함으로써 이들에게 대항할 수 있고 더 나아가서 이들을 압도할 수 있는 경쟁력을 갖게 되었다. 집단에 의한 협력적인 행동은 여러 가지 측면에서 이점이 있었다. 수렵에서의 예를 들어보면, 2인 이상이 함께 수렵에 나서게 되면 맹수나 큰 사냥감을 앞뒤에서 공격할 수 있고, 양방향에서 몰이를 할 수 있으며, 작업자와 망보는 자로 나누어 시야를 넓힐 수 있고, 다친 사람을 구조할 수 있었다. 개인이 각자 수렵하는 것보다 여러 사람이 분업하여 함께 수렵함으로써 위험을 줄이고 더 많은 수확을 거둬들일 수 있었던 것이다.

그래서 전반적으로 볼 때 원시사회에 있어서 집단으로 살아가는 것은 다음과 같은 유리한 점이 있었다. ① 다른 포식자의 공격에 대응하기 쉽다. ② 먹이 사냥에서 유리하다. ③ 함께 먹을 것을 확보하고 나누어 먹음으로써 영양공급에서 유리하다. ④ 자식을 보호하고 키우기에 유리하다. ⑤ 같은 무리의 사람들로부터 정보를 얻을 수 있다. ⑥ 세대를 이어서 지식을 전수할 수 있다. ⑦ 추위에 체온을 유지하는데 유리하다. 물론 개체로 살아가는 것보다 집단으로 살아감으로써 불편한 점도 많았지만 치열한 생존경쟁에서 이런 점을 상쇄하고도 남을 만큼 충분히 유리한 선택이었음이 틀림없다.

표 3-2 집단생활의 유리한 점

- 다른 포식자의 공격에 대응하기 쉽다.
- 먹이 사냥에서 유리하다.
- 함께 먹을 것을 확보하고 나누어 먹음으로써 영양공급에서 유리하다.
- 자식을 보호하고 키우기에 유리하다.
- 같은 무리의 여러 사람들로부터 정보를 얻을 수 있다.
- 세대를 이어서 지식을 전수할 수 있다.
- 추위에 체온을 유지하는데 유리하다.

사람들의 집단 형성의 자연적인 기초는 친족이었다. 부모자식과 형제자매로 엮어지는 친족관계는 후세의 출산과 양육과정에서 자연스럽게 형성되고 생을 시작하면서부터 생을 마칠 때까지 함께하므로 그만큼 적응과 융화가 쉽고 친밀도가 높다. 기근, 자연재해, 맹수의 공격, 질병의 엄습과 같은 큰 어려움을 당하면 구성원 모두가 죽어서 집단이 소멸하기도 하고, 상황이 좋을 때는 큰 집단으로 늘어나기도 하고, 늘어난 집단은 여러 작은 집단으로 분할되기도 하였다.3 이러한 집단규모는 시대와 상황에 따라서 달랐을 것이나 대개 두 명에서 수백 명에 이르기까지 다양한 크기와 형태의 집단이 있었을 것으로 추정할 수 있다.4 집단의 규모가 작았을 때는 집단이 클 때보다 집단과 자신과의 일체감이 더욱 컸을 것이다.

이러한 환경을 바탕으로 인간은 오랜 기간에 걸쳐 진화하게 되었다. 개체에 있어서 몸의 각 부분이 신경망으로 연결됨으로써 유기체로서 효율적으로 기능을 하는 것과 같이 집단이 하나의 유기체와 같이 효율적으로 기능할 수 있기 위해서는 서로간에 소통할 수 있게 하는 신경망이 필요하였는데 이것이 바로 언어였다. 그래서 인간은 집단생활속에서 고도의 언어 능력을 발전시켜 온 것이다.

또한 사람들은 집단을 통하여 자신의 안전을 도모하고 기본적인 욕구를 충족하는 오랜 과정에서 집단이 자신의 생존과 직결된다는 사실을 인식하게 되었다. 그래서 사람들은 집단을 형성하고, 집단을 의식하고, 집단의 가치를 인정하는 여러 가지의 본능을 갖게 되었다. 개인의 이익만을 도모하는 이기성뿐만 아니라 다른 개체의 이익을 위해서도 행동하는 이타성도 이러한 집단생활에서 얻어진 하나의 본능인 것이다.

---

3 Wilson, 2012, Kindle loc. 206/5093
4 Kruglanski & Higgins, 2007, pp. 10~14

　　집단의 일원으로서 살아가기 위해서는 더 높은 지적능력을 필요
로 하였다. 집단의 상황에 맞추어 판단하고 처신할 수 있어야 하며,
누가 누군지 구별하고 서로간에 무엇을 주고 받았는지 기억하고 그
에 상응하는 보답을 할 수 있어야 하기 때문이다.[5] 이와 같이 훨씬
복잡해진 삶의 환경에 맞추어 인간의 두뇌가 발달하지 않으면 안
되었는데,[6] 특히 생존을 위한 투쟁의 상황이 심대한 영향을 주었다.
비글로(R. Bigelow)[7]는 초기 인류에 있어서 집단간 전쟁과 경쟁의
격화로 이에 대처하기 위하여 집단내 구성원간에 협력하는 지적능
력에서의 진화가 있었고, 이러한 과정에서 인간 두뇌가 급속하게
커졌다고 주장하였다. 이에 대하여 윌호이트(F. H. Willhoite)는 인류
두개골 화석을 조사한 결과 지난 3백만 년 동안 인류 두개골의 크
기가 거의 두 배 내지 세 배로 증가하였다는 사실을 발견하여 비글
로의 주장을 뒷받침하였다.[8]

　　이와 같이 사회적인 생활을 하는 과정에서 자신의 행동에 따라
다른 개체들로부터 긍정적인 대가를 받기도 하고 불이익을 당하기
도 하면서 사람들은 경쟁, 협동, 지배, 상호성, 이타성, 배신, 기만
등과 같은 전략적 기술과 능력을 취득하게 되었다.

---

5 행동과학 연구에 의하면 인간의 뇌규모를 보건대 집단의 규모로서 150명이
　가장 적합하며, 그래서 인간은 이 규모에서 살아가는 경우가 많다고 한다. 이
　는 보병중대병력수에 해당한다.

6 Ridley, 1996, p. 102

7 Bigelow, 1969, 1972

8 Willhoite, 1976

2. 생존투쟁

1) 전 쟁

1991년 오스트리아와 이탈리아 경계부근 알프스 해발 3,200m 외치계곡에서 5,300년 동안이나 눈과 얼음에 덮여있던 한 시신이 발견되었다. 알프스 고지에서 냉동되어 혈액세포를 그대로 채취했을 만큼 보존상태가 좋았다. 그는 돌촉화살이 든 화살통과 함께 구리도끼를 갖고 있었다. 대체 무슨 일로 이 눈 덮인 높은 고지에 와서 죽은 것일까? 처음에 전문가들은 추위와 굶주림으로 죽었을 것으로 추측하였지만 나중에 왼쪽 등뒤 어깨에 박힌 돌화살촉이 발견되면서 그가 화살에 맞아 추락하여 죽은 것으로 추정하게 되었다. 이 사람의 오른손에서는 적으로부터 방어하면서 생긴듯한 상처가 발견되었고, 그의 칼, 화살촉, 옷에는 혈흔이 발견되었는데 모두 네 사람의 피였다.

인간의 역사는 피로 얼룩져 있다. 인간의 자취를 보면 평화적으로 살았다는 증거는 어디에도 없다. 모든 역사는 전쟁으로 얼룩져 있고 글이나 그림이나 조각이나 동굴의 벽화까지도 전쟁에 대한 것들은 빠지지 않는다. 인간의 자취를 찾을 수 있는 선사 유적지는 사람간의 다툼으로 죽은 흔적들이 가득하고 동굴벽화에는 사람이 창이나 화살에 공격당하는 그림들이 많다.

1965년에서 1966년 사이에 미국과 핀란드 고고학 팀이 발굴한 수단의 BC 12,000~10,000년경의 구석기 시대 유적 "제블 사하바 (Jebel Sahaba, Site 117)"에서 화살이나 창에 찔려 죽은 수많은 유골들이 발견되었다. 고고학자들은 인류가 수렵 채취지에 근거를 두고 안정적인 생활을 시작하는 시기에 이 지역이 먹을거리가 풍부한 지역이었기 때문에 서로 이 곳을 쟁탈하기 위해서 큰 전쟁이 있었던

것으로 보고 있다. 중석기 시대에도 이와 같이 살해당한 유골들이
세계도처에서 발굴되었다.[9]

수렵채취기간의 유적조사 결과를 종합하여 보면 조사된 유적이
열 군데라면 두 곳은 끊임없이 전쟁을 하면서 살았고, 다섯 곳은
주기적으로 전쟁을 하면서 살았으며, 세 곳은 거의 전쟁 없이 살았
음이 밝혀졌다.[10] 오래전의 사람들이 전쟁을 많이 했고, 지금보다
더 치열하게 싸웠다는 것은 과거의 유적에서 뿐만 아니라 미개종족
의 연구에서도 익히 알려진 사실이다. 미개종족들의 전쟁을 관찰한
결과 대개 20~30%의 높은 인명 손실률을 보였는데, 17~19세기의
유럽의 전쟁에서 인명 손실률이 2%~3%정도였던 것을 감안하면 더
옛날로 올라갈 수록 훨씬 더 치열하게 싸움을 했다는 추정이 가능
하다.[11]

인간의 역사는 전쟁의 역사이다. 몽따구(A. Montagu)[12]에 의하면
지난 5,600년의 인류 역사에서 14,500회의 전쟁이 발생하였다고 한다.
이는 연평균 2.6회의 전쟁이 발생한 셈이다. 버어커(C. Burke)도 지
난 3,400년의 역사중에 전쟁을 하지 않은 해는 268년이었고, 이는
인류문명의 전체 역사에서 단지 8%의 기간에 불과했다고[13] 하였다.

그리고 중요한 것은 이러한 인간의 전쟁에 대한 성향은 시간이
가고 역사가 흘러도 전혀 변함이 없으며, 문명이 고도로 발달한 오
늘날에 이르기까지 누그러지지 않고 있다는 사실이다. 전쟁은 과
거 세대의 일이고 문명이 덜 발달한 민족들에게만 해당된다고 생
각하면 오해이다. 현대의 문명국가라고 해서 다를 것은 하나도 없
다. 1914년에 있었던 제1차 세계대전에서는 전쟁참가국 전체인구의

---

9 Guilaine, 2005, pp. 67~77
10 Guilaine, 2005, p. 237
11 Guilaine, 2005, p. 21
12 Montagu, 1976, p. 56
13 Burke, 1975

1.61~1.92%에 해당하는 1,500만~1,800만 명이 사망하였고, 제2차 세계대전에서는 전쟁참가국 전체인구의 3.17~4%에 해당하는 6,000만~8,500만 명이 목숨을 잃었다. 미국은 지금도 거의 매년 전쟁을 하며, 남한과 북한은 휴전중이다.

2) 대량학살

제노사이드(Genocide)는 종족을 의미하는 그리스어 "genos"와 살해를 뜻하는 라틴어 "cide"의 합성어로서 어느 한 국가나 종족 또는 종교집단에 대해서 대량학살을 하는 것을 말한다. 보통 전쟁에서 정복자는 여자와 아이들은 노예로 삼고 남자들은 모두 죽이는 것이 일반적인데[14] 제노사이드는 모두 다 죽이는 것이다.

제2차 세계대전 때 나치독일은 유대인 약 600만 명을 포함하여 집시, 폴란드인, 공산주의자, 동성애자, 장애자, 반체제자 등 약 1,000만 명을 학살하였다. 일본은 1937년 난징시에서만 중국인 약 30만 명을 학살하였으며, 일본 731부대는 중국인, 한국인, 만주인, 몽골인 등을 대상으로 임산부, 어린이까지 동원하여 살아있는 사람의 사지를 절단하고 봉합하거나, 장기를 꺼내 실험하거나, 세균에 감염시키는 등 온갖 형태의 잔혹한 생체실험을 자행하였다. 1994년 르완다(Rwanda)의 후투(Hutu)족과 투치(Tutsi)족간의 내전에서 투치족에 대하여 무차별 살육을 감행하여 약 100일 만에 죽인 숫자가 거의 80만 명에 달했고 전체인구의 약 10%가 희생을 당했다.[15]

---

14 이를 gendercide라고 한다.
15 Wilson, 2012, Kindle loc. 901/5093

표 3-3	100만 명 이상 대량학살 (1492년~2000년)			

<단위: 만 명>

연도	장소	피해자	가해자	규모
1492~1600	서인도 제도	카리브해 인디언	스페인인	100~1,000
1498~1824	중남미	인디언	스페인인	100~1,000
1620~1890	미국	인디언	미국인	100~1,000
1915	오토만 터키	아르메니아인	터키인	80~180
1932~1933	우크라이나	우크라이나인	소련인	250~750
1939~1945	유럽	반체제자	나치독일	590~1,100
1944~1950	중부유럽	독일민족	중부유럽인	100~1,000
1971	방글라데시	벤갈인	파키스탄인	30~300
1975~1979	캄보디아	반체제자	캄보디아인	170~300
1994	르완다	투치족	후투족	50~100

　　네안데르탈인이 지구상에서 사라진 것은 자주 논의되는 수수께끼중의 하나이다. 유럽지역에 널리 분포하여 살고 있던 네안데르탈인이 지금으로부터 40,000여 년 전 갑자기 소멸하였다. 그 원인에 대하여 빙하기 추위에 멸종하였다는 설, 병균이나 기생충감염으로 죽었다는 설 등 여러 가지 가설이 있다. 이러한 가설중의 하나가 1912년 고생물학자 불르(Marcelin Boule)에 의하여 처음 제기된 크로마뇽인에 의한 소멸설이다. 다이아몬드(Jared Diamond)는 네안데르탈인이 멸망하게 된 것은 현생인류의 대량학살 때문이라고 주장한다. 더 진화된 크로마뇽인이 아프리카나 소아시아 지역에서 유럽으로 올라옴으로써 기존에 잘 살고 있던 네안데르탈인을 모두 전멸시켰다는 것이다. 이것은 15세기 이후 아메리카나 호주 지역에 유럽인들이 들어오면서 대량학살과 전염병전파로 원주민이 거의 소멸되다시피 하여 그 땅의 거주민이 바뀌게 된 것과 같은 것으로서 역

사의 반복이라는 것이다.[16] 최근의 연구에서 현대인의 유전자에 지역에 따라 다르지만 네안데르탈인의 유전자가 일부 포함되어 있다고 하는데, 이것은 신대륙에서 일부 원주민과 유럽인과의 사이에 생긴 혼혈자손과 같이 과거에도 극소수로 일어났던 현생인류와 네안데르탈인간의 결합으로 생긴 현상으로 이해되고 있다.

생물학자들은 사람속(homo genus)에는 현재 현생인류 호모 사피엔스 사피엔스(homo sapiens sapiens) 하나만 있어 다른 동식물에 비하여 다양성이 부족하다고 지적한다. 현생인류 이전에 호모 하빌리스, 호모 에르가스테스, 호모 에렉투스 등 많은 사람속이 있었다. 현생인류는 그들의 후손으로서 진화되어 내려온 것이 아니다. 그렇다면 그들이 다른 동물들과 달리 후손을 이어오지 못하고 모두 소멸한 것은 무슨 이유일까? 고릴라와 인간만이 가진 특성으로서 집단간에 싸움을 하는 동물, 다른 집단과 평화공존을 하지 못하고 다른 집단의 존재를 인정하지 않는 것을 당연시하는 인간의 특성과 연관되었을 가능성이 매우 크다. 여기에는 그들의 서식지를 빼앗거나 그들에게 면역력이 없는 병을 옮기는 것과 같은 간접적인 원인제공에 의한 것일 수도 있고, 그들을 죽이거나 잡아먹거나 하는 직접적인 행위일 수도 있다.

지금까지 발굴된 유적들을 보면 구석기 말 이후에 인간의 인간에 대한 공격성에 대한 많은 증거들이 나왔고, 인육을 먹은 흔적이 있는 곳도 많았다. 신석기 시대의 유적에서 타살된 사람들의 집단 유골지가 매우 많이 발견되었는데 대개 타살자의 거의 반수는 어린이였고 성인의 거의 반수는 여자들이었다. 이는 집단간의 다툼에서 집단 전체가 몰살되었다는 것을 나타내는 것이다.[17]

---

16 Diamond, 1991, pp. 44~46
17 Guilaine, 2005, pp. 122

3) 식 인

헤로도토스의 『역사』에도 지금의 동유럽 몰도바 지방에 당시 안
드로파고이(Androphagoi)족[18]이 살았다는 기록이나 중국 고대의 이
야기나 역사기록에서 사람이 인육을 먹는 이야기들이 자주 등장한
다. 제1차 십자군 원정에서 십자군이 시리아의 마앗라를 함락시켰을
때 현지주민들을 죽여서 먹었다는 기록이 있다. 서양사람들이 세계
각지를 탐험하는 과정에서 그들이 목격했다는 아프리카나 태평양의
군도에서 식인종에 대한 이야기는 매우 많다. 식인행위를 가리켜 영
어에서는 카니발리즘(cannibalism)이라고 하는데, 서인도 제도의 카
니발 군도는 이곳의 사람들이 사람을 먹는다고 해서 붙인 이름이다.

식인은 문명사회의 금기사항이자 사람으로서의 품격을 손상시
키는 일이기 때문에 쉽게 인정하기 어려운 일이다. 그래서 과거에
사람이 사람을 먹는 풍습이 있었는지에 대한 논쟁은 오래전부터 있
어 왔다. 인류학자 아렌스(William Arens)는 1971년 자신의 책 『식인
신화: 인류학과 식인풍속』에서 식인은 비정상적인 상황에서 존재한
것들이며, 시기와 장소를 불문하고 정상적인 삶의 과정에서는 있지
않은 일이며, 다른 나라나 다른 문화에 대한 무지에서 비롯되거나
음해하고 비방하기 위해서 또는 침략자나 제국주의자들이 의도적으
로 가공하고 과장하여 퍼뜨려진 경우가 대부분이라고 주장하였다.[19]
아렌스와 같은 입장의 학자도 많고 또 일반 사람들에 있어서도 어
느 나라든 자신의 조상들이 그러한 짓을 하였다고 생각하고 싶어
하지 않는다. 그렇지만 이에 대한 연구가 축적되면서 식인풍속에
대한 증거들이 속속 드러남에 따라 과거 식인풍속은 거의 정설로

---

18 그리스말로 식인(man-eater)이라는 뜻이다.
19 Arens, 1979, pp. 3~21

굳혀져 가고 있다.

2010년 발표된 스페인 카르보넬(Eudald Carbonell) 연구팀의 보고에 의하면[20] 지금으로부터 약 100만 년 전 유럽에 살았던 유럽 최초의 인류인 호모 안티세서(homo antecessor)가 살았던 스페인 북부 아트푸에르카(Atpuerca) 동굴에서 발견된 뼈들을 조사한 결과 사람을 먹었다는 사실을 확인하였다. 사람을 먹은 이유에 대해서 종교나 주술과 같은 의식에 의하거나 일시적인 기근으로 인한 비상사태에 직면해서라기보다 일상적으로 먹은 것으로 결론지었다. 그 이유는 의식행사로 이러한 일이 일어났다고 보기에는 뼈들이 너무 아무렇게나 흐트러져 있었고, 또 근 10만여 년의 지층이 쌓이는 동안 지속적으로 식인당한 뼈들이 쌓여 있었으며, 동굴이 위치한 지역은 당시 온화한 기후에 먹을거리가 풍부하여 기근사태가 발생하기 어려운 지역이기 때문이다.

그리고 2006년 12월 로사스(Antonio Rosas) 연구팀의 스페인 엘 시드론(El Sidrón) 동굴의 유적조사[21], 2015년 5월 벨로(Silvia M. Bello) 연구팀의 영국 고흐 동굴(Gough's Cave)조사,[22] 2001년 호오톤(Mark Horton) 연구팀의 영국 알베스톤(Alveston)의 동굴유적조사[23]를 비롯한 많은 조사가 있었는데, 구석기, 중석기, 신석기시대 모두 식인의 증거를 발견하였고, 철기시대까지 이에 대한 증거를 발견하였다.

그런데 오래전에 사람들이 인육을 먹었다는 가장 확실한 증거는 사람들 자신이 갖고 있었다. 사람들의 유전자속에서 이에 대한 증거가 발견된 것이다. 과학자들은 광범위한 지역에 걸쳐 현대인들에게 프라이온 병(prion disease)을 막는 유전자가 있다는 사실을 발견

---

20 Carbonell et al., 2010, pp. 539~549
21 Rosas et al., 2006
22 Bello, Saladi, Caceres, Rodríguez-Hidalgo, & Parfitt, 2015, pp. 170~189
23 A cannibal feast just 2000 years ago, 2001

하였다. 프라이온 병(prion disease)은 사람이 인육을 먹게 되면 생기는 광우병과 유사한 치명적인 두뇌질환이다. 과거에 사람들이 인육을 먹었었고 이로 인하여 두뇌질환이 많이 생기자 이를 방어하기 위한 유전자가 사람의 몸에 생기게 된 것이다.[24]

많은 전문가들은 인류 조상들에 있어서 식인은 전쟁이나 다툼과 연관되어 일어났을 가능성이 크다고 말한다. 미개종족의 경우에 적을 악귀로 생각하고, 적의 인육을 먹음으로써 그를 완전히 파괴해 없애버림과 동시에 그의 에너지와 능력을 갖는다는 상징성과 주술적인 의미를 부여하고 있는 경우가 많다. 인류 조상들도 이와 같은 이유에서 인육을 먹었을 것으로 보고 있다. 이로써 인류 조상들에 있어서 종족간 투쟁이 얼마나 치열하였는가를 짐작할 수 있다.

3. 본성의 진화

1) 호전성

사람은 공격적인 동물이다. 교감신경이 뇌의 편도체(amygdala)[25]를 자극하여 분노하게 되면 그는 일순간에 다른 사람이 된다. 쇼와 웡(Shaw & Wong)은 사람의 공격성은 인지능력 및 두뇌구조의 진화와 함께 발전해온 것이라고 주장한다.[26] 또한 사람은 전쟁하는 동물이다. 사람은 생래적으로 전쟁 편향적이다. 사람이 이렇게 된 것은 긴 기간의 투쟁을 통하여 그 몸속에 오래전부터 싸움을 위한 유전인자가 형성되어 세대와 세대를 통하여 내려오게 되었기 때문이다.

사람은 사회적 동물인 동시에 호전적인 동물이어서 집단으로 살육행위를 한다. 동서고금을 막론하고 사람들이 집단으로 갈라서게

---

24 Roach, 2003
25 서양에서는 이를 아몬드를 닮았다고 하여 amygdala라고 한다.
26 Shaw & Wong, 1989, p. 14

되면 비인간적으로 되고 무자비한 동물이 되어 야만성은 정당화되고 아무 스스럼없이 다른 개인이나 집단을 죽이거나 희생시킨다. 이러한 것에 대해서 생물학자 윌슨은 현대인의 타고난 공격성과 영광에 대한 사랑은 오랜 옛날의 조상으로부터 대를 이어 물려받아 내려온 것이며, 전쟁의 비합리성과 공포를 아무리 가르쳐도 소용이 없고, 그러한 공포가 인간들에게 오히려 매혹적인 것으로 다가온다[27]고 기술하고 있다. 또한 그는 인간은 집단간의 격렬한 투쟁에 맞춰서 진화가 이루어졌기 때문에 개인뿐만 아니라 집단간에 투쟁하는 것이 인간 그 자체라고 말한다.[28]

사람이 언제부터 전쟁을 하였는지 현재로서는 알 수 있는 방법이 없다. 다만 여러 정황을 두고 보면 그 역사가 매우 오래되었을 것으로 짐작할 수 있다. 침팬지를 연구한 동물학자들에 의하면 침팬지도 인간과 마찬가지로 군집생활을 하고 집단간에 전쟁을 하는 것으로 알려져 있다. 와츠(David P. Watts) 연구팀의 관찰에 의하면 침팬지도 10년 이상에 걸쳐 전쟁을 하기도 하고 조를 편성하여 순찰을 도는 등 사람과 비슷한 형태로 전쟁을 한다고 한다.[29] 생물학자들은 침팬지와 인간이 갈라진 것이 지금부터 약 600만 년 전으로 추정하고 있다. 침팬지와 인간이 공통적으로 갖고 있는 전쟁을 하는 특성이 이전의 공통의 조상으로부터 물려 받은 것이라면 인간의 전쟁 역사는 인간으로서의 역사 600만 년도 넘는다고 생각할 수 있다.[30]

공격행위는 모든 동물들에 있어서 흔한 일이고 같은 종을 공격하는 것도 마찬가지이다. 그러나 집단이 조직적으로 폭력을 행하는 전쟁의 경우는 사람과 고릴라 그리고 개미와 같은 몇몇 사회적 곤

---

27 Wilson, 2012, Kindle loc. 883/5093
28 Wilson, 2012, Kindle loc. 787/5093
29 Watts, 2006, pp. 161~180
30 Wilson, 2012, Kindle loc. 1071/5093~1146/5093

충에 국한되어 있다. 그리고 포유류 4,000여 종중에서 집단으로 나
뉘어서 동족을 서로 죽이는 종은 사람과 침팬지 두 종밖에 없는 것
으로 알려지고 있다.[31]

원시시대부터 외부집단을 정복하고 흡수하는 과정에서의 전쟁뿐
만 아니라 내분에 의해서 일어나는 전쟁과 다툼도 많았다. 사람집단
은 좋은 환경을 만나는 경우 인구증가가 일어나게 되는데 이로써
집단이 무한정으로 커지는 것은 아니다. 태어나는 사람중에 우두머
리가 되겠다는 성향의 사람의 비율은 일정하다고 가정했을 때 집단
이 커지면 전체 집단인원에 비하여 우두머리가 되는 사람의 비율은
줄어들기 때문에 우두머리가 되겠다는 사람을 모두 수용하지 못한
다. 또한 집단이 커지면 효율이 떨어지는 반면 비용이 증가하게 된
다. 그래서 내분이 일어나게 되고 보다 효율적인 작은 집단으로의
분할이 이루어지게 된다. 남베네주엘라(South Venezuela)의 야노마
노(Yanomano)족에 대한 차그논과 부고스(N. A. Chagnon & P. Bugos)
의 연구에 의하면 이 종족은 25~300명 단위로 이루어진 150여 개
의 부락에서 약 15,000명이 살고 있는데 각 부락에서 인원이 300명
을 넘으면 마을내에 긴장이 생기고 다툼이 자주 발생하면서 집단이
혈족계통에 따라 서로 나누어지고 전쟁이 발생하는 경우가 많아지
는 경향이 관찰되었다.[32]

인간의 협력능력도 상당부분 집단싸움의 과정에서 발전한 것이
다. 전쟁은 고도의 협동 작업이다. 전쟁을 제대로 수행하기 위해서
는 집단 구성원간에 의기투합하고 협력해야 한다. 또한 전쟁은 기
술과 과학 발전을 선도하였다. 20세기의 많은 과학적인 진보와 기
술혁신이 양차대전이라는 큰 전쟁과정을 통하여 이루어졌다는 것은

---

31 Buss, 2008, p. 308
32 Chagnon & Bugos, 1979

이미 널리 알려진 사실이다. 이것은 20세기뿐만 아니라 전 역사 과
정을 통하여 일반적인 현상이었다. 선사시대의 칼과 화살촉과 같은
무기는 당시 인간들이 만든 어떤 생활용품보다 정교하고 기술에서
앞서 있었다. 철기문명의 발전에서부터 핵에너지, 인터넷의 사용에
이르기까지 인간의 수많은 과학과 기술발전이 전쟁의 과정에서 이
루어져 온 것이다

　중국의 만리장성, 영국의 하드리안 벽, 유럽의 성곽들, 수원의 남
한산성, 예루살렘의 벽, 콘스탄티노플의 벽33 등 수많은 인류문화유
산은 전쟁과 관련된 것이다. 뿐만 아니라 인류가 만든 수많은 자산
들은 전쟁을 통하여 파괴되었다. 인간의 부지런한 본성에 비추어 현
재 남아있는 문화유산이 너무 적은 것은 전쟁에 의해서 끊임없이
파괴되었기 때문이다. 지금 이 순간에도 지구상 어디에선가는 전쟁
을 하고 있고 집단과 집단간에 투쟁이 전개되고 있다. 사람들은 끊
임없이 전쟁을 하며, 힘의 대결을 통한 강자의 약자에 대한 학살은
시간과 공간을 불문하고 영속적으로 이어져 왔다. 실제로 최근에 와
서 그나마 대규모 전쟁이 줄기는 했지만 인성의 고양으로 호전성이
줄어들어서 그런 것이 아니라, 핵무기와 같이 엄청난 살상력을 가진
무기로 서로 대치하는 상황의 탓이 크다. 이러한 상황에서도 함께
죽게 되는 치명적인 무기를 앞세우고 서로 위협하며 호전성을 억제
하지 못하고 있다. 길레인(Jean Guilaine)은 현재의 인간이 선사시대
인간보다 본성면에서 특별히 나아진 면이 전혀 없다고 주장한다.34

---

33 Wilson, 2012, Kindle loc. 948/5093~954/5093
34 Guilaine, 2005, p. 240

2) 경쟁심

14~15세 소년 64명을 대상으로 무작위로 두 집단으로 나눈 뒤 각 집단으로 하여금 다음 세 가지 방안중의 하나를 선택하도록 하였다. 첫째는 자기집단과 다른 집단의 이익 합계가 극대화되는 방안, 둘째는 자기집단의 이익을 극대화하는 방안, 셋째는 자기집단이 다른 집단보다 이익이 많게 하여 그 차이를 극대화하는 방안, 세 가지를 제시하였다. 실험 결과 대부분의 소년들은 세 번째를 선택하였다. 사람들은 자기집단 이익이 절대적으로는 작더라도 상대적으로 더 크게 된다면 이를 더 좋아하는 것이다.[35]

이것은 1970년 타지펠(Henri Tajfel)이 행한 집단차별실험중 일부 내용이다.[36] 사람은 왜 그리 경쟁심이 강한가? 경쟁심은 시기와 질투심으로 전이되고 서로간에 반목과 투쟁으로 이어지게 된다. 한국의 속담에도 사촌이 논을 사면 배가 아프다고 하는데 위의 실험의 결과를 보면 이러한 심리는 한국 사람에게만 해당되는 것이 아니고 모든 사람에 공통된 것임을 알 수 있다. 운동경기에서도 혼자서 뛰면 좋은 기록이 나오지 않는다. 좋은 기록이 나올 때는 경쟁자가 있을 때이다.

이와 같이 인간은 항상 대립하고 도전하는 가운데 어느 일방의 독주를 허용하지 않고 경쟁관계를 설정한다. 미국과 중국, 기독교와 이슬람교, 여당과 야당, 케임브리지와 옥스퍼드, 보잉과 에어버스, 마이크로소프트와 애플, 수니파와 시아파, 전라도와 경상도, 서인과 동인 등 어느 한 집단의 독주에 나머지 사람들이 따라가기 보다는 대항세력을 만들어 대립하고 경쟁한다. 어떻게 하든지 경쟁구도를

---

35 Thayer, 2004, Kindle loc. 3477/6047
36 Tajfel, 1970, pp. 96~102

만들어야 한다. 아르헨티나사람과 칠레사람이 서로 미워하는 것은 주위에 미워할 만한 다른 사람들이 없기 때문이라는 우스개 소리도 있다.37 왜 사람들은 그렇게 치열하게 경쟁하는가에 대한 물음 또한 사람이 살아온 역사에서 그 답을 찾을 수밖에 없을 것이다. 다음 이야기는 그 답을 제시하고 있다.

어느 현자와 그의 제자가 숲에서 열심히 딸기를 따고 있는데 갑자기 큰 곰이 나타나 이들에게 공격해 오고 있었다. 두 사람은 혼비백산하여 줄행랑을 치기 시작하였다. 있는 힘을 다해 뛰었는데도 곰과의 거리는 점점 가까워지고 있었다. 제자가 앞서 달리고 있는 스승에게 헐떡이면서 말했다. "도저히 안 되겠어요. 곰이 우리보다 훨씬 빨라요." 이 말에 스승이 대답했다. "상관없어, 곰보다 빨리 달릴 필요가 뭐 있어? 나는 자네보다 빨리 뛰기만 하면 돼."라고 말했다.38

이는 생존을 위한 다른 종간의 경쟁과 함께 이루어지는 같은 종간의 경쟁에 대한 이야기이다. 다윈이 자연선택과 관련하여 생존을 위한 가장 치열한 경쟁이 같은 종내에서 이루어지고 있음을 설명한 이래 경쟁은 인간뿐만 아니라 모든 생물에 있어서 당연한 것으로 받아들여지게 되었다. 생존을 위한 경쟁의 대열에서 자연과의 투쟁이나 다른 종과의 경쟁만큼이나 더 치열하게 전개되는 것이 같은 종내에서의 경쟁이다. 사람들은 화원에 핀 수많은 장미꽃들을 보면서 아름답고 평화롭다고 생각하겠지만 꽃들에게 있어서는 벌들이 자신을 선택하도록 하기 위하여 서로 더 향기롭고 더 아름답게 보이려고 치열한 경쟁을 하고 있는 것이다. 벌들이 자신을 선택하지 않는다면 자신의 꽃가루는 번식의 목적을 달성할 수 없기 때문이다.

---

37 Ridley, 2001, p. 234
38 Thayer, 2004, Kindle loc. 539/6047

이러한 자연선택에서의 경쟁과 관련하여 인간은 집단간 투쟁을 한다. 인간이 전쟁을 하는 이유는 협동성이 강한 사회적 동물이기 때문이다. 집단내부의 협동성이 강한 동물일 수록 집단외에 대해서는 투쟁의 강도가 더 높다. 리들리(Matt Ridley)는 개미와 흰개미의 행태에 대하여 만인에 대한 만인의 투쟁을 외친 홉스주의적인 투쟁을 포기한 것이 아니라 개체간의 전쟁에서 집단간의 전쟁으로 돌아섰을 뿐이라고 지적한다.[39] 이와 같이 협동성이 강한 개미는 집단 간에 철저히 적대적이지만, 집단내부의 협동성을 찾아볼 수 없는 찌르레기 무리는 다른 무리에 대한 적대감이 전혀 없는 것으로 알려져 있다.[40]

3) 자기집단 애착과 타집단 배척

치열한 생존경쟁에서 자신의 생존을 위해서는 집단과 일체가 되지 않으면 안 되었다. 개인이 아무리 강해도 집단을 이길 수 없고 집단이 지게 되면 자신도 죽게 되기에 자기집단의 안전이 자신의 안전에 직결된다는 것을 안다. 또한 다른 집단은 자신과 자기집단을 위협하는 존재이기 때문에 증오와 회피의 대상이 된다. 그래서 인간은 누구나 자기집단에 대해서는 감싸고 다른 집단에 대해서는 배척하는 성향을 갖고 있다. 사회심리 연구자들에 의하면 자기집단편애는 세계 모든 사람들에 있어서 공통적이라고 한다. 이것은 집단간에 서로 치열하게 투쟁하면서 살아야 했던 인간의 오랜 집단생활속에서 형성된 것이다. 이러한 성향으로 널리 알려진 것으로서 내집단편향(in-group bias), 자민족중심주의(ethnocentrism), 외국인혐오(xenophobia) 등이 있다.

---

39 Ridley, 2001, p. 269
40 Ridley, 2001, p. 270

(1) 내집단편향

1950년대 중반 미국의 세리프(Muzafer Sherif) 연구팀은 22명의 학생을 여름캠프에 소집하였다. 장소는 사회심리학 실험장소가 있는 오클라호마주의 랍어스 동굴(Robbers' Cave) 주립공원.[41] 이 캠프에 소집된 사람들은 모두 보통 이상의 지능을 가진 11세 혹은 12세의 개신교 백인 학생들이었으며, 이전에 서로 본 적이 없는 각기 다른 학교에서 선발된 학생들이었다. 학생들은 원래 두 집단으로 나뉘어져 있었고, 집단별로 공원내 다른 장소에 모이도록 되어 있었다. 학생들이 모이자 학생들 자발적으로 자기집단의 이름을 짓도록 하고, 다른 집단의 존재를 감추어 공원내에는 자기집단만 있는 것으로 생각하도록 하였다. 그렇게 해서 캠프 일정이 시작되었고 1주일을 보내면서 집단내 친구들과 사귀게 되었다.

1주일 후에 학생들은 다른 집단의 학생들을 예상치 못하게 만나게 된다. 한참 놀다 우연히 저쪽을 보니 저쪽편에도 놀고 있는 학생들이 있음을 발견하게 된다. 실험자는 이렇게 두 집단의 학생들을 서로 만나도록 하고, 이후 같이 지내고 놀도록 해놓고 학생들의 행동을 관찰한 것이다. 학생들은 완전히 자기집단과 상대집단으로 나뉘어져서 자기집단은 치켜세우고 다른 집단은 비하하는 한편 치열하게 경쟁적으로 대하면서 상대집단에 대하여 공격적으로 행동하였다. 이러한 공격적인 성향은 얼마 가지 않아 폭력적으로 되면서 급기야 패싸움으로 이어지게 되었다. 두 집단의 적대적인 대치상황은 좀처럼 해소될 것 같지 않았다. 여기서 집단내에 자기편에 적극 가담하지 않고 개인적인 행동을 하는 학생은 상대방을 편드는 것으로 간주되어 집단내 다른 학생들의 비난의 대상이 되었다.

이때 실험자는 제3의 집단을 등장시키게 된다. 실험자는 두 집

---

[41] 이 공원은 미국 오클라호마에 있는 사회심리학 실험장소였다.

단 학생들에게 정체불명의 학생집단이 나타나서 공원 수도시설을 망쳐놓았다고 일러 주었다. 그리고 정체불명의 학생집단의 이 같은 비행을 막지 못하면 캠핑이 중단될 수도 있는 상황이며, 여기의 사람들이 그들의 비행을 막아야만 한다고 말해준다. 두 집단에 공통의 적을 제시한 것이다. 이렇게 되자 두 집단의 학생들은 공원시설을 지키기 위한 연합 순찰대를 구성하는 등 공동의 노력을 기울이면서 두 집단간의 적대적인 관계는 멈추게 된다. 이렇게 두 집단간에 싸움은 멈추었지만 이후에도 자기집단과 상대집단간의 차별과 자기집단에 대한 애착은 변함이 없었다.

이 이야기가 유명한 랍어스 동굴(Robbers' Cave) 실험이다. 사람들은 항상 자기집단내의 사람과 자기집단외의 사람으로 구분하며, 처음부터 자기집단에는 긍정적으로, 타집단에는 부정적으로 접근하면서, 내집단편향(in-group bias)의 성향을 갖는다. 앞의 실험에서 드러나고 있는 놀라운 점은 단 1주일 만에 집단의 일원으로서의 정체성을 형성한다는 사실이다. 사람은 어느 집단에 가든지 자기집단에 순응하며, 집단에 대해서 자신과의 일체감을 갖는다. 자신이 해당 집단과 어떤 관련성이 있는지 또는 어떻게 해당 집단에 소속하게 되었는지의 이유나 과정은 그리 중요하지 않다. 과정과 이유를 불문하고 그냥 어떤 집단이든 그 집단에 들어가면 집단에 일체감을 갖는 것이다. 그 집단에 소속됨으로써 이익을 얻는다거나, 집단내 사람들과 친밀하게 지낸다거나 하는 경우에만 해당되는 것이 아니다. 또한, 실험자가 집단의 일원이 된 피실험자에게 나중에 말하기를 "지금 당신이 들어간 집단이 특별한 근거에 따라 편성된 것이 아니라 그냥 무작위로 그쪽으로 배정하게 되었다"고 일러 주었을 때에도 피실험자의 집단에 대한 태도에는 아무런 영향을 주지 못하였다. 여전히 그는 자신의 집단에 충성하는 모습을 보였던 것이다.

사람들은 항상 자기집단과 타집단을 구분하고, 자기집단의 사람에 대해서는 호의적으로 대할 뿐만 아니라, 타집단 사람에 대해서는 적대적으로 대하고 이에 더 나아가서 공격성과 잔인성을 보이는 경우도 많다. 사람이 어느 한 집단에 소속되었을 때 집단외의 사람에게 어떻게 행동하는지에 대해서는 1973년 필립 짐바르도(Philip Zimbardo) 팀에 의해서 수행된 스탠포드감옥실험(Stanford prison experiment)에서도 잘 나타난다.

스탠포드대학에서 실험자는 학생들을 대상으로 실험참가자들을 모집하여 죄수역할을 할 사람과 간수역할을 할 사람으로 무작위로 나누었다. 실제와 같이 만들어진 감방에 죄수역할 학생들을 수감하고 간수역할 학생들로 하여금 이들을 관리하도록 하였다. 실험자는 비디오 및 오디오 장비를 통하여 이들의 행동을 관찰하였다. 실험이 진행되자 곧 간수들은 서로 상의하고 정보를 교환하는 등 죄수들을 복종토록 만드는데 모두가 응집력 있게 한데 뭉쳐서 협력하는 모습을 보였다. 그리고 간수들은 죄수들을 다루는데 있어서 매우 당당한 반면, 죄수들은 기가 죽었다. 곧 간수들은 수시로 죄수들을 놀리고, 벌칙을 주고, 용변 보는 것을 허용하지 않는 등 가혹한 행위를 계속하였고, 이에 따라 죄수들은 감정적인 손상을 당하여 감당할 수 없을 만큼 우울해 하고 무기력해졌다. 이러한 결과는 실험전 예상했던 것보다 훨씬 심각한 것이어서 원래는 2주 동안 실험을 진행할 예정이었으나 죄수역할 학생들의 정신건강을 고려하여 6일 만에 중단하지 않으면 안 되었다. 실험이 끝난 뒤에도 죄수역할 학생들이 받은 정신적인 손상을 치유하기 위한 프로그램을 진행해야만 했었다.

위의 실험사례에서 죄수집단과 간수집단에서 동일 집단내 사람들간에는 그 집단이 하나의 유기체가 되듯이 집단내 사람들이 감정적인 공유 영역을 형성하는 반면에 다른 집단의 사람에 대해서는 자기집단에서 바라본 하나의 대상일 뿐 이들과 감정적인 공유를 가질 여지를 전혀 보이지 않았다는 사실이다. 그래서 자살 테러리스트가 자국인을 위해서 자신의 몸을 내던지는 자기희생을 하기도 하고, 전시에 적군에 대해 상상할 수 없을 정도로 잔인하게 행동하기도 한다. 이러한 행동은 오랜 기간에 걸쳐서 진화되어온 인간의 사회적 행태의 한 단면인 것이다.[42]

이와 같이 사람들은 아주 사소한 요인으로도 자기집단과 다른 집단으로 나눈다. 그리고 자기집단은 호감이 가고, 잘하거나 옳다고 생각하며, 믿는 반면에, 다른 집단은 비호감이며, 잘못하거나 옳지 않다고 생각하며, 믿지 않는다. 그리고 자기집단에는 애착과 관심을 갖는 반면에 다른 집단에 대해서는 시기하고 질투하는 마음을 가지면서 자기집단이 잘되면 기분이 좋아지고, 다른 집단이 잘되면 기분이 언짢아지게 되는 것이다.

사람의 이러한 성향은 도대체 어디서 나오는 것일까? 제럴드(H. B. Gerald)는 내집단편향은 생래적인 것이며 사람의 진화과정에서 남은 잔재로서 다른 영장류 동물에서도 발견되는 것이라고 한다.[43] 내집단편향이 생기는 이유에 대해서 사람이 어렸을 때부터 가족에 소속되어 살고 이웃 아이들과 어울려 자라는 과정에서 생기는 후천적인 것이라고 주장하는 학자도 있었지만, 최근 많은 학자들의 연구결과에 의하면 생래적인 것으로 밝혀지고 있다. 현재의 인간이 되기까지 오랜 기간에 걸쳐서 획득한 인간으로서의 타고난 성향인 것이다. 이와 마찬가지로 많은 연구에서 사람들은 같은 종교, 같은 씨족, 같은 민족, 같은 인종과 어울리기를 더 좋아하는 것으로 나타나고 있다.[44] 브류어(Marilyn Brewer)는 여러 형태의 차별과 편견은

---

42 Workman & Reader, 2004, pp. 208~213
43 Gerard, 1979
44 Wilson, 2012, Kindle loc. 853/5093~863/5093

타집단을 미워해서가 아니라 자기집단에 대한 연민, 존경, 믿음과 같은 긍정적인 감정 때문에 발생한다고 주장한다.45

(2) 자민족중심주의

자민족중심주의(ethnocentrism)는 자기민족이 세상의 진본이고 표준이고 원조이며 중심이라고 생각한다. 그래서 자신들에 대해서는 우수하고 좋은 사람들이라고 치켜세우고 최고라는 긍지를 갖는 반면, 자기집단 바깥의 사람들은 모두 다 열등하고 나쁜 사람으로 비하시키고 경멸의 대상으로 삼는다.

옛날의 사람들은 일정한 민족집단의 범위를 두고 다른 집단의 사람들과 섞이기를 꺼려하고 오랫동안 자기집단 사람들끼리 결혼하고 자손을 이어가며 자기집단끼리 살아왔기 때문에 그 세계의 범위는 자기민족들이 살아가는 공간내였다. 따라서 자기민족이 전부였기 때문에 자기민족만을 생각하면 되었고 자민족중심적인 사고가 일반화되었다. 『성경』을 보면 예수조차 그가 한 말에 유태인과 이방인을 차별하는 언급이 많다. 사도 바울(Paul)이 다른 나라로 가서 포교를 하게 되고 기독교가 국제화되면서 민족적인 차별이 그나마 많이 완화되었을 것으로 추측할 수 있다. 이와 같이 자민족중심주의는 사람들의 행동반경이 넓어지게 되고 다른 민족들간에 서로 부딪치는 일이 많아지면서 이 성향의 존재가 드러나게 됨과 동시에 완화되는 계기가 되었다.

이 자민족중심주의(ethnocentrism)라는 말을 처음 사용한 사람은 섬너(William Graham Sumner)이다. 섬너는 1906년 그의 저서『민속』(Folkways)에서 세계 각지의 사람들이 어떻게 자기집단에 대해서는 치켜세우고 자기집단을 위해서 희생과 헌신을 마다하지 않으며,

---

45 Brewer, 1999, p. 438

다른 집단에 대해서는 헐뜯고 깎아내리고 공격적으로 되는지에 대
해서 기술하고 있다. 그에 의하면 옛날 카리브(Caribs)원주민은 자기
들만 사람이라 하고 다른 사람은 사람이라고 하지 않았다. 키오와
(Kiowa)족 사람들에게 있어서 키오와의 의미는 진짜사람이었다. 퉁
구스(Tungus) 사람들도 마찬가지로 자신들은 사람이고 외지의 사람
들은 진짜사람이 아니라고 하였고, 그 외에도 많은 미개사회에서
자신들만을 진짜사람이라고 생각한다.

미개사회가 아니라 할지라도 유태인은 자민족(Jew)과 자민족 아
닌 사람들(Gentiles)로 구분하며, 그리스와 로마 사람들은 자민족 외
의 사람들을 야만인(barbarian)이라 불렀으며, 아랍인들도 자신들은
고귀한 민족이고 다른 사람들은 야만스런 사람들이라고 하였고, 1896
년 중국 교육부의 책자에는 중국이 세계의 중심에 있는 세계에서
가장 크고, 가장 부유한 나라이며, 세계의 위대한 사람들은 모두 중
국에서 나왔다고 적혀있다고 한다. 제국주의 시대 유럽국가들은 자
국이 문명국가로서 자유롭고, 슬기로운 반면에 다른 국가들은 열등
민족이기 때문에 자신들이 이들을 통치하여 문명으로 이끌어야 한
다고 주장하였다.[46] 한국에서 짱깨, 쪽발이 하듯이 영국에서는 프랑
스인을 프로그(frog), 독일인을 크라우트(kraut)라고 부르며, 세계 모
든 나라는 이웃나라 사람을 비하해서 지칭하는 용어를 갖고 있다.

삐아제(J. Piaget)가 행한 어린 아이들을 대상으로 한 실험에서
국가와 민족이라는 개념을 모르는 어린 아이도 자국 사람의 사진과
외국 사람의 사진을 보여 주었을 때 자국 사람이 좋다고 하였다.
6세 정도의 아이들은 자국 사람이 좋다는 것만 알뿐, 다른 나라 아
이들도 그들의 나라 사람을 좋아할 것이라는 것을 이해하지 못하였
다. 그러다가 성장하면서 12세 정도 된 아이들은 자신이 자국 사람

---

[46] Sumner, 1906/2008, p. 13

을 좋아하는 것과 마찬가지로 다른 나라 아이들도 그들의 나라 사
람을 좋아한다는 것을 이해하게 된다고 한다. 이같이 나이가 들면
서 자기중심(egocentricity)에서 벗어나 상호성(reciprocity)을 갖게 되
는데 삐아제는 이를 사회중심성(sociocentricity)이라고 불렀다. 그렇
지만 어른이 되어도 자국을 선호하는 마음은 변하지 않았다.[47]

(3) 외인혐오

외인혐오(xenophobia)란 외지인을 두려워하고 싫어하는 감정으로
특히 타민족에 대하여 많이 나타난다. 다른 일반적인 타집단에 대한
차별적인 태도이상으로 국가와 민족에 있어서는 특별히 강한 차별적
성향이 있음을 보여주는 것이 외인혐오이다. 외인혐오는 세계 어느
곳에 가든지 일반인들에게서 발견되는 공통적인 현상이다. 할로웨이
(R. L. Holloway)에 의하면 대부분의 성인은 문화적인 훈련을 받지 않
은 이상 외인혐오증을 갖는 것이 일반적이라고 한다.[48]

외인혐오는 개인이나 사회가 외지인에 의한 재앙을 피하기 위하
여 갖게 되는 사전 대비체제로서 외지인으로 보이는 사람에 대한
거부, 회피, 불신의 감정이 일반화되어서 나타나는 현상이다. 이것
은 낯선 사람으로부터 피해를 많이 당했던 오랜 역사적인 경험을
반영하는 것이다. 외인혐오를 갖게 되는 과정에 대하여 사회가 이
러한 감정을 주입시키기 때문이라는 주장도 있으나, 많은 학자들은
외인 혐오증이 진화과정에서 획득된 것으로서 생래적으로 갖게 되
는 것으로 보고 있다. 외인혐오는 모든 동물에 공통된 것은 아니지
만 사람뿐만 아니라 동물들의 세계에서도 광범위하게 나타나는 현
상으로 알려져 있다.[49] 동물들보다 사람의 경우에 이것이 더 강하

---

47 Piaget & Weil, 1951, p. 575
48 Holloway, 1974
49 Southwick et al., 1974

게 형성된 것은 같은 종간의 적대적인 관계에서 동물보다 사람에서 상대방이 더 위협적이기 때문이다.

사람은 먹이 사슬의 최정상에 있고, 무기를 사용한다. 사람은 공격하기에 좋은 동물이다. 대부분의 동물은 다른 동물을 공격할 때 상대방의 반격에 자신도 다칠 위험이 있다. 침팬지 서너 마리가 다른 침팬지 한 마리를 공격하여 죽이는 데는 평균 20분 정도 걸리며 이 과정에서 자신도 다치는 경우가 많다고 한다. 그러나 인간은 무기를 사용하기 때문에 적을 공격하여 순식간에 죽이고 자신이 부상당할 위험도 매우 낮다. 과거 원시인류는 직립원인으로 진화하면서 석기로 머리를 공격당하는 일이 많아짐에 따라 이에 대한 대비책으로 사람들은 더 큰 키를 갖게 되었고 더 두꺼운 두개골을 갖게 되었다고 한다.[50] 더욱이 활과 같은 무기가 개발된 이후에는 사람은 거의 자신은 위험에 노출되지 않고 원거리에서 공격을 할 수 있게 되었다. 그래서 사람들에 있어서 그 어느 것보다 더 두려운 것은 적대 관계에 있는 다른 집단의 사람이었다.

외인혐오증을 갖게 된 또 다른 이유로는 외지의 사람을 접촉하는 경우 발생할 수 있는 전염병 감염 위험이다. 외지인을 통하여 전염병이 전파될 가능성이 있고 이것이 집단의 생존에 치명적일 수 있기 때문이다. 그래서 사람은 모르는 외지의 사람들을 커다란 위협의 대상으로 생각하였고 이에 대하여 관용의 여지가 없었다. 이러한 외인혐오는 자신들과 다른 모습의 사람들에 대해서는 부정적으로 반응하는 본능으로 형성되어 이것이 세대에서 세대로 흘러 내려오게 된 것이다.

다이아몬드(Jared Diamond)는 사람이 다른 사람들로부터 쉽게 공격대상이 되고 그래서 외인혐오가 두드러지게 된 이유는 사람들

---

50 Ridley, 2001, p. 232

은 집단간에 서로를 구분하기 쉽기 때문이라 한다.[51] 민족들간에는
서로 분리된 삶을 살아왔기 때문에 외관으로 바로 구분되는 경우가
많다. 사람들은 다른 집단과 자기집단을 구분하고 족외혼을 하더라
도 자기민족 집단의 범위내에서만 결혼을 하여 왔기 때문에 각 민
족은 지금도 그 외모에서 각기 고유의 모습을 간직하고 있다. 같은
유럽 사람이라도 앵글로 색손(Anglo-Saxons) 사람들은 얼굴이 좁고,
슬라브(Slavs) 사람들은 얼굴이 넓으며, 게르만 민족은 머리카락이
금발인 반면, 라틴 민족은 머리카락이 검다. 1994년 르완다(Rwanda)
학살에서 짧은 시간내에 다수의 희생자가 발생할 수 있었던 것은
두 종족간의 뚜렷이 구분되는 외관상의 특징 때문이었다. 투치(Tutsi)
족은 키가 큰 반면 후투(Hutu)족은 키가 작아 서로를 식별하기가
매우 용이했던 것이다.[52] 또한 사람들 집단은 그들만의 독특한 문
화를 갖는다. 여우나 침팬지에 비해서 사람은 언어, 의복, 머리스타
일 등과 같은 문화적인 요인으로 외부적으로 쉽게 차이를 드러낸
다.[53] 이러한 예는 『성경』에서도 발견되는데 "사사기 12장"에는 다
음과 같은 내용을 담고 있다.

　　길르앗 사람과 에브라임 사람이 싸워 에브라임 사람들이 패배하
여 도망을 가게 되었다. 길르앗 사람들은 이들이 도망갈 수 있는
길목인 요단강 나루턱에서 지키고 있다가 지나가는 사람마다 에브
라임 사람이냐고 물었다. 아니라고 하면 그럼 "쉽볼렛(shibboleth)"
을 발음해 보라고 하였다. 에브라임 사람은 쉬(sh) 발음을 잘못하기
때문이다. 그래서 그 사람이 "십볼렛(sibboleth)"이라고 발음을 하면
바로 죽였는데 그 죽인 숫자가 42,000명이었다.

　　외인혐오증은 자기와 다르게 생긴 사람에 대하여 두려움과 싫은

---

51 Diamond, 1991a, p. 220
52 Thayer, 2004 Kindle loc. 3638/6047
53 Diamond, 1991a, p. 220

마음을 갖게 되는 것이므로 인종적 편견과 직접 연관되는 문제이다. 사람의 뇌속에는 정서나 공포 등에 대한 기억과 관련된 영역인 편도체(amygdala)가 있는데, 이것은 투쟁본능이나 공격행동을 담당하는 기관이다. 실험에서 사람들에게 자신과 다른 인종의 사진을 보여주며 편도체를 관찰했는데 다른 인종의 사진을 볼 때마다 이곳이 격렬히 반응하는 것으로 나타났다.[54] 이것은 두뇌의 각 영역이 과거의 경험을 반영하여 자연선택에 의하여 진화되어 왔음을 보여준다.

사람이 갖고 있는 인종적인 편견은 역사에서도 잘 드러나고 있다. 제2차 세계대전 때 미국은 독일과도 싸우고 일본과도 싸웠지만 독일에 대한 감정과 일본에 대한 감정이 동일하지 않았다. 독일인에 대해서는 비록 적이라도 인간으로 생각했지만 일본인에 대해서는 사악한 동물로 생각했다는 것이다.[55] 사람들은 일본이 원자폭탄 공격을 당한 것에 대해서도 이와 연관 짓기도 한다. 또한 1999년 유럽에 코소보(Kosovo) 내전사태가 일어났을 때 아프리카의 시에라리온(Sierra Leon)에서도 마찬가지로 치열한 내전이 있었다. 미국에서 코소보 난민을 도와야 한다는 여론이 들끓었지만 시에라리온에 대해서는 아무 말 없이 조용했다. 코소보 사람들은 미국 백인들의 모습과 비슷하기 때문에 일체감을 갖고 동정의 마음이 들끓어 오른 반면 시에라리온 흑인들에 대해서는 이러한 감정이 생기지 않았던 것이다.[56]

인종과 관련된 갈등이 극복하기 어려운 문제인 이유가 여기에 있다. 언어는 배우면 되고, 종교는 개종하면 되고, 옷은 다르게 입으면 되지만, 키가 커지거나 피부가 하얗게 되는 것은 마음대로 되

---

54 Wilson, 2012, Kindle loc. 872/5093
55 Thayer, 2004, Kindle loc. 3528/6047
56 Thayer, 2004, Kindle loc. 3539/6047

는 것이 아니기 때문이다.[57]

4) 고유영토에 대한 집착

20세 청년 쇼팽(Frédéric Chopin)이 고향을 떠나 파리로 갈 때 폴란드 흙을 한줌 담아 갔다는 일화는 조국사랑에 대한 단순한 이야기만은 아니다. 고향땅이라는 감정은 인간에게 언제나 매우 깊고 큰 감정이다. 대부분의 사람들은 자신이 살던 곳에 대해서 애착을 갖는다. 그리고 사람은 자신이 몸 두고 있는 환경과 생활여건에 맞추어 살아간다. 그래서 살던 곳에 적응이 되었기 때문에 새로운 곳은 낯설고 불편하다고 느끼게 되고, 이주를 하게 되면 이전에 살던 곳을 그리워한다. 시베리아나 히말라야 고원의 극한 환경에서 살아가는 사람도 현재 자기가 살아가는 곳이 제일 좋다고 하고, 딴 데 가서는 못살겠다고 말한다. 이와 같이 자신의 땅의 영역을 고수하는 영토집착적인 성향 또한 국인주의(nationalism)의 중요한 한 부분이 된다.

사람이 땅을 떠나서는 살 수 없는 동물이기 때문에 자신의 몸을 둘 수 있는 땅의 존재는 당연히 그에게 중요하다. 땅은 살아갈 수 있는 공간과 함께 모든 자원을 제공한다. 그래서 기본적인 삶의 터전으로서는 말할 것도 없고 부와 권력까지도 땅과 연관되어 있다. 땅에 대한 마음은 사람의 기본적인 정서이기에 땅은 문학이나 모든 예술에 있어서 중요한 소재로 되어 왔다.

사람은 영토를 두고 이곳이 내 땅이니, 이곳이 고향이니, 이곳이 내가 태어난 곳이니, 이곳이 조상으로부터 물려 받은 곳이니, 이곳이 약속의 땅이니, 이곳이 고토이니 하면서, 땅과 자신의 연관성을 생각한다. 자신의 땅을 갖고 이를 지키려고 하는 것은 사람에게만 고유한 것이 아니다. 호랑이, 사자, 여우, 까치, 침팬지 등과 같이

---

57 van den Berghe, 1995, p. 364

대부분의 동물들은 자기 영역을 설정하고 다른 동물이 접근하는 것을 허용하지 않는다. 사람 또한 텃세 동물중의 하나로서 땅에 대한 집착은 사람이기 이전에 갖고 있던 본성중 하나였던 것이다.

이와 같이 땅에 의지해서 살아가는 사람들에게 있어서 같은 땅에서 살아가는 사람들은 공동운명체일 수밖에 없다. 그래서 피를 나눈 친족 집단 이상으로 같은 땅에 살아가는 사람들의 집단 또한 유대감이 강할 수밖에 없다. 전쟁은 땅을 두고 하는 싸움이다. 땅을 빼앗게 되면 사람, 생산물, 자원 등 땅위에 있는 모든 것을 가지게 된다. 그래서 오랜 옛날부터 사람들은 땅을 빼앗거나 혹은 지키기 위하여 친족 집단이나 지역 집단 모두가 함께 나서서 목숨을 걸고 투쟁해왔다. 집단간의 투쟁에서 패배하면 땅에 대한 권리의 상실과 함께 죽게 되거나 살더라도 이전과 같은 삶을 살아갈 수가 없다.

이러한 땅에 대한 문제는 같은 땅에 살아가는 사람이 공동으로 겪게 되는 문제이다. 여기서 형성되는 것이 한국에서 혈연 다음으로 중요한 지연이다. 한국에서는 이웃사촌이라고 말한다. 같은 지역에서 살게 되면 같은 입장에서 많은 일들을 같이 겪게 되고, 또 같이 살다 보면 서로 상부상조할 수 있는 일들이 생겨 정이 생기고 유대감과 하나의식도 생기게 된다. 그래서 같은 영토에 사는 사람들은 공통의 이해관계와 유대감을 바탕으로 한 강한 결속력을 가진 공동체가 될 수 있다. 여러 민족들로 구성된 다민족국가도 영토를 기초로 하는 국인주의가 힘을 발휘할 수 있는 것이다.

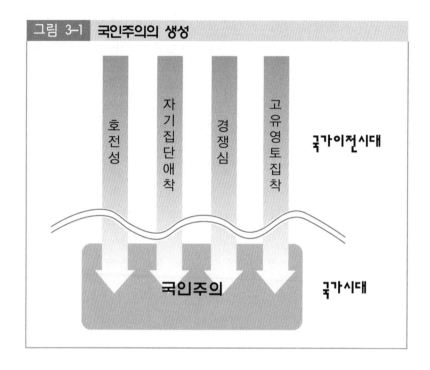

그림 3-1 국인주의의 생성

호전성
자기집단애착
경쟁심
고유영토집착

국가이전시대

국인주의

국가시대

제2절 사람과 국가

1. 국가의 수립

1) 국가로의 진화

인류의 초기단계는 규모가 작은 혈연집단이었지만 생존경쟁에서 점차 경쟁력이 향상되면서 집단의 규모도 커지고 사람들의 거주지도 넓게 퍼지게 되었다. 그렇게 되니 다른 집단 사람들간에 서로 조우하는 경우도 많아지고 희소자원을 두고 집단간에 서로 다투는 경우도 자주 일어나게 되었다. 집단간의 대결에는 수가 더 많은 집단이 유리하다. 경쟁집단보다 우위를 점하기 위해서 또는 강한 집단에 대항하기 위해서 다른 집단을 합치거나 연맹을 맺는 것이 필요하였다. 사람들의 숫자가 늘어나면서 가족중심의 집단이 씨족을 중심으로 하는 더 큰 집단을 형성하게 되고, 다시 이들 집단들이 통합되어 부족사회로 발전해 나갔다. 그리고 부족사회들이 통합되면서 국가가 탄생하였다.

부족집단에서 국가로 변화한 이후 처음에는 규모가 작은 국가가 여기 저기 많이 있었지만 큰 국가에 작은 국가들이 병합됨으로써 점차 국가의 수는 줄어드는 반면 규모는 커지게 되었다. 지배욕구가 큰 왕이 권력을 잡게 되거나, 국가의 경제적 여건변동, 또는 새로운 무기개발이나 전쟁기술의 혁신으로 힘의 불균형이 생겼을 때 통치자는 영토확장에 나서게 된다. 이러한 결과로 작은 국가들은 소멸하고 거대제국이 탄생하기도 하고, 거대제국은 또 다시 분할되기도 하면서, 그 지역의 지리적 환경과 사람들의 정치적 의지와 역량에 상응하는 적정한 규모의 국가가 들어서서 대를 이어 내려오게 되었다.

이러한 국가집단의 형성은 지리적 환경과 사람의 역량과 연관되어 있다. 사람의 숫자가 적고 이동성이 작았던 옛날에는 그 범위가 좁았지만, 인구가 늘고 사람의 이동성이 커지면서 점차 큰 규모의 정치집단으로 발전하게 된 것이다. 그리고 이러한 집단형성은 사람들이 이동하고 접촉할 수 있는 지리적 환경의 제약하에서 이루어졌다. 강, 바다, 산맥, 사막 등과 같은 그 지리적 장벽을 경계로 하여 집단이 형성될 수밖에 없었고, 이렇게 나누어진 상태로 지역마다 다른 집단이 독자적인 삶의 양식으로 오랫동안 계속 살아오면서 서로 다른 민족, 언어, 문화를 형성하게 된 것이다.

씨족들이 합쳐져서 부족이 되고 부족들이 합쳐져서 국가로 바뀔 때 지금까지 서로 대립하던 사람들이 서로 협력하는 사람으로 바뀌

어져야 하는데 여기에는 통합으로 이끄는 조치가 필요하다. 통합이
되지 않으면 국가로서의 힘을 발휘할 수가 없다. 같은 국가구성원
으로서의 공동체 의식이 없으면 북쪽에 적이 쳐들어 왔는데 남쪽의
사람들이 무기를 들고 전선에 나가려고 하지 않을 것이기 때문이
다. 그래서 통치자는 통합을 위하여 결혼, 권력의 제공, 전쟁 등과
같은 수단을 활용하게 된다.

먼저 복속된 왕가나 귀족가문과 새로운 통치자의 가문이 결혼을
통하여 친족관계를 형성하는 것이다. 이것은 고대에서 현대에 이르
기까지 오랫동안 사용되어온 방법이다. 10세기 고려 왕건은 후삼국
을 통일하고 신라의 경순왕을 사위로 삼는 등 각 지방의 호족과 왕
실을 결혼으로 연결하여 하나의 가족관계로 만들었다. 20세기 일본
이 한국을 병탄했을 때 영친왕을 결혼으로 일본왕실에 끌어들인 것
도 하나의 예이다. 그리고 이전의 귀족이나 지방의 호족들에게 관
직을 주어 새로운 체제에도 권력을 누릴 수 있도록 함으로써 이들
을 따르던 집단을 모두 끌어들일 수 있다. 그리고 국가 통합에서
또 하나의 좋은 방법은 외부의 다른 집단과 전쟁을 하는 것이다.
랍어스동굴(Robbers' Cave)실험에서 본 바와 같이 외부의 새로운 적
을 만나게 되면 내부의 집단간에는 단합이 된다. 적을 맞아 싸우면
서 서로 돕고 함께 고난을 겪는 과정에서 공동운명체로서의 의식을
갖게 되는 것이다. 또 외국과의 투쟁은 자국인과 외국인의 경계를
뚜렷하게 하고 국인의식을 강화시키게 된다.

국가 이전의 집단에 비해서 국가는 집단의 규모가 크기 때문에
국가내의 집단간 분업과 사회계층화가 이루어지고 제도적인 틀과
비인격적인 형식에 따라서 살 수밖에 없다. 씨족사회에서는 가족으
로서의 사랑속에 서로를 위하는 마음이 항상 작용하였고, 부족집단
으로 된 뒤에도 삶의 구조는 가족단위와 친족단위의 기초위에서 이

루어져서 더 옅어지기는 했지만 집단내에 서로를 위하는 마음이 여전히 작동할 수 있는 여지가 많았다. 그러나 집단의 규모가 커지면 커질수록 그 강도는 점점 약해지게 된다. 이전에는 같은 집단의 사람들이 서로 대면하면서 친화력을 확인하고, 인간적인 유대관계속에서 소속원간에 서로가 한 집단임을 확인하였지만, 집단의 규모가 커져서 수십만 수백만 명이 하나의 집단으로 된 상황에서도 그와 같은 방식으로 공동체의식을 가질 수는 없는 것이다.

그래서 전체 구성원이 하나로 통합되도록 정치적인 교화와 선동을 함과 동시에, 경제적인 이익을 제공하고, 법제와 풍속을 통일시키고, 공통의 신화와 상징을 만들게 된다. 이를 통하여 국가 구성원들이 다른 국가의 소속원이 아니라 이 나라의 소속원인 것을 만족해하고, 이미 사람의 기본적인 본성으로 갖고 있는 자기집단에 대한 사랑과 다른 집단에 대한 증오가 민족적·국가적 차원에서도 그대로 살아 움직이게 되면서, 구성원의 의식이 서로 연결되어 하나의 공동체로 된다. 그래서 수백리 떨어진 곳에 살고 있다는 왕의 존재를 되새기고, 수백리 떨어진 다른 곳에 살고 있는 어느 백성도 자신과 같은 왕을 모시고, 같은 법을 따르며, 같은 삶의 이상을 추구하며 살아가는 공동운명체라고 생각하면서 살게 된 것이다. 여기서 집단의 기억을 공유하고 공통의 열망을 확인하는 것이 필요한데 근대주의 이론에서 도이취(Karl Deutsch)에 의하면 대중매체의 발전이 이러한 의식을 형성하는데 중요한 역할을 하였다는 것이고, 앤더선(Benedict Anderson)은 인쇄자본주의가 그 역할을 하였다는 것인데 반드시 시기적으로 근대이어야만 할 이유는 없다고 본다.

2) 신화와 상징의 창조

신화는 종교적 교리와 의례의 언어적인 진술[58]이라고도 한다. 사람들이 신화를 만든 것은 원시시대로 거슬러 올라간다. 사람들이 아는 것이 별로 없었던 원시시대에 자연은 두려움과 호기심의 대상이었다. 이런 때 자연의 경외로운 뜻을 전달하고 해석해주는 제사장이 힘을 가질 수밖에 없었고 그래서 제정일치의 사회였다. 이러한 사회에서 신화는 종족내의 모든 사람에게 일체감을 부여하고, 공동체에 대한 신실한 마음을 갖게 하며, 법과 질서를 지키고, 용기와 희생정신을 갖게 하는 데 중요한 역할을 하였다.[59] 또한 신화는 사회구성원으로 하여금 믿음과 희망 그리고 삶에 대한 긍정적 가치를 제공하고 지도자에 대한 권위와 절대적인 신뢰를 제공하는 역할을 하였다.

신화의 가장 일반적인 형태는 국가와 민족의 조상신화이다. 이러한 신화는 그 나라 사람들이 신성한 존재에서 시작되었음을 말하면서 내가 누구이며 어디에서 왔는지에 대한 것을 알려주고 있다. 그래서 많은 신화가 우리의 삶의 공간인 하늘과 지상과 지하의 세계를 두고 내가 어떻게 여기에 존재하게 되었는가를 설명해주는 형식을 취하고 있는 것이다.

사람들의 단합을 위해서는 피를 함께 나눈 관계라는 의식이 중요하다. 선대에 있었던 영웅, 위대한 사람, 훌륭한 사람을 부각시켜 모두가 그 사람의 후예이고 싶도록 함으로써 하나의 핏줄이 형성되도록 하는 것이다. 그래서 신화는 여기에 해당되는 사람과 해당되지 않는 사람의 범주를 명확하게 하고, 타집단과 자기집단을 확실하게 구분하여 자기집단의 단결력을 높이게 된다. 즉 유사시에 자

---

58 신화, 미상
59 Wilson, 2012, Kindle loc. 151/5093~160/5093

기집단의 사람이 정체성의 부족으로 인하여 다른 집단 사람으로 변절하는 경우를 막을 수 있는 것이다.

또한 사람은 상징을 만든다. 상징은 그것을 매개로 다른 것을 알게 하는 인간에게만 부여된 고도의 정신작용의 하나이다. 예를 들면, 낫에 대한 그림을 두고 노동을 연상하는 것과 같다. 사람들은 상징을 통하여 서로 이해하며 서로 소통할 수 있는 연결망을 갖게 된다. 원시시대의 사람들은 모든 사물과 사실에 대해서 체계적인 지식으로 이해하는 것이 많지 않았으므로 상징적으로 표현하고 소통해야 하는 여지도 많았다.

인간에게 있어서 자기 주변의 환경, 자연, 역사를 비롯한 모든 것들이 만들고 개조할 수 있는 대상이듯이 신화나 상징도 마찬가지였다. 집단이나 집단의 통치자가 필요할 때마다 언제든지 신화와 상징을 만들었다. 신화와 상징을 만들기만 하는 것이 아니다. 집단의 필요에 따라서 이전의 신화나 상징을 말살하고 변경하고 흔적을 지우기도 하였다. 그리고 그 자리에 새로운 신화나 상징을 만들어서 자신들에게 공통적으로 필요한 생각과 삶의 틀이 형성될 수 있도록 하였다.

3) 국가와 민족

원래 큰 전쟁의 경우를 제외하고는 민족간에 서로 섞일 일이 거의 없었다. 현재와 같이 민족들이 많이 섞이게 된 것은 유럽인들의 활동반경이 크게 확대된 16세기 이후, 특히 유럽인들이 신대륙에 이주하고 세계각지를 자국의 식민지로 만들면서부터이다. 신대륙에는 많은 유럽인이 건너가서 새로운 나라를 건설하였고, 유럽에도 아프리카, 아시아 사람들이 많이 유입되었다. 신대륙에는 초기에는 영국, 프랑스, 스페인 등 특정 유럽국가 민족들에 의해서 국가가 건

설되었지만 이후 세계 각지에서 많은 인구가 유입됨으로써 혼합민
족국가로 되었다. 이러한 사람의 이동으로 민족의 순도는 많이 낮
아졌지만 그렇다고 민족하고 상관없이 국가가 구성되었다고 할 수
는 없다. 특히 구대륙의 경우는 더욱 그렇다. 복수민족국가들이지만
중국의 경우는 한족이 91.5%, 러시아는 러시아족이 약 81%, 독일은
게르만족이 91.5%를 차지하고 있는 것처럼 민족을 기초로 하여 국
가가 형성되었다.

　　민족단위로 국가가 형성되는 데는 역사적인 과정 외에도 민족국
가가 갖는 장점이 있기 때문이다. 국가가 크면 전쟁에서도 많은 군
사를 동원할 수 있으므로 강한 나라가 될 수 있고, 한 지역에 흉년
이나 천재지변이 나도 다른 지역에서 도울 수 있는 대국의 이점이
있다. 하지만 국가내에 언어가 다르고 문화가 다른데도 함께 살게
되면 비효율성이 발생하여 이것에 의한 단점이 장점을 압도할 것이
다. 그런데다 언어와 문화가 다른 이질적인 사람들이 함께 살게 되
면 같은 부류의 사람들끼리 집단이 나누어져 집단간에 서로 대립하
고 갈등을 일으킬 수 있기 때문에 사회적 안정성이 줄어들게 된다.
또 밀(J. S. Mill)이 말한 대로[60] 서로 공감할 수 없는 이질적인 집단
에서는 단합된 여론을 형성할 수 없어 대의정치에도 장애가 된다.
민주주의적인 정치운영을 위해서는 집단내 구성원 상호간에 이해를
잘해야 하고 의사소통이 원활해야 하는데 그러기 위해서는 집단 구
성원의 동질성이 중요해지게 된다. 따라서 동질적인 집단으로 정치
집단을 이루는 것이 큰 국가를 이루는 것보다 더 바람직하다는 측
면에서 민족국가의 존재이유와 그 가치가 있는 것이다.

　　국가는 권력자에 의해서 이끌려져 나가는 것이고 권력자는 더
큰 권력을 원하기 때문에 더 큰 권력을 갖기 위해서 큰 국가로 만

---

60 Mill, 1861/2001, p. 144

들고 싶어 한다. 국민들 또한 마찬가지이다. 국민들도 자국이 남의 나라에 의해서 지배당하기를 원치 않고, 또 자국이 힘 있는 국가, 거대한 강국으로 되기를 원한다. 사람들은 자신의 집단이 큰 집단일 때 자신에게 더 힘이 된다는 것을 오랜 집단생활의 경험속에 체득하고 있다. 그래서 사람들은 자국을 큰 국가로 건설한다는 희망에서도 망국의 위기에서 자국을 구하고자 하는 사람들과 마찬가지로 몸을 던져 나선다. 그래서 남의 국가를 침략하기 위해서 나서는 사람들과 자기 국가를 방어하기 위해서 나서는 사람들이 맞서서 전선을 형성하는 것이다. 또한 다민족국가에서 민족단위로 살아가려는 사람들은 독립을 요구하고, 큰 나라를 유지하기를 원하는 사람들은 이들의 요구를 억압하면서 분쟁이 발생하게 된다. 그래서 이들 국가에는 두 개의 힘이 작용한다. 하나는 민족단위로 살아가려는 힘이고, 다른 하나는 큰 국가를 형성하려는 힘이다. 이 힘의 변화에 따라 국가의 존재와 국경은 유동적으로 변하게 된다.

국가는 민족에 의해서 만들어지지만, 다른 한편으로는 국가가 민족을 만들기도 한다. 다른 민족이라도 한 국가에 오래 살다 보면 하나의 민족으로 되는 것이다. 그래서 다민족국가에서 민족간의 이질성을 극복하려고 노력하는 근저에는 이러한 희망이 작용한다. 많은 경우에 다민족국가의 소수민족에게 주류민족에 동화되도록 하는 압력이 작용한다. 개인이 그 사회에서 성공하기 위해서는 주류 문화와 관습을 따라가야 한다. 그래서 몇 세대 가지 않아서 대부분의 소수민족은 주류민족에 흡수된다. 더구나 민주주의는 다수결에 의해서 결정되므로 다수의 사람들에게 소수의 사람들은 따라가야 하고, 그래서 소수민족의 다수민족으로의 동화는 더 쉽게 이루어진다. 국가는 모든 국민이 하나로 통합되도록 정책을 시행하여야 하고, 이에 따라 정책은 자연히 소수민족으로 하여금 다수민족에 동화하는 방향으로 나아가게 된다. 그런데 이는 양날의 검과 같다. 동화정책의 시행과정에서 소수민족이 반발하게 되면 이를 계기로 소수민족의 독자적인 정체성이 더 강화되어 자신들만의 자치나 독립의 요구로 발전할 수도 있기 때문이다.[61] 물론 동화정책이 의도대로 잘된다면 시간이 갈수록 소수민족의 정체성은 점점 약화되어 마침내 이러한 일로 국가가 불안정하게 되는 일은 없는 상태로 된다.

그런데 다민족으로 되는 과정이 정복이나 영토적 합병에 의해서 이루어지는 경우와 이민자의 유입에 의한 경우는 그 상황이 같지 않다. 이민자의 경우에는 동일 민족이라고 하더라도 지역적으로 흩어져 살기 때문에 이들만의 자치나 독립을 요구하는 상황은 거의 일어날 수 없다. 반면에 정복이나 영토적 합병에 의한 경우는 같은 민족이 동일한 지역에 함께 거주하기 때문에 민족주의나 국인주의 형성이 용이하다. 그래서 역사적으로 다민족 국가의 많은 독재자들은 한 지역에 몰려 있는 소수민족을 다른 민족과 섞여서 흩어지도록 강제로 소개시키는 정책을 시행해 왔다.

또 세계 대다수의 국가가 다민족국가이고, 민족이나 인종적으로 섞여서 살아가는 상태에서 공민국인주의(civic nationalism)가 일반적인 것으로 되었다. 만약 이러한 상태에서 민족국인주의(ethnic nationalism)를 추구하게 된다면 국가내에서 또 다시 민족간에 갈라서야 하는 문제가 생기게 될 것이고 이러한 상황을 원하는 국가는 없기 때문이다. 공민국인주의(civic nationalism)에서는 민족, 인종 등과는 상관없이 개인의 의사에 따라 국인이 정해지는 것이기 때문에 현재 존재하고 있는 국가를 중심으로 국인이 형성되는 것이 일반적이다. 정치적으로 하나의 독자적인 단위임을 주장하는 집단이 국인(nation)이고, 이미 정치적 법적으로 독자적인 지위를 인정받은 집단

---

61 Shaw, 1989, p. 160

이 국가(state)라고 한다면 현재 대부분의 국가는 국인에 의하여 형성된 국인국가(nation-state)이다. 공민국인주의가 되면 국인주의 문제가 완화된다. 국민을 교육만 잘 시키면 모두가 하나의 국인이 되고 국인국가가 되기 때문이다. 따라서 오늘날에는 국인주의(nationalism)를 국가를 기준을 생각하더라도 차이가 크지 않음을 알 수 있다.

2. 국   가

국민, 영토, 주권은 국가의 기본요소이다. 국가는 사람의 집단이지만 아무나 국가의 구성원이 되는 것이 아니고 그 국가의 국민으로서의 사람이어야 한다. 그리고 아무 땅이나 해당되는 것이 아니라 그 국민들이 사는 특정된 땅이어야 한다. 이러한 영토와 국민을 기초로 이루어지는 공동체의 운영을 위한 조직, 즉 법과 제도 그리고 정부로써 국가가 조직되고 관리된다.

국민과 영토는 대부분 과거 씨족시대, 부족시대 때부터 내려온 사람들의 모임이고 이들이 살아온 땅들로 이루어진다. 그리고 국가는 국가내의 모든 문제에 있어서 누구도 간섭할 수 없는 절대적인 권한을 갖고 있다. 이는 국가가 본원적으로 갖고 있는 힘에 기초한 것이다. 힘을 갖고 있는 집단에 대해서 주권을 인정하지 않고 간섭하고 지배하려 든다면 분쟁이 발생할 수밖에 없기 때문이다. 국가는 혼자 존재하는 것이 아니라 다른 국가들과 그 주권을 상호 인정하는 가운데 국제관계가 형성된다.[62]

국가는 힘과 폭력을 기초로 하는 조직이다. 국가의 폭력성은 국가가 있기 이전부터 내려오던 집단의 폭력성을 이어받은 것이다. 집단의 문화에 따라 달랐겠지만 사람의 특성상 가족, 씨족, 부족 사회

---

62 Giddens, 1987, p. 171

에서도 힘과 폭력의 행사가 많았을 것이다. 그런데 국가체제가 들어서면서 폭력은 제도화 된다. 어느 국가에서나 국가내 폭력집단을 결성하는 것은 금지되어 있다. 집단적인 폭력은 국가만이 할 수 있는 국가독점적인 활동이기 때문이다. 막스 베버(Max Weber)는 국가를 물리적인 폭력을 합법적으로 독점 행사하는 기관이라 하였다.63 국가가 어느 집단보다 폭력의 행사에 있어서 약하다면 국가는 그 순간 무너지고 말 것이다. 국가는 죄를 지은 사람을 잡아서 처벌할 수 있어야 하고, 범죄집단을 소탕하고, 국가를 전복시키고자 하는 내란집단을 제압하여야 하고, 국가를 침략하는 외적들을 격퇴할 수 있어야 한다. 그래서 국내의 모든 사람은 국가의 결정에 따를 뿐만 아니라 외국의 세력도 그 국가의 의사를 존중해 줄 만큼의 힘이 있어야 한다.

국가는 자신의 힘에 의존하여 존재한다. 이웃 국가에 비하여 힘이 월등히 강한데도 자국의 힘을 사용하지 않는 국가는 없다. 모르겐소(Hans Morgenthau)는 최고의 힘을 갖고자 하는 욕구는 모든 국가에 있어서 공통적이며, 이는 인간의 본성에 기초한 객관적인 법칙이라고 하였다.64 국가간의 평화는 세력의 균형에 의해서 이루어지며 강국의 아량에 의해서 이루어지지 않는다. 동서양을 막론하고 국가의 세력이 강해지면 국가의 범위가 커지고 그 커지는 범위는 그 세력의 힘이 닿는 데까지였다. 역사상 가장 넓은 영토를 지배하였던 13세기의 몽고제국을 보더라도 징기스칸과 그 후예들이 그 정도의 영토확장에 만족해서 머문 것이 아니었다. 그 보다 더 넓게 온 땅을 다 지배하고 싶었겠지만 당시의 문명수준으로 한 집단의 사람들이 펼칠 수 있는 군사적인 역량이 그 이상을 허용하지 않았

---

63 Weber, 1918/1965
64 Morgenthau, 1948, p. 37

기 때문에 거기에서 머문 것이다.

국가가 이렇게 힘을 갖기 때문에 국가안의 사람들은 국가를 믿고 의지할 수 있다. 한편으로 국가의 힘이 자신에게 위협이 되기도 하지만 무정부상태보다 국가속에서 살아가는 것이 훨씬 낫다. 국가 내에서의 권리와 의무는 대개 정해져 있어서 여기에 맞추어 살기만 하면 무정부상태에서 직면하게 되는 많은 위험으로부터 벗어날 수 있기 때문이다. 그래서 칼 슈미트(Carl Schmitt)가 말한 대로 국가는 국민에게 보호를 제공하고 이에 대한 대가로 국민은 국가에 대하여 복종을 제공하게 된다.[65]

삐아제(J. Piaget)에 의하면 인지적 기능은 인간이 환경에 적응하려는 기본적인 경향성을 생득적으로 부여받고, 인지적 구조는 인간이 환경과의 상호작용을 통하여 구성해 나간다고 한다. 어린 아이는 성장하면서 점차 자기 자신에서 주변의 자기에 중요한 사람들에게로 관심을 갖게 되는 데 집단에 대한 애착도 이러한 사회화의 한 과정으로 보았다.[66] 이것은 집단이 인간의 기본적인 욕구를 채워줄 수 있기 때문이며, 국인주의도 이러한 사회화 과정에서 획득되는 것이라 하였다.[67] 이러한 면에서 볼 때 국가는 그 어느 집단보다 큰 애착의 대상으로 될 수밖에 없다. 국가는 개인의 안전과 생존을 위한 기본적인 욕구를 충족시켜줄 뿐만 아니라, 소속감과 정체성을 부여하고, 경제적 사회적 정치적 문화적 욕구를 충족시켜주고, 더 나아가 자아실현을 할 수 있는 기회를 제공해 줄 수 있기 때문이다.

---

[65] Schmitt, 2007, p. 52
[66] Piaget, 1965
[67] Druckman, 1994, pp. 45~46

3. 국가와 개인

1) 자국인과 외국인

자국에 대한 애착, 즉 사람들에 있어서 자신의 나라가 좋은 이유
를 보다 구체적으로 보기로 한다. 자국이 좋은 것은 먼저 개인이 자
국에 있을 때와 자국 바깥에 있을 때를 비교해 봄으로써 알 수 있다.

고대 로마에서 적(enemy)이라는 의미의 라틴어 "hostis"는 원래
이방인을 뜻했다. 로마뿐만 아니라 그 이전의 수메리안(Sumerian) 말
에서도 외국인이라는 말은 적(enemy)을 의미하였다. 수메르(Sumer)
가 있던 고대 메소포타미아 문명뿐만 아니라 이집트나 중국, 그리스
등 어디를 가더라도 외국인에 대한 인식은 크게 다르지 않았다. 외
국인은 곧 적이었던 것이다.

고대 이집트 중왕조 때의 귀족 집안에 대한 파피루스 문서를 조
사해본 결과 가내 하인과 노비의 이름 79개 중에서 아시아인 이름
이 45개였다.[68] 고대에는 전쟁의 포로를 노예로 삼았을 뿐만 아니
라 외지의 사람을 납치하여 노예로 삼는 경우도 많았다. 그래서 사
람들은 외국에 가게 되거나 낯선 땅에서 외국인을 만나는 것을 매
우 두려워하였다. 고대 이집트 문헌에 먼 길을 심부름가야 했던 전
령의 글귀에는 "사자와 아시아인을 만나게 되지 않을까 두려워하면
서 황야를 걷지 않으면 안 되었다."라고 쓰고 있다. 또한 고대에는
외국인을 짐승과 같은 부류로 간주하였다. 고대 이집트 문헌에는
파라오의 업적에 대한 기록에서 "사자를 제압하였다. 악어를 생포
했다.....그리고 아시아인들을 개처럼 기도록 만들었다"고 새겨놓고
있다고 한다.[69] 한국에서 오랑캐라고 하여 개에 비유하는 것과 크

---

68 Poo, 2005, p. 106
69 Poo, 2005, p. 74

게 다르지 않다.

플라톤의 『국가』에서도 소크라테스의 "그리스인과 야만인은 원래 원수이고 이들간의 싸움을 전쟁이라고 하며...."의 말에 대해서, 글라우콘이 "네 나도 그 견해에 동의합니다."라고 대답하는 대목이 나온다.[70] 이와 같이 고대 그리스 로마 문명에서도 다른 민족이나 나라 바깥의 사람들을 적대시하고 멸시하는 것이 일반화되어 있었음을 알 수 있다.

고대인들에 있어서 외국인은 원수로서 적개심의 대상일 뿐만 아니라 여기서 더 나아가 마귀로서 악의 상징이기도 하였다. 고대 메소포타미아나 이집트의 문헌을 보면 많은 악마나 주술사의 이름이 외국이름이었다. 고대인들도 국가에 재앙이 발생하면 이를 외국의 악마에게 책임지우고 외국에 대한 증오로 몰고 감으로써 국민들이 단합하여 재난을 극복토록 하는 방법으로 사용하였던 것이다. 이는 국가적인 재앙으로 자칫 정치지도자가 자신의 부덕의 소치로 몰릴 수도 있는 상황에서 국가와 국가 지도자에 매우 유용한 방법이었다. 현대에 있어서 1923년 일본 관동대지진 때 일본인들이 조선인들을 속죄양으로 삼아 재앙에 따른 슬픔과 분노를 이민족에 대한 증오로 몰아간 것과 별반 다르지 않다.

서양뿐만 아니라 동양에서도 마찬가지였다. 고대 중국은 BC 11세기 서주(西周)때부터[71] 자국은 문명국가이고, 주변의 국가들은 야만족으로 칭하였다. 자국은 중앙에 있는 중국(中國 central state, 華夏 Huaxia)이었고, 자신을 중심으로 동서남북에 있는 야만족을 동이(東

---

70 Bloom, 1991, p. 150
71 중국 주(周)나라(BC 1050~BC 256)의 전기를 말한다. 산시성(山西省) 시안(西安) 부근의 호경(鎬京)을 국도(國都)로 하던 시대를 말하며, 제1대 무왕(武王)부터 제12대 유왕(幽王)까지를 이른다. BC 770년에 수도를 낙양(洛陽)으로 옮기면서 동주시대로 되고, 동주시대는 다시 춘추시대와 전국시대로 나눠진다.

夷), 서융(西戎), 남만(南蠻), 북적(北狄)이라고 하여 이들을 통틀어서 만이융적(蠻夷戎狄) 또는 야만족 전체에 대한 대표적인 이름으로 이 (夷)라고 하여 사이(四夷)라고 불렀다. 이러한 전통은 계속 이어져 19세기 서양 사람들을 양이(洋夷)라고 하였다. 여기서 이(夷)는 글자 모양에서 알 수 있듯이 사람(人)을 밧줄로 둘둘 말아 묶어 놓았는데, 이는 곧 포로 또는 노예를 의미하는 것이다.[72] 중국사람들에 있어서 주변사람들은 잡아 묶어와야 할 정복의 대상이었던 것이다.[73]

자국인과 외국인을 차별하는 것은 사람의 자기집단을 위하는 집단이기적인 특성의 한 부류이다. 그리고 논리적으로 보더라도 자국민은 자국을 위해서 국가방위나 납세와 같은 의무를 지는 사람들이므로 이 같은 의무를 이행하지 않는 외국인과 적정한 범위에서 차별을 하는 것은 합리적이다. 그런데 과거 사람들이 살아온 과정에서의 자국인과 외국인의 차별은 그러한 범위의 것이 아니었다. 사람의 호전적 본성으로 인하여 자기집단과 타집단을 차별하는 것에 그치지 아니하고 이에 더 나아가 타집단을 원수로 생각하여 비하하고, 우롱하고, 짓밟고, 제거하려고 하였다. 이러한 것은 앞서 논의한 바 있는 내집단편향, 외국인혐오, 인간의 호전성 등과 같은 인간의 원초적 본성과 연관되어 있다. 옛날사람들은 자국에 산다는 것이 얼마나 다행스런 일이고 자국이 있다는 것이 얼마나 감사해야 할 일인가를 인식하면서 살 수밖에 없었다.

그런데 지금의 문명사회에서는 그렇지 않다. 사람들은 외국에 가서도 두려워하지 않고 그 나라 사람들과 마찬가지로 당당하게 생활한다. 세상이 바뀐 것이다. 국가간에 적대적인 관계가 해소되고 어느 국가 어느 지역으로 가든지 인간으로서 기본적인 권리를 누릴

---

72 만이융적은 갑골문자로서 그 한자 모양은 주변의 야만족을 치러갈 때 출정하기 전 점괘를 보는 과정에서 갑골에 나타난 형상에 의해서 만들어진 것이다.
73 Huang, 2014

수 있게 된 것이다. 그런데 이렇게 바뀌게 된 것은 국가에서 자국민을 보호하기 위하여 국가 상호간에 상대국 국민에 대해서 자국민과 동등한 대우를 부여하는 내국인대우(national treatment)를 해주기로 조약에서 약정했기 때문이다. 그렇다면 이것은 개인이 외국으로부터 직접 받은 권리가 아니라 자국이 자국민을 위해서 마련해준 조치 덕분에 갖게 된 혜택인 것이다. 따라서 이 또한 외국이 아니라 자국에 감사하고 자국을 사랑해야 할 이유가 된다.

2) 국가의 구속

중국의 『예기』에는 시아버지, 남편, 자식까지 호랑이한테 물려가는 수난을 당하면서도 가혹한 정치를 피해서 사회에 나가지 않고 산속에서 살아가는 여인의 이야기가 나온다.[74] 이와 같이 오래전의 옛날에는 가혹한 세금과 부역으로부터 벗어나거나 폭정을 피하여 오지의 산에 들어가서 화전을 개척하며 자급자족으로 살아갈 수 있었다.

그러나 지금은 화전을 개척하기 위해 산에서 불이라도 놓았다간 큰 일 난다. 소방당국이 출동하여 화재는 진압되고 그 사람은 방화범으로 붙들려 간다. 지금은 사회를 등지고 혼자 살 수 있는 방법이 없다. 사람이라면 누구나 사회분업의 어느 한 역할을 맡아서 사람들속에서 생존의 길을 찾아야 한다.

역사는 이같이 개인의 독립성은 점점 더 줄어들고, 개인에 대한 국가의 장악력은 점점 더 커지는 방향으로 가고 있다. 조선시대에도 국가가 백성을 관리하기 위하여 지금의 주민등록증제도와 같은 호패제도를 시행하였지만 지금처럼 엄정하게 관리되지 못했다. 병역이나 부역, 조세납부를 피하기 위하여 호패를 위조하거나, 수령하

---

74 『예기』, "단궁편"

지 않거나, 버리고 이주하는 사람이 많았기 때문이다. 그러나 지금의 경우는 사회에서 살아가는데 아주 작은 활동에서도 주민등록증이 있어야 하므로 국가에 대한 의무를 기피하거나 범법자의 신분으로서 살아간다는 것은 거의 불가능하다. 그리고 최근에는 통화내용 확인, 휴대폰 위치추적, 폐쇄회로 텔레비전(CCTV)에 의한 감시, 유전자정보에 의한 추적 등과 같은 다양한 형태의 개인에 대한 감시와 관리 능력을 가지면서 국가의 개인에 대한 통제력은 점점 더 커져가고 있다.

지금 세상에서 사람은 누구나 어느 국가이든 국가의 일원이 되어야 한다. 학교와 인연이 없어서 학적이 없는 사람은 있지만 국적이 없는 사람은 없다. 축구를 좋아하는 사람은 축구클럽회원이 되고 골프를 좋아하는 사람은 골프클럽회원이 되듯이 개인이 선택하여 회원이 되지만 국가에는 선택의 여지가 없다. 자신의 직장, 학교, 취미클럽, 교회 다 바꿀 수 있지만 민족은 바꿀 수 없고 국적은 바꾸기가 매우 어렵다. 그래서 국가는 가족과 같은 성격을 갖는다. 사람은 누구나 가족의 일원이듯이 국가의 일원이 되어야 한다. 개인에 있어서 가족이 운명과 같은 것이라면 국가도 운명과 같은 것이다.

그리고 사람은 자국을 벗어날 수가 없다. 거주이전의 자유는 국가내에서의 일이고 국가의 경계를 넘는 거주이전의 자유는 없다. 사람이 자신이 살던 국가에서 다른 국가로 가서 살게 되는 경우가 없는 것은 아니다. 그러나 다른 나라의 국적을 취득한다는 것은 보통 사람들에게 일상적으로 있을 수 있는 일이 아니므로 기본적으로 불가능하다고 해도 무난할 것이다. 먼저 법적·제도적으로 극히 특수한 경우를 제외하고는 임의로 자기가 살고 싶은 나라로 가서 사는 것이 허용되지 않는다. 다음으로 현실적으로 쉬운 일이 아니다. 국가마다 고유의 문화와 다른 생활양식을 갖고 있어 삶의 환경이 다르다. 다른 국가로 가게 되면 지금까지 익숙해진 환경의 편안함을 버리고 새로운 환경적응을 위한 어려움을 겪어야만 한다. 이것은 현실적으로 큰 장벽이다. 단순히 언어와 문화 문제만 생각해 보더라도 그렇다. 그 사회에서 사람들이 하는 말을 잘 못한다는 것은 엄청난 장애이다. 또 먹는 것, 행동하는 것, 생각하는 것 등등 모든 측면에서 자신에게 익숙한 것을 버리고 낯선 것을 새로 습득하여 다시금 익숙해지게 된다는 것은 쉽지 않은 일이다. 그렇기 때문에 사람은 누구나 자국에 매이게 되고 자신과 평생 함께해야 할 국가와 민족에 대하여 애착을 갖는 것은 자연스럽고도 현명한 선택이다.

3) 국가의 영향력

사람에 있어서 국가는 다른 어떤 집단보다 이해관계가 크다. 국가가 생긴 이래 사람들은 국가를 단위로 하여 그 토대위에서 삶을 이루어 왔기 때문에 국가는 개인의 삶에 심대한 영향을 주는 운명적인 집단이다. 평화롭고 풍요로운 국가에서 살아가는 운 좋은 사람들이 있는가 하면, 전쟁과 빈곤에 허덕이는 국가에서 살아가는 불운한 사람들도 있다. 또 국가에 의해 개인의 권리를 보장받기도 하고, 의무를 부과받기도 하며, 국가의 제도가 바뀜에 따라 개인은 유리하게 또는 불리하게 영향을 받게 된다.

개인에 있어서 자국에 잘 적응하는 것이 무엇보다 중요하다. 국가내에서 잘 적응한다는 것은 사회적인 지위를 누리면서 부귀영화를 누리게 됨을 의미하고, 잘 적응하지 못한다는 것은 사회의 밑바닥에서 어렵게 살거나 자신의 뜻을 펴보지 못하고 살아가게 됨을 의미한다. 아리스토텔레스(Aristotle)는 기본적인 삶을 충족하는 데 가정이 필요하다면 국가는 최고의 선을 달성하기 위해서 필요하다고 하였다.[75] 그런데 현대에 있어서는 기본적인 삶을 충족하는데 조차 국가가 필요하다.

사람이 살아가는데 자연이 제1의 환경이라면, 국가는 제2의 환경이 되었다. 국가 이전 시대의 사람의 삶이 자연의 평지위를 뛰는 육상경기와 같았다면 국가 이후 시대 사람들의 삶은 장애물경기와 같다. 국가사회가 만들어 놓은 갖가지 인위적인 제도의 틀을 넘거나 헤집거나 이를 이용해서 자신이 원하는 목표를 달성하지 않으면 안 된다. 국가의 제도를 잘 알고 이를 잘 활용하는 사람은 성공하고 이를 모르고 활용할 줄 모르는 사람은 성공할 수가 없다. 맹자는 "순천자(順天者)는 존(存)하고 역천자(逆天者)는 망(亡)이니라"[76]고 했는데, 국가가 천(天)이 된 것이다.

옛 설화를 보면 고구려의 온달처럼 공주 한번 잘 만나서 벼락출세를 하기도 하고, 반대로 백제의 도미설화[77]에서처럼 왕과 잘못 마주친 인연으로 평생을 힘들게 살아야 하는 불행을 맞기도 한다. 과거 전제정치시대에는 일반 평민들에 있어서 국가권력의 영향력은 매우 큰 것이었다. 현대에는 이런 일은 없게 되었지만 그래도 여전히 개인에 대한 국가의 영향력은 막강하다. 국방의 의무나 납세의 의무 등은 옛날이나 지금이나 다름없다. 여기서 더 적극적인 국가가 되고, 복지국가가 됨에 따라 개인이 국가에 더 많이 의존하지 않으면 안 되는 방향으로 가고 있다. 생활보조금수령, 구직, 실업수당수령, 각종사업에서 인허가, 자격취득, 유아양육지원제도, 보건의료제도, 금융제도, 주택제도, 입시제도 등등 개인이 국가의 제도와 정책을 모르고는 아무 일도 제대로 할 수 없다.

---

75 Aristoteles, *Politics,* 1252al−7
76 『맹자』, "이루(상)"
77 도미설화는 백제시대 어느 부인이 왕의 관심의 대상이 됨으로써 잘못도 없는 한 남편이 엄청난 불행을 맞게 되는 내용이다.

또 다른 하나는 법과 규범의 확대이다. 과거에는 도덕과 윤리적인 영역에 있던 문제들이 점점 더 많이 법규범과 제도속에 흡수되고 있는데, 이는 국가가 결정하게 되는 일이 그만큼 많아진다는 것을 의미한다. 예를 들면, 옛날에는 자기 자식이 남의 물건을 훔쳤을 때 아버지는 자신이 물건 주인에게 보상을 하고 스스로 자식에게 벌을 주고 교육을 시켰다. 그런데 지금은 아버지가 국가에 자식을 고발해서 처벌을 받도록 해야 한다. 선생님도 마찬가지이다. 과거에는 제자에게 매질하는 교사는 존경받지 못하는 선생님으로 사적인 관계에서 다루어졌지만, 이제는 이런 교사를 국가가 나서서 처벌함으로써 공적인 영역에서 다루어지게 되었다. 사랑, 존경, 봉사 등으로 이루어지는 사적 관계의 영역은 크게 축소되어진 것이다. 이런 결과로 개인의 삶에 대한 국가의 개입은 점점 늘어나면서 개인에 대한 국가의 영향력은 더욱 커져가고 있다.

지금 세계 대부분의 국가는 복지국가로 나아가고 있다. 이 복지국가의 개념도 국인주의와 무관하지 않다. 복지국가는 자국 부자의 소득을 거두어서 자국 빈민에게 나누어준다. 스웨덴의 빈민은 인도의 빈민보다 잘산다. 그런데도 스웨덴의 부자의 소득을 거두어서 인도의 빈민에게 나누어 주는 일은 없다. 왜 스웨덴 부자의 소득은 스웨덴사람에게만 재분배되어야 하는가? 사회가 철저한 개인주의라면 부부간이나 부자간에도 공동재산이 있을 수 없다. 부인이 남편의 돈을 마음대로 쓸 수 없는 것이다. 그러나 사회가 가족단위의 삶에 기초한다면 주머닛돈이 쌈짓돈 되고, 아버지가 돈 벌 때 자식도 함께 쓰고 자식이 돈 벌 때 아버지도 함께 쓰는 구조가 된다. 사회가 국가단위 구조라면 국가내에서 잘사는 사람과 못사는 사람이 함께 벌고 함께 쓰게 되는 것이다. 그렇다면 국가내에서만 부자와 빈민이 함께 돈을 쓰는 근거가 무엇인가? 같은 동포이기 때문에? 하나의 경제단위이기 때문에? 같은 국민으로서의 운명공동체이기 때문에? 무슨 내용으로 설명되든지 국인주의의 영역을 벗어나기 어렵다.

4) 국가의 후견

자국의 바깥에서 국가는 개인의 보호자이다. 초등학교 학생이 사고가 나면 학부모에게 연락하여 조치를 취하게 하듯이 어떤 사람이 외국에 나가서 사고가 나면 그 사람 국가의 대사관에 연락하여 조치를 취하게 할 것이다. 누구든지 외국에 나가서 무언가 잘못되어 체포, 구금, 억류, 납치와 같은 사고를 당했을 때 기댈 곳은 본국밖에 없다. 이 때 본국의 적극적인 조치 여부에 따라 곤경에서 빨리 벗어날 수도 있고 그렇지 않을 수도 있다. 또한 본국이 강국이고 역량이 있으면 그 만큼 어려움을 덜 당하게 되고, 본국이 약소국이고 역량이 없으면 그만큼 더 어려워진다. 여기에 더 나아가서 자국이 있으면 국가가 나를 위해서 힘을 써 주겠지만 자국이 없으면 나를 위해 힘을 써줄 통로조차 없다.

예를 들어, 1943년 4월, 미공군 339비행대대의 랜피에(Thomas Lanphier) 중위는 서태평양 기지를 시찰중이던 야마모토 이로소쿠 일본 해군사령관을 비행기에서 사살하여 해군십자훈장을 받고 일계급 특진에 국민적 영웅이 되었다. 반면에 1909년 10월, 대한민국 의병 참모중장 안중근은 한국의 침략을 주도한 이토 히로부미를 만주 하얼빈에서 사살하였다. 그는 러시아제국 관헌에 붙들려 일본측에 인계된 후 1910년 3월에 사형당하였다. 강하고 이기는 국가 집단의 개인과 약하고 지는 국가 집단의 개인이 맞게 되는 운명은 너무나 다르지 아니한가?

개인이 아무리 강해도 집단을 이길 수 없다. 그래서 우리 모두는 집단이 필요하고, 소속감은 인간의 기본적인 욕구이다. 국가는 소속감을 강하게 확인시켜 준다. 나를 위해 나서서 내게 힘이 되어주는 데에 국가만한 집단이 없다. 나를 위해서 싸워주는 데 국가보다 더 힘 있는 집단이 있다면 사람들은 그 집단을 선택할 수도 있을 것이다.

4. 충성의 합리적 근거

1) 개인의 정체성

정체성(identity)은 어떤 존재가 갖고 있는 본질적인 특성이다. 사람은 외모, 주변환경, 기억, 소망 등 타인과 다른 자신만의 실체가 있다는 것을 자각한다. 이러한 정체성은 다양한 상황에도 변하지 않고 자신의 존재를 설정하고 개인의 자의식과 독특성으로 유지된다.

이삭스(Harold Isaacs)는 모든 사람은 태어나면서부터 집단 정체성을 갖는다고 하였다. 그는 개인의 집단정체성으로 ① 신체특성 ② 이름 ③ 언어 ④ 종교 ⑤ 소속집단의 역사와 기원 ⑥ 국인(nation)과 민족 ⑦ 출생지의 지리 ⑧ 문화를 들었다.[78] 이러한 정체성은 주어지는 것으로서 개인이 마음대로 취사선택할 수 있는 것이 아니다. 정체성은 국가 및 민족과 매우 큰 관련성을 갖는다. 국가와 민족이 달라지면 개인의 외모, 이름, 언어, 종교, 소속집단의 역사와 기원, 지리, 문화 등 자신의 많은 부분이 달라지게 되기 때문이다.

사람은 복합적인 측면에서 특성을 갖고 있기 때문에 정체성도 복합적이다. 보통 이라크 사람은 자신을 첫째 아랍 사람, 둘째 수니파, 셋째 무슬림, 넷째 이라크인으로 정의한다[79]고 한다. 이와 같이 자신을 정의하는 형식은 지역과 문화에 따라서 다를 수 있는 것이다.

이러한 정체성으로서 국가와 관련된 부분이 국인의식이다. 영국

---

78 Isaacs, 1975
79 Thayer, 2004, Kindle loc. 3263/6047

으로부터의 독립을 원하는 스코틀랜드 사람은 자신은 영국인이라는 이름하에 살고 싶지 않고 스코틀랜드인으로 살고 싶다는 것이다. 1936년 손기정 선수가 베를린올림픽 마라톤에서 우승을 하였을 때 동아일보에서 그의 가슴에 일장기를 지운 것은 손기정 선수와 자신들이 일본인이 아니라는 것이다.

　국인의식에서 한국인 혹은 미국인이라는 의미는 그의 마음에서 한국인 혹은 미국인의 정체성을 갖고 있다는 것을 의미한다. 그런 마음을 갖게 되는 것은 대개 혈연, 출생지, 이민, 귀화 등에 근거하겠지만 일단 기본적으로 혈연이 절대적으로 큰 몫을 차지하게 된다. 즉 자신이 미국인이라고 생각하는 이유는 부모가 미국인이고 부모 슬하에서 커왔으므로 당연히 나는 미국인이라고 생각하는 것이다. 그의 부모가 미국 원주민인 인디언이든, 한국에서 이민 온 사람이든 마찬가지이다. 하지만 국인에 대한 정체성은 고정된 것이 아니라 상황에 따라 변할 수 있다. 미국인이 되고 싶어 미국에 왔지만 마음이 변하여 한국에 돌아갈 꿈을 꾸고 있는 이민자가 자신은 한국사람이라고 생각한다면 그는 한국인인 것이다. 그래서 국인의 정체성은 정치적인 조작의 대상이 되기도 한다. 한국의 경우를 보더라도 일제강점기에 한국 독립운동을 하던 사람이 변절하여 일본국 신민이 되는 일도 있었다.

2) 공동선

　국가가 잘되는 것이 개인에게도 좋은 경우가 많다. 일반적으로 모든 조직에서 자기가 몸담고 있는 집단의 이익이 자신에게도 이익이 되는 경우가 많지만 국가의 경우에는 특히 이러한 공동선의 영역이 넓다.

　자신이 소속한 회사의 분위기가 좋으면 자신의 회사생활이 그

만큼 좋을 것이고, 학교의 분위기가 좋으면 자신의 학교생활이 그
만큼 좋아지게 된다. 국가의 경우도 마찬가지이다. 그런데 국가의
경우는 개인의 삶과 관련되는 영역이 넓기 때문에 그만큼 국가가
좋으면 개인에게 좋은 것들이 더 많다.

일찍이 고대 그리스에서 공민정신이 생겨난 이유는 노예가 되는
두려움 때문이었다.[80] 전쟁에서 지면 노예로 되기 때문에 전쟁에
지지 않도록 모든 국민들은 총력전으로 싸우지 않으면 안 되었던
것이다. 그래서 사람들은 국가의 일에 적극적으로 나섰고 민주주의
도 이와 함께 발전할 수 있었다. 아리스토텔레스가 인간을 정치적
동물로 규정한 것도 공동체의 문제에 개인이 초연할 수 없는 사람
들의 행태 때문이다.

『삼국사기』에 의하면 고구려 패망 이후 당나라 고종이 2만 8천
3백호의 고구려주민을 중국의 인구 희소지역에 이주시켰다고 하고
있고,[81] 백제가 패망한 이후 당나라 장군 소정방이 백제 의자왕과
신하 93명, 백성 1만 2천명을 사로잡아 갔다고 기록하고 있다.[82] 전
쟁에서의 패배로서 고구려와 백제 사람들은 가혹한 운명을 맞게 된
것이다. 고대 한국이나 그리스나 동서양에 별반 차이가 없었다. 국
가의 운명과 개인의 운명이 함께 연결되어 있었던 것이다.

나라가 평화롭고 안정적이면 이 속에 살아가는 국민들은 행복하
게 살아갈 수 있지만 나라가 전쟁, 내란, 재난을 겪게 되면 개인은
생명의 안전을 위협받게 되고 살기가 힘들어진다. 나라가 전쟁이
났는데 혼자서 일상의 평온을 누릴 수는 없는 일이다. 전쟁과 같은
큰 변란이 아닌 일상에서도 마찬가지이다. 한국사람으로서 한국경
제가 좋아지면 좋은 일자리를 선택할 수 있는 기회도 많아지고, 임

---

80 Citizenship, 2015
81 김부식, 『삼국사기』, "고구려 본기"
82 김부식, 『삼국사기』, "신라 본기"

금수준도 올라가고, 좋은 물건을 더 많이 소비할 수 있다. 그러나 다른 나라 경제가 좋아진다고 해서 국내에서와 똑같은 일이 일어나는 것이 아니다. 한국이 IMF사태 경제위기를 맞아 전 국민이 고통을 받고 있을 때 그리스 국민에게는 아무 일도 없었다. 그리스 국민이 고통 받는 것은 그리스에 경제위기가 왔을 때이다. 이처럼 나라의 경제가 어려우면 그 국민 또한 힘들어지게 된다. 그래서 한국인은 한국경제가 잘되기를 바란다. 경제뿐만 아니라 정치나 문화나 사회제반영역에서 마찬가지로 한국이 잘되기를 바란다.

사람은 부류로서 평가받는 경우가 많다. 지금도 결혼조건에서 무슨 대학에 나왔느냐가 중요하고, 많은 가짜 향수들이 "프랑스산 (Made in France)"으로 표기되고, 많은 모조품들이 유명상표를 달고 나온다. 2014년 월드컵에서 독일이 우승하였다. 월드컵이 끝나고 미국 어느 대학의 한 독일인 학생이 말하기를 월드컵 이후 사람들이 자신한테 이전보다 더 우호적으로 되었다고 하였다. 독일이 축구에서 강하면서도 점잖은 모습으로 우승을 거두었기 때문에 독일인에 대한 평가가 올라간 것이다. 이와 같이 우리는 국가집단의 일원으로서 부류로 평가된다. 국가가 잘되면 나에 대한 이미지도 좋아지게 되는 것이다.

또 사람은 부분으로 전체를 평가한다. 앞의 월드컵 축구에서 축구팀에 의해서 독일전체가 평가된 것이다. 한국에는 가문의 영광이라는 말도 있다. 자신이 잘되면 나 하나에 그치지 아니하고 가문전체에 영광이 된다는 것이다. 과거 한국에서는 집안에 어떤 훌륭한 사람이 나왔는가가 중요하고 또 어느 가문인가가 중요하였기 때문에 이런 말도 생겨나게 된 것이다. 명문가라 하여 집안의 후광을 업기도 하고, 또 나로 인하여 가문이 평가받기도 하는 것이다.

이와 같이 함께 살아가야 하는 상황에서 서로 협력하여 살게 되면 더 좋은 사회가 되고, 이러한 사회에서 사는 개인이 더 좋은 삶을 살아가게 된다. 현대인이 살아가는 삶의 반경이 국가단위로 이루어지기 때문에 자신이 사는 곳이 좋은 삶의 환경을 가진 국가로 되는 것이 중요하고 이를 위하여 개인도 참여하여 함께 만들어가게 되는 것이다.

3) 일체감

국가는 다른 어떤 집단보다 개인의 삶과 더 밀착되어 있기 때문에 사람들은 국가에 대하여 일체감을 느끼게 된다. 많은 사람들에게 있어서 국가는 자신의 삶을 더 안전하게 하고 의미있게 하며 자기 존재감을 갖는데 긍정적인 영향을 주게 된다. 보통의 사람들에게 있어서 외국에 나가서 자국에 대한 모욕의 말을 듣는 것보다 더 참기 어려운 것은 없다. 적지 않은 사람들이 국가가 없으면 자신도 없다고 생각하고, 국가의 번영이 나의 행복과 직결된다고 생각하며, 국가가 망하면 절대 안 된다고 생각하는 것이다.

사람에 따라서는 가족을 위해서 헌신적으로 살아가는 사람도 있고, 이와 반대로 가족을 남처럼 생각하는 사람도 있다. 국가도 마찬가지이다. 국가를 자신에게 매우 중요하다고 생각하는 사람도 있고, 자신과 상관없는 것으로 생각하는 사람도 있다. 이것은 개인에 따라 다를 뿐만 아니라 사회에 따라 다르다. 어떠한 부류의 개인이 많은가는 그 사회의 윤리관이나 문화에 따라서 달라지게 되는 것이다.

한국사람들의 경우는 가족을 사랑하는 마음이 매우 강할 뿐만 아니라 나라를 사랑하는 마음도 매우 강하다. 역사적으로 외침이 있었을 때 수많은 의병들이 일어나서 나라를 수호하였고, 나라가 어려울 때 수많은 의사와 지사들이 나라를 위하여 자신의 몸을 바치는데 망설임이 없었다. 일제시대에 수많은 독립투사들이 활약하였고,

국채보상운동이나 계몽운동과 같은 나라를 위한 일에 나서는 사람들이 많았다. 그리고 최근 IMF사태 금모으기 운동만 보더라도 수많은 사람들이 이를 당연한 것으로 생각하고 동참하였다. 국가를 위해서 사유재산을 내놓는다는 것은 국가의 재산과 개인의 재산을 동일시한다는 것이다. 이러한 면은 한국인의 국가에 대한 일체감이 얼마나 강한가를 보여주는 실례이다.

이 같은 일체감은 사람의 마음속 깊은 곳에 있는 정서의 일부로서 단시일내에 형성되는 것이 아니라 긴 세월을 거쳐서 형성된다. 사람들이 오랜 기간 함께 살아가는 동안에 공통의 삶의 역사를 겪고 같은 경험을 하면서 그들만의 기쁨, 슬픔, 그리고 아픈 기억을 공유하게 된다. 이러한 가운데 사람들 상호간에 형제애를 갖게 되고 자신들에게 도움이 되었던 이웃국가나 집단에 대해서는 우호적인 감정을 갖게 되고, 자신들을 힘들게 했던 이웃국가나 집단에 대해서는 적개심을 가지면서 집단적인 감정을 형성하게 되는 것이다.

5. 국인주의의 동원

국인주의는 주로 다른 국가 혹은 다른 국인집단을 의식하면서 발생하게 된다. 사람의 타고난 경쟁의식과 자기집단에 대한 애착과 타집단에 대한 배척의 집단심리에 기초하고 있다. 현실적으로 하나의 국가에 둘 이상의 국인이 함께 살아가다가 어느 국인집단이 자신들만의 국가로 분리 독립을 원하게 될 때 독립국인주의가 생기게 된다. 또한 기존의 국가에서 다른 국가 및 국인과의 갈등관계나 경쟁적인 상황속에서 국인주의가 발생하게 된다.

1) 국가의 수립

역사시대 이후 국가에 의한 통치권역밖의 지역은 많지 않았으므로 새로이 국가를 수립한다는 것은 대부분 국가내 일부분의 사람들이 기존 국가로부터 독립하여 자신들의 국가를 세우게 됨을 의미한다.

새로운 국가를 수립하기 위해서는 기존 국가의 통치로부터 벗어나야 하고 국가라는 매우 큰 조직을 새롭게 창설해야 한다. 그리고 어느 나라이든 자국의 일부분이 분리 독립됨으로써 이전보다 작은 국가로 축소되는 것을 원치 않기 때문에 원래의 국가는 대부분 독립을 저지하려 한다. 그래서 평화적인 분리 독립은 역사적으로 드문 일이다. 그렇기 때문에 기존국가의 힘으로부터 벗어나서 자신들만의 국가를 수립한다는 것은 수많은 사람의 힘과 의지가 결집되어야만 가능하다. 수많은 사람들이 자신들만의 국가속에 살아야겠다는 생각을 하게 되는 데는 정치적, 경제적, 사회적, 문화적 요인을 비롯한 다양한 요인들이 그 동기로서 작용할 수 있다. 또 사람들이 이러한 마음을 갖고 있다고 하더라도 그 자체로서는 아무런 의미가 없다. 이러한 마음을 결집하여 국가수립의 어려운 과정을 수행해 나갈 수 있을 만큼 힘과 역량이 동원될 수 있어야 한다.

여기에 정치적 지도자의 역할이 필요하다. 국인들은 대개 오랜 역사적 과정에서 국가를 계속적으로 갖고 있었거나 국가를 가진 적이 있었던 사람들의 집단이다. 정치적 지도자는 과거의 역사와 신화와 상징을 환기시켜 집단의 정체성을 부각시키고, 사람들이 현 상황에서 자신들이 이대로 살아가는 것이 적절하지 않음을 느끼고, 그래서 반드시 독립을 쟁취해야겠다는 의지를 갖도록 이끌어야 한다. 이러한 과정을 통하여 개개인의 의지가 굳어지고 대다수 국인의 마음이 모아지게 되어 독립을 향한 의지를 실천할 수 있는 길로 나아갈 수 있게 되는 것이다. 이러한 과정은 제2장에서 본 바와 같이 기존 국인주의 이론들에 의하여 이미 설명되었다.

2) 국가간 갈등과 국인주의

국가가 다른 국가로부터 피해를 당하게 되거나 압력을 받게 될 때에도 국인주의가 발생한다. 다른 집단으로부터 위협받거나 공격 당하는 상황에서 국인주의는 자기집단을 단합시킴으로써 집단의 힘을 강화시키는 역할을 한다.

이 같은 국가간의 갈등상황에서 국가는 자국이 처한 상황과 보유한 힘에 따라 타집단의 부당한 행태나 과오를 비난하고 시정을 요구하거나 자국민의 선민의식이나 사명감을 고취시키기도 한다.

국가간의 전쟁으로 한 나라가 다른 나라를 흡수 합병하게 되면 그 나라는 복수국인국가가 되고, 이로 인해 이전의 국인주의는 더 이상 유지하기 어렵게 된다. 통합된 하나의 국가로서 새로운 국인을 형성할 수도 있지만 이것은 시간이 걸리는 작업이다. 국인은 역사성을 갖고 있기 때문이다. 통합된 국가의 새로운 국인으로서의 틀이 형성되기도 전에 억눌려져 있던 피지배 국인의 힘이 먼저 작동함으로써 다시 분리 독립하게 될 가능성이 더 높다.

반대로 방어적인 입장에 있는 피침략국에 있어서 국인주의는 자신을 보존하는 최후의 생명력이다. 다른 국가에 의해서 공격을 당하게 되면 국인주의는 더 강하게 일어난다. 다른 국가의 지배를 받게 되거나 흡수 통합되어 국가가 없어지는 경우에도 국인주의는 살아남을 수 있다. 그리고 국인주의가 살아 있는 한 지금 당장은 가능하지 않다고 하더라도 훗날에 다시 국가를 찾을 수 있다. "국사(國史)가 망하지 아니하면 국혼(國魂)은 살아 있으므로 그 나라는 망하지 않는다"고 했던 박은식 선생의 말이 여기에 해당된다. 국인주의는 국혼이다. 국인주의는 피침략국의 최후의 보루이자 침략국이 가장 극복하기 어려운 성채인 것이다.

이렇게 볼 때 국인주의는 강대국과 약소국간에 국가간 공평성을 유지하는 힘으로 작용한다. 국인주의는 국가들간 약육강식의 세계에서 강자의 무자비한 질주를 막을 수 있는 많지 않은 저지 수단의 하나로서 강대국에 의한 권력의 집중화·비대화를 막고 세상을 보다 공평하게 하는 기능을 하는 것이다.

3) 일상의 애국심

국가가 생긴 이래로 개인은 국가를 위하도록 국가와 사회로부터 오랜 기간 동안 끊임없이 교육받아왔고 그래서 국가를 위하는 마음은 개인의 기본적인 도덕이자 사회적인 습속으로 되었다.

호머의 이야기에서 보면 전쟁에서 죽은 영웅들은 최고의 존경대상이다. 이는 이디오피아나 중국이나 아메리카 인디언들의 이야기에서도 마찬가지이다. 태평양 전투에서 자살공격의 임무를 맡고 출격하는 가미가제 병사들에게 일본인들은 최고의 영웅으로서 찬사를 아끼지 않았다. 이 같이 동서고금을 막론하고 나라를 위해서 몸 바친 사람보다 더한 영웅은 없으며, 어느 나라 할 것 없이 현충일이나 전승일은 절대 잊고 넘어가서는 안 되는 중요한 기념일이다.

국인주의(nationalism)는 국력이다. 전쟁에서 애국심은 곧 전투력이고 승패를 좌우하는 중대한 요소이다. 전쟁뿐만 아니라 국가적인 어려움이 있을 때 국민이 단합하여 국가를 위하는 마음을 갖게 될 때 국난극복에 큰 동력이 된다. 국가를 위하는 마음이 필요한 것은 전쟁과 같은 위기상황에 한정되지 않는다. 국가가 일상에서도 국민의 애국심을 동원하지 않을 수 없는 예를 들어 보기로 하자.

개발도상국의 경우는 선진국에 비하여 상품 경쟁력이 떨어지고

국내시장규모가 적어 국내산업을 발전시키는 데에 어려움이 따른
다. 국내에서 수요가 있어야 경제적인 규모로 생산할 수 있고, 생산
이 계속 이어져야 기술발전도 되고, 산업이 정착될 수가 있는데 초
기에 국내수요를 확보하기가 어렵다. 이미 경쟁력을 확보하고 있는
외국상품들이 있기 때문이다. 국내수요를 확보하기 위하여 수입을
제한하면 되겠지만 자국이 수입을 제한하면 외국도 수입제한을 할
것이고 그렇게 되면 자국의 수출이 줄어든다. 뿐만 아니라 현실적
으로 자유무역을 추구하는 WTO체제에서 이와 같은 보호주의 정책
수단은 사용할 수도 없게 되어 있다. 이때 국인주의는 큰 역할을
할 수 있다. 국민들이 알아서 자국상품을 사용해주면 수입제한 같
은 것은 필요가 없다. 국민들 스스로 자국상품을 사용하겠다는데
외국이나 WTO나 누구든 시비할 수 없다. 이와 같이 국인주의는 개
발도상국에서 경제발전의 궤도 진입에 성공여부를 결정짓는 중요한
요소가 될 수도 있다. 이는 비단 개발도상국에서 뿐만 아니라 선진
국에서도 마찬가지이다. 경쟁이 치열한 개방경제하에서 국민들의
자국민, 자국기업, 자국상품을 사랑하는 마음이 국제경쟁력이 된다.

그래서 국가는 개인이 애국심을 갖도록 알게 모르게 국민들을 끊
임없이 교육시키고 애국사상을 주입시키게 된다. 또한 어느 국가든
지 자국을 위하는 사람에게는 애국자로서 후한 보상을 내리지만 해
하는 사람에게는 매국노로서 엄한 벌을 내린다. 국가가 일상에 있어
서 애국심을 요구하는 이유는, 하나는 좋은 사회를 만들 수 있기 때
문이고, 다른 하나는 강한 국가를 만들 수 있기 때문이다. 국가의 구
성원이 집단전체를 위하는 마음을 가질 때 사회는 더 좋아지게 된다.
또 평상시에 국민들이 애국심을 갖게 되면 국가의 위기상황에서도
국가는 단결된 힘을 발휘할 수 있다.

국가와 개인은 공동의 선을 달성할 수 있는 관계이므로 자신을

위해서라도 자국을 위하는 마음은 필요하다. 그런데 여기서 두 가지의 문제가 발생한다. 하나는 국가가 개인에게 자국을 위하는 마음을 필요한 분량 이상으로 끌어내려고 한다는 점이고, 다른 하나는 애국심을 발휘하는 공헌자와 애국심으로 인한 수혜자간의 형평성 문제가 발생할 수 있다는 점이다. 국가는 조국에 대한 충성이라는 이름하에 사람들을 죽음으로 내몰고 과도한 희생을 강요하기도 한다. 국가에 대한 충성은 많으면 많을 수록 더 좋다는 식으로 그 요구되는 충성의 양에 한계가 없다. 또 국가가 잘되면 그에 비례하여 그 속에 살고 있는 개인도 잘되는 것이 이상적이다. 그러나 현실에서는 이러한 이상과 거리가 먼 경우도 많다. 앞의 예에서 국민들은 열심히 자산산 제품을 사용하는데 기업가들은 이를 이용해서 기술개발과 품질향상보다는 기업이윤 축적에만 몰두하거나 축적한 부를 외국의 호화사치품 소비에 탕진하는 경우도 많기 때문이다. 또 희생만 하고 보상을 받지 못한 한국의 독립운동가들 이야기도 여기에 해당된다. 국가가 잘되는 것이 개인에게도 잘되는 것이 되는 공동선 없이 국가를 위해서 개인은 희생만 해야 한다면 이는 결코 바람직하다고 할 수 없다.

그럼에도 국가는 이와 상관없이 국민에게 더 많은 충성을 끌어내려고만 한다. 대부분의 독재자가 개인의 자유를 빼앗고 억압하는 명분은 국가를 위해서이다. 또 독재자가 아니라 할지라도 대부분의 국가의 지배층은 비례성에 해당되는 것 이상으로 국민들에게 나라사랑을 강조하게 된다. 지배층은 현재의 국가에서만 자신의 지위를 누릴 수 있으므로 국가의 안녕이 일반국민보다 더 절실하다. 따라서 지배층은 항상 국민들에게 국민적인 단합과 국가를 생각하는 마음의 중요성을 실제 필요한 분량 이상으로 강조하게 되는 것이다.

4) 권력엘리트와 국인주의

국가 권력엘리트들이 자신의 이익을 위하여 자주 동원하는 수단 중의 하나가 국인주의(nationalism)이다. 국인주의만큼 쉽게 대중의 마음을 사로잡는 것도 없으므로 민주주의 정치체제에서도 권력엘리트들이 자신의 권력을 쟁취하고 유지하는 데에 국인주의는 매우 유용한 수단이 되는 것이다.

권력엘리트들이 국인주의(nationalism)를 활용하는 경우로서 대개 다음 네 가지를 들 수 있다. 첫째, 권력의 쟁취나 유지를 위하여 국인주의를 자극하는 것이다. 현재의 권력자가 외국으로부터의 위협을 호소하면 국민들은 현재의 정부를 중심으로 하여 단합하려 한다. 또 선거에서 국민들이 싫어하는 외국을 비난하면 국민들은 이 정치가가 자신을 잘 대표한다고 생각하고 지지하게 된다. 둘째, 자신의 약점이 있는 권력자가 이에 대한 관심과 시선을 다른 곳으로 돌릴 목적으로 더욱 민감한 국인주의를 자극하는 것이다.[83] 셋째, 정적을 공격하거나 자신을 수비하기 위하여 대중의 국인주의의 감정적인 요소를 동원하는 것이다.[84] 넷째, 팽창적 대외정책을 수행하기 위하여 외국침략에 대한 국가여론을 결집하고 자원을 모으기 위하여 국인주의에 호소하게 된다.[85]

국인주의가 정략적으로 이용될 때 국가에 도움이 되기보다는 국가의 이익을 희생하여 소수의 권력자가 이익을 취하게 된다. 이러한 결과로 개인들은 대가없는 희생을 강요당하게 되고, 국제평화를 파괴하는 결과로 이어지는 것이 대부분이다.

---

83 Evera, 1994, pp. 5~39
84 Gagnon, 1994/95, pp. 130~166
85 Snyder, 1991, p. 15

5) 국인의 국인주의

국인주의를 불러일으키고 유지하는 것이 국가 전체를 위하기도 하고, 또는 일부 사람들을 위하기도 하는 가운데, 이러한 것들이 한데 어우러져 국인주의가 존재하게 된다. 사람들은 국가와 민족을 위한다는 명분하에 전장에서 목숨을 바치고, 부상당하고, 삶의 터전을 상실하면서 자신이 원했던 삶을 살지 못하게 된다.

그러나 국인주의를 버린다고 해서 이러한 상황으로부터 해방되는 것은 아니다. 외국의 지배를 당한다고 해도 마찬가지로 또다시 그 국가를 위해서 애국을 강요당하고 동원된다. 외국의 지배하에서는 이에 더 나아가 다른 민족에 의해서 차별당하기까지 하는 가운데, 힘에 끌려서 노예처럼 피동적으로 살게 될 수 있고, 이는 더욱 감내하기 어렵다. 이에 비해서 자국에 대한 사랑은 내집단편향의 본능에 순치하는 것이어서 자발성과 자율성의 삶의 동력이 작용하게 되어 훨씬 더 낫다. 그리고 자국이 있음으로써 자신들이 살아온 전통과 관습, 그리고 고유의 삶의 방식을 지키면서 살아갈 수 있다. 생각, 믿음, 언어가 다른 사람들속에서 자신에게 자연스러운 방식으로 편히 살아가지 못한다는 것은 견딜 수 없는 일이다. 국가조직속에서 내가 혜택을 보기도 하고 손해를 보기도 하며, 일부의 사람들은 이익을 편취하고 일부사람들은 희생당하기도 하지만, 이것은 속성상 모든 조직에 공통되는 것으로서 어느 정도 감내해야 할 부분이다.

그래서 사람들은 국가에 의해서 혹은 지배엘리트들에 의해서 착취당하기도 하지만 그래도 내 나라안에서 그렇게 되는 것이 더 나으며, 고향땅을 지키며 정든 사람들과 함께 살아가는 것이 무엇보다 좋다고 생각한다. 사람들은 국인은 자연적으로 나눠지는 것이며,

이렇게 자연적으로 형성된 국인대로 나눠져 살아가는 것이 가장 이상적인 방법이라 믿는 것이다.

제3절 | 결 론

자국에 애착을 갖는 국인주의(nationalism)는 자기집단에 대하여 애착을 갖는 인간의 기본적 본성에 기초하고 있다. 원시시대부터 집단은 자신의 생존을 위한 도구였다. 치열한 경쟁속에 사람들은 자연에 대항해 투쟁해야 했을 뿐만 아니라 다른 사람들과 생존을 위한 투쟁을 하면서 살아야 했기 때문이다. 나의 생존을 도와줄 수 있는 것은 나의 집단이었고, 나의 집단이 아닌 다른 집단은 나의 생존을 위협하는 존재였다. 이러한 환경에서 오랫동안 살았기 때문에 사람은 일찍이 집단에 대한 뚜렷한 하나의 성향을 갖게 되었다. 자기집단을 감싸고 다른 집단을 배척하는 것이다.

그런데 대부분의 사람에 있어서 국가에 대한 애착은 다른 집단에 대한 애착보다 더 특별하다. 회사를 위해서 희생하겠다는 사람은 드물지만, 국가를 위해서는 목숨조차 아까워하지 않는 사람도 있다. 이에 대한 이유는 무엇일까? 그것은 국가가 갖는 개인에 대한 이해관계가 다른 집단에 비해서 더 크기 때문이다. 국가는 원시시대에 개인이 생사를 함께 하던 집단의 역할을 계승한 집단으로서 개인의 안전과 삶의 목표를 실현하는데 절대적으로 중요한 위치에 있다.

국인주의는 과거로부터 내려온 인간의 본성에 기초하고 있지만 현재에 있어서 개인의 이성적인 판단을 기준으로 생각해도 충분히 이해가 되는 부분이다. 따라서 국인주의는 인간의 본성적인 면과 이성적인 면의 두 가지 측면에서 생각할 수 있다. 본성적인 면에서

사람이라는 동물은 오랜 생존투쟁의 과정에서 자기집단에 대하여
애착을 갖도록 진화해 오게 되었다는 점이다. 그리고 이성적인 면
에서는 개개인에 있어서 국가에 의지하고 국가에 애착을 갖는 것이
자신에게 유리한 합리적인 선택이라는 것이다.

제 4 장

요약 및 결론

제4장 | 요약 및 결론

  본서가 의도하는 바는 크게 세 가지였다. 첫째는 국인주의(na-tionalism)와 관련된 용어를 정리하는 것이며, 둘째는 국인주의 이론을 살펴보는 것이고, 셋째는 기존의 이론을 넘어 국인주의 발생 원인을 찾아보는 것이다.

  한국은 국인주의에서는 강국으로 인정받지만, 국인주의에 대한 연구에서는 큰 열정을 보여주지 못하는 것 같다. 내셔널리즘과 민족주의의 용어에서의 혼란이 이 분야 연구에 대한 열정을 펴지 못하게 하지 않았나 생각한다.

  네이션(nation), 내셔널리즘(nationalism)은 민족, 민족주의가 아니고, 국민, 국민주의도 아니다. 현재 여기에 맞는 말이 없다. 지금 우리는 네이션, 내셔널리즘을 민족, 민족주의라고 하고 있지만 이것이 맞지 않을 때에는 국민, 국민주의라고 하기도 한다. 그러다 보니 똑같은 네이션인데 문학에서는 민족주의 문학이라고 하여 민족이 되고, 음악에서는 국민주의 음악이라고 하여 국민이 되며, 경제에서는 내국민대우[1]라 하여 내국민으로 된다. Nation이라는 이 말을 소화시키지 못해 하나의 개념을 두고, 다른 여러 용어를 사용함으로써 쉬운 것이 어려워지고, 단순한 것이 복잡한 것으로 되고 있다. 국인이라고 하면 이 말 하나로 모든 분야에서 다 쉽게 통일적으로 사용할 수 있는데도 말이다.

앞에서 살펴본 국인주의 이론에서도 알 수 있듯이 네이션을 민족이라고 이해해서는 뜻이 전혀 통하지 않는다. 근대주의 이론에서 근대 이전에는 네이션(nation)이 없었다는 말을 민족이 없었다고 번역하게 되면 어떻게 이해가 가능하겠는가? 고대로부터 그리스민족, 유태민족, 게르만민족, 한족, 여진족, 거란족 등등 수많은 민족들이 있었는데 근대 이전에 민족이 없었다니? 무슨 말인지 도대체 이해가 되지 않는다.

이렇게 용어가 정립되지 않은 것은 학문발전에 큰 장애요인이 될 수밖에 없다. 특히 국인주의 연구에 있어서는 그 중심용어인 네이션, 내셔널리즘을 제대로 정확하게 표현할 말이 없는 상태에서 훌륭한 연구들이 쏟아져 나오기를 기대할 수는 없는 일이다. 그 동안 여러 사람들이 네이션(nation)과 민족, 내셔널리즘(nationalism)과 민족주의가 일치되지 않는 부분에 대해서 인식하고 있었고, 이에 대한 문제를 지적하기도 하였다. 어떤 사람은 그냥 네이션, 내셔널리즘이라고 하자고 하는데 이것은 좋은 방안이라 할 수 없다. 이렇게 한다면 코스폴리타니즘, 캐피탈리즘, 유니버설리즘 등등 앞으로 모두 이런 식으로 하여 우리말을 포기할 수는 없는 것이고, 이렇게 부른다고 하더라도 네이션, 내셔널리즘을 설명할 말이 있어야 하는데 이 설명할 말로 가장 적합한 용어가 바로 국인, 국인주의 또는

1 national treatment

자국주의가 된다.2 이 모든 사항들을 고려할 때 네이션을 국인이라
고 하고, 내셔널리즘을 국인주의라고 이름하는 것이 최상의 방안이
라고 생각된다. 이렇게 하면 내셔널리즘의 개념을 정확하게 표현하
고 전달하게 될 뿐만 아니라 지금과 같은 용어의 혼동에서 오는 문
제를 해결할 수 있다. 국인주의가 익숙하지 않아서 문제가 된다면
자국주의라는 용어를 사용해도 무방하리라고 생각한다.

현재 국인주의 연구의 중심은 유럽이다. 그리고 이들 연구는 원
초주의, 영속주의, 근대주의, 민족상징주의 등으로 나눌 수 있는데,
크게 보면 사람의 본성에 중점을 두는 원초주의와 사회적인 상황의
변화에 중점을 두는 근대주의로 대립된다. 원초주의는 오래전부터
내려오던 생각을 바탕으로 하고 있는 반면에, 근대주의는 1960년대
이후에 발생하여 짧은 기간에 많은 지지를 얻고 지금은 국인주의
연구의 주류가 되었다. 근대주의는 학자마다 그 주장 내용이 다양
하지만 공통된 것은 말 그대로 근대화로 인하여 국인주의가 발생하
고 국인(nation)이 생기게 되었다는 것이다.

그런데 근대주의 이론에서 연구의 초점으로 두고 있는 근대화과
정이란 지금으로부터 200여 년 전의 프랑스 혁명 이후에 있었던 사
회변화과정을 말한다. 그래서 근대주의 이론의 주요 내용은 유럽의
근대화과정의 역사연구가 되고, 근대주의가 국인주의 연구의 주류
이다 보니 국인주의 연구는 세계전체가 아니라 한 지역에 편중된
모습을 감추기 어렵다. 이러한 학문적인 조류에 따라 비유럽의 여
러 지역에서도 근대주의 이론의 틀에 맞추어 연구가 되고 있지만

2 네이션, 내셔널리즘이라는 말을 사용하지 않는 것이 좋은 또 다른 이유가 있
다. 국인주의 이론에서 근대주의자들은 네이션(nation)은 근대에 서구에서 형
성된 개념이라고 말한다. 한국에서 네이션이라고 말하면 서구에서 도입한 말
을 사용하는 한국으로서는 국인 자체도 서구로부터 전수받은 것으로 당연시
하게 되고, 근대 이전에 한국에 국인이 있었다는 주장이나 논의를 하는 데
방해요소가 될 수 있다.

별 인기를 누리지 못하고 있다. 18~19세기 선진국에서의 근대화는
개발도상국에서는 20세기에 해당한다. 국가의식을 갖는 사람들의
집단인 국인이 개발도상국에서는 20세기가 되어서야 형성되었다는
것이 이들 국가로서는 받아들이기 어렵고, 받아들인다고 하더라고
별 의미 없는 것이 되고 만다. 근대주의 이론대로라면 사람들의 자
기나라에 대한 열망으로 이루어진 국가가 근대화기 유럽에서 처음
생겨났다는 것이며, 그 이전에는 세계 어디에도 이와 같은 나라가
있었던 적이 없다는 것이다. 세계에는 유럽뿐만 아니라 다른 지역
에서도 오랜 역사속에 다양한 형태의 국가가 있어온 것을 생각하면
이것은 세계의 모든 나라를 다 조사해보기 전에는 알 수 없는 일이
다. 그럼에도 불구하고 국인(nation)이라는 개념을 유럽에서 만들어
서 전 세계에 보급했다는 식의 인식은 유럽의 국인주의 연구자들의
시야가 유럽에만 한정되어 있다거나 유럽중심주의적이라는 비판을
면키 어렵다. 한국만 하더라도 7세기 신라국인이나 10세기 고려국
인이 국인이 아니라고 한다면 이는 근대주의 이론의 틀속에서만 가
능한 생각이다. 한국에 대해서 연구도 제대로 해보지 않고 유럽의
역사에서 나온 연구 결과를 한국에 그대로 적용한다면 올바른 사실
구명이 될 수 없다.

　그리고 서구의 국인주의 이론에서는 국가를 중심으로 하는 국인
주의에 대해서는 거의 관심이 없다. 근대화과정과 관련하여 국인주
의를 다루게 되니 자연히 근대주의 연구의 대상은 주로 독립 또는
통합국인주의가 되고 국가국인주의에 대한 연구는 드물 뿐만 아니
라 학자에 따라서는 이 부분은 국인주의의 범주밖으로 간주하기도
한다. 또한 현재 세계를 이끌어 가는 입장에 있는 미국을 비롯한
서구 선진국들의 입장에서는 개별국가들의 국인주의는 자국의 세계
전략에 방해가 되는 요소이다. 그래서 서구 선진국들은 개방주의적

이고 세계주의적(cosmopolitan) 기조를 표방하고 다른 나라들도 같은 정책을 취하도록 유도한다. 이러한 가운데 자국은 국인주의로 이득을 취하면서도 다른 나라에서 이러한 기류가 있으면 이를 맹렬히 비난하고 제지함으로써 힘에 의한 세계질서를 확립하고자 한다. 서구에서의 국가국인주의는 애국심(patriotism)과 잘 구분되지 않는 모호한 상태에서 외국이 하면 국인주의(nationalism)이고 자국이 하면 애국심이라고 하는 이중적인 태도를 보이는 경우가 많다. 이같이 선진국에서 국인주의를 드러내지 않는 것은 연구의 영역에서도 마찬가지여서 연구가 많지 않다.

홉스봄(Eric Hobsbawm)은 미네르바의 부엉이는 해질녘에 날아오른다는 헤겔의 말을 인용하여 국인주의 연구에 많은 진전이 이루어진 것을 봐서 국인주의는 이미 정점을 지났고, 이것은 좋은 징후라고 했다.[3] 하지만 세계적인 차원에서 본다면 국인주의 연구에 충분한 진전이 이루어졌다고 보기 어렵다. 서구에서는 전반적으로 국인주의를 부정적으로 보며, 또 큰 가치를 두지 않으려는 경향이 있다. 이러한 측면은 전후 국인주의 연구에 새로운 활력을 불어 넣었던 케두리(Elie Kedourie)의 주장에서도 잘 나타나고 있다. 케두리는 국인주의로 인하여 국인적인 계보에 따라 세계를 재편하게 되었고 이러한 작업은 평화와 안정을 가져다주기는커녕 긴장을 고조시키고 새로운 분규를 만들면서 수많은 사람들에게 참사를 가져다 주었다고[4]하고 있다. 서구의 입장에서 국인주의는 별로 건드리고 싶지 않은 부분이다. 국인주의는 드러내어서 백해무익할 뿐 지금 잘살고 있는 사람들에게 별로 덕 될 것이 없다. 그래서 국인주의는 판도라의 상자에 비유되기도 한다.[5] 서구사람들이 이러한 인식을 갖는 것

---

3 Hobsbawm, 1990, pp. 191~192
4 Kedourie, 1961, p. 138
5 McCrone & Kiely, 2000, p. 248

은 기본적으로 양차대전을 포함한 수많은 전쟁, 나치즘, 파시즘, 대
량학살, 인종청소와 같은 끔찍한 일들에 대한 상흔이 있는데, 이것
과 국인주의가 무관하지 않기 때문이다. 케두리의 국인주의에 대
한 부정적인 시각이나 한스 콘(Hans Kohn)의 동구국인주의(Eastern
nationalism)에 대한 비판6도 이러한 배경에서 나온 것이다. 또 현실
적인 면에서도 서구국가들은 식민지에서의 국인주의를 억압해온 과
거 제국주의 국가들이다. 식민지가 대거 독립되었지만 아직도 독립
을 원하는 국인들이 많이 있고, 서구국가들은 식민지경영의 후유증
으로 대부분 다민족국가이다. 그래서 국인주의중에서도 민족국인주
의에 대해서는 특히 좋지 않게 생각한다.

어떻게 보면 근대주의 이론에서는 국인이라는 것이 기본적으로
견고한 원천이 있는 것이 아니라 조작되고 만들어지는 것이라고 생
각하기 때문에 처음부터 대단한 의미를 부여하기 어렵다. 게다가 홉
스봄의 표현에서도 나타나고 있듯이 많은 유럽학자들은 내셔널리즘
은 이미 전성기가 지나갔으며 앞으로도 계속 존재하기는 하겠지만
이젠 더 이상 이전과 같은 중요성을 갖지 못할 것이라는 점에 무게
를 둔다. 이러한 시각은 일견 일리가 있다. 독립국인주의를 중심으
로 볼 때 독립할만한 국가는 대부분 이미 독립을 하였다. 지방과 국
제기구로의 국가 권력이양은 국가의 힘을 약화시키고, 지역경제통합
과 같은 국가간 통합으로 국가의 존재가 희미해지는 추세도 있다.
그래서 독자적인 정치체제로의 열망이 줄어들 수 있고, 독립을 한다
고 해도 그에 따르는 충격이 작아지게 되었다.

하지만 스코틀랜드, 카탈루냐 등에서 보듯이 아직도 세계에는 국
가내에 독립을 원하는 국인들이 많이 있으며 이러한 문제로 인하여
발생하는 진통 또한 작지 않다. 그리고 지금 겪고 있는 중동의 어지

---

6 Kohn, 1967, pp. 330~331

러운 사태나 유럽의 인종갈등과 같은 문제도 국인주의와 무관하다
고 할 수 없다. 또한 독립국인주의에 대한 문제가 많이 발생하지 않
는다고 하더라도 국가국인주의는 항상 존재하며 여전히 중요하다.
최근에 동아시아 지역의 한국, 중국, 일본간의 갈등에서 보는 것처
럼 국인주의에 의한 국가간의 감정적인 대립은 언제고 어디에든 일
어날 수 있는 일이다. 세계화의 진전은 훗날 언젠가는 국가의 존재
를 무력화시키고 국인주의를 무의미하게 할 수 있을지 모른다. 하지
만 그 이전까지의 짧지 않은 기간 동안 사람들은 국가단위로 살아
가야 할 것이다. 세계정부체제하에서 세계주의로 살아가기에는 아직
갈 길이 멀 뿐만 아니라, 그렇게 살아가는 것이 바람직한 것인지부
터 연구되어야 한다.

사람이 자신의 민족과 국가에 대하여 애착을 느끼고 이를 위하
는 행위를 하는 것은 한편으로는 타고나는 본성으로 설명될 수 있
고, 다른 한편으로는 이성에 바탕을 둔 합리적인 행위로서 설명될
수 있다. 원초주의 이론에서는 국인의식은 타고나는 것이고, 자연스
러운 것이며, 설명할 수 없는 것이라고 한다. 그런데 설명할 수 없
는 것이라면 더 이상 연구할 필요가 없다는 것이 되어 과학적인 해
명이 될 수 없다. 이러한 측면에서 본서에서 왜 사람이 이 같은 본
성을 갖게 되었는가를 검토해 보았다.

오래전부터 사람들은 생존을 위한 처절한 투쟁속에서 살아왔다.
이 과정에서 호전성과 경쟁심을 키우게 되었고 집단을 활용하는 능
력을 발전시켜 왔다. 인간의 자기집단편애는 인간의 호전성과 집단
생활이 결부하여 만들어진 본성이다. 국가집단은 과거에 사람들이
자신의 생존을 위해서 의존하던 집단의 직계계보의 조직이다. 여기
서 국가는 반드시 혈연을 기초로 하는 민족집단으로서의 국가이어
야 하는 것이 아니다. 공민국인주의의 국가라도 충분히 먼 옛날 사

람들이 자신의 생존과 안전을 위해 의존하던 집단과 같은 역할을 할 수 있다. 다만 민족국인주의라면 더 강도가 강하고 안정적이어서 더 좋을 수 있지만 다른 여건도 고려해야 하므로 이것만 고집할 정도로 차이가 나는 것은 아니다.

국가의 시대에도 집단에 의존해서 살아가는 인간의 삶의 환경이 국가 이전의 시대와 크게 달라지지 않았다. 오늘날에도 나와 함께 살아가는 국인(nation)은 나의 편이며 이러한 국인의 기관인 국가는 내가 현실적으로 살아가게 되는 삶의 터전이다. 국가가 잘되는 것이 자신에게 좋은 것으로 돌아오는 경우가 많다는 점에서 개인과 국가는 공동운명체로서의 성격을 갖고 있다. 이와 같이 국가는 개인의 삶과 밀착되어 있기 때문에 사람들은 국가에 대하여 일체감을 갖게 되며, 이러한 가운데 자신의 국가와 국인에 애착심을 갖게 된다.

개인은 국가로부터 안전을 제공받고 의지하는 대신에 국가에 의무를 제공하게 된다. 많은 사람들은 국가에 대한 납세의 의무나 국방의 의무를 비롯한 여러 의무를 자신이 당연히 해야 하는 것으로 생각한다. 강요에 의해서가 아니라 자신의 안전과 좋은 삶을 위해서 필요한 것이라고 생각한다면 자신이 의무를 제공하는 대상에 애착을 느낄 수 있다. 그리고 공동체 구성원 서로가 자신들의 공동체에 더 강한 애착을 갖도록 격려하는 가운데 공동체에 가치와 의미를 부여하게 된다. 오랫동안 이러한 삶을 살아오면서 사람들 마음속에서는 자국인과 자국을 위하는 마음이 당연한 것으로 굳어지게 되었고 애국심과 국인주의는 개인의 윤리이자 사회의 기본적인 규범이 된 것이다.

국가의 측면에서 보면 애국심은 국가의 존립과 번영을 좌우하는 매우 중요한 요소이다. 그래서 국가는 항상 국민들로부터 국가에 대한 애국심을 끌어내고자 하며 국가의 이 같은 노력에 의하여 국민들은 알게 모르게 세뇌되어 국인의식이 일상화되고 애국심은 고무된다. 이러한 국인의 국가와 민족을 위한 뜨거운 마음을 활용하여 지배엘리트들은 자신의 이익을 도모하기도 한다. 국인들은 국가조직내에서 때로는 착취당하고 희생당하기도 하지만, 내 나라 안에서 전통과 관습을 지키며 삶의 양식이 같은 사람들끼리 살아가야 한다고 생각하며, 그래서 자연적으로 나눠진 국인대로 살아가는 것이 가장 이상적이라고 믿는다.

오늘날 가장 강한 시대적 추세중의 하나가 세계화이다. 세계화의 추세가 강하면 강할수록 각국의 국인주의 또한 힘을 발휘한다. 세계는 지금 자국의 영토 확장을 위한 국경분쟁이나 정치적 외교적 군사적 우위를 점하기 위한 국가간 경쟁이 치열하게 전개되고 있다. 또 개방된 경제체제하에서 경제전쟁이라고 할 만큼 치열한 국가간 경쟁이 전개되고 있으며, 자국문화의 보존과 전파를 위한 노력이나 국제운동경기를 비롯한 많은 부문에서 국인주의가 발휘되고 있다. 현재에도 국가국인주의는 드러나게 혹은 드러나지 않게 작동하고 있으며, 그 영역은 넓고 힘은 강력하다. 이렇게 중요한 국가국인주의를 제외하고 국인주의를 민족독립이나 민족간 분규 문제에만 한정시킬 수는 없다. 특히 한국의 경우는 세계 대다수 국가와 달리 단일 민족국가이므로 국인주의 문제는 곧 국가국인주의 문제이다. 국인과 국인주의 문제에 있어서 한국의 경우는 서양의 국가들과 다를 뿐만 아니라 중국과도 다르고 일본과도 다르다. 이러한 측면에서 한국은 국인주의에 대하여 독자적으로 연구되어야 할 영역이 넓다. 국인주의 용어에 있어서도 일본이나 중국의 눈치를 보지 말고 자주성을 가져야 하며, 이론에 있어서도 서양의 이론에 매달리지 말고 독자적인 시각으로 한국의 국인주의를 제대로 파악하는 연구들이 쏟아져 나와야 할 것이다.

　　오늘날 한국은 변화의 환경을 맞고 있다. 외국인의 유입이 급속히 늘면서 한국사회는 단일민족사회에서 다민족사회로 변해가고 있다. 외국인유입으로 가치관과 생활양식이 다른 사람들이 함께 살게 되면서 많은 사회적 문제를 겪고 있는 유럽을 보면서 한국은 지금까지는 이런 면에서는 다행이라고 생각했다. 그런데, 노동력 확보와 결혼목적으로 외국인의 유입이 많아지게 되었고, 한국에서 살겠다는 귀화인이나 난민신청이 늘고 있는 가운데, 서구국가들로부터 다민족사회로 이행토록 하는 압력도 심하다. 또 한국을 중심으로 하는 동북아 삼국은 서로 반목하고 감정적으로 날카롭게 대립하는 상황에 있으면서도 다른 한편으로는 국가간 상호의존성이 점점 높아지고 있고 삼국간 경제통합까지 계획하고 있다.

　　이러한 순류와 역류가 교차하는 소용돌이의 격랑속에서 올바른 방향으로 나아가기 위해서는 시대의 흐름뿐만 아니라 우리에게 알맞은 삶의 모습에 대한 연구가 필요하다. 이러한 연구의 중요한 한 부분이 국인주의(nationalism) 연구이다.

참고문헌

강동국. (2006). 근대 한국의 국민·인종·민족 개념: Gukmin, injong, minjok. 『한국동양정치사상사학회』, 5(1), 19~20.

강상중. (2004). 『내셔널리즘』(임성모 역). 서울: 도서출판 이산.

국민. (미상). 『다음한국어사전』. http://dic.daum.net/search.do?q=%EA% B5%AD%EB%AF%BC(2015/12/15).

김영명. (2002). 『우리 눈으로 본 세계화와 민족주의』. 서울: 오름.

김혜승. (1997). 『한국 민족주의』. 서울: 비봉출판사.

『대한매일신보』.

『맹자』.

민족. (미상). 『다음 한국어사전』. http://dic.daum.net/search.do?q=%EB% AF%BC%EC%A1%B1(2015/12/15).

민족주의. (미상). 『다음 한국어사전』. http://dic.daum.net/search.do?q=% EB%AF%BC%EC%A1%B1%EC%A3%BC%EC%9D%98(2015/12/15).

민족주의. (미상). 『표준국어대사전』. http://stdweb2.korean.go.kr/search/ List_dic.jsp(2015/12/15).

박양신. (2008). 근대일본에서의 '국민' '민족'개념의 형성과 전개: nation 개념수용사. 『동양사학연구』, 104, 238.

박찬승. (2011). 『민족, 민족주의』. 서울: 소화.

신용하. (1994). 『한국민족주의의 형성과 전개』. 서울: 서울대학교출판부.

신화(미상). 『한국민족문화대백과사전』. http://encykorea.aks.ac.kr/Contents/ Index?contents_id=E0033583(2015/12/15).

『예기』.

오사와 마사치. (2010). 『내셔널리즘론의 명저 50』 (김영작, 이이범 역). 서울: 일조각.

오타 타카코. (2003). 한국 내셔널리즘에 대한 고찰. 『한일민족문제연구』, 5, 3~35.

요코하마 히로아키. (2012). 『중화민족의 탄생』. 서울: 한울.

유종하. (1999). "민족주의 이론연구 근대주의적 민족주의 비판을 중심으로".

명지대학교 석사학위논문.

이선민. (2008). 『민족주의 이제는 버려야 하나』. 서울: 삼성경제연구소.

임지현. (1999). 『민족주의는 반역이다』. 서울: 소나무.

장문석. (2011). 『민족주의』. 서울: 책세상.

정경환. (2009). 『민족주의 연구』. 부산: 도서출판 이경.

정태헌. (2007). 『한국의 식민지적 근대 성찰』. 서울: 선인.

조민. (1994). 『한국민족주의연구』. 서울: 민족통일연구원.

『조선왕조실록』.

차기벽. (1984). 『민족주의』. 서울: 종로서적.

차기벽. (1991). 『민족주의원론』. 서울: 한길사.

카야노 도시히토. (2010). 『국가란 무엇인가: 국가의 본질에 대한 역사적 고찰』 (김은주 역). 고양: 산눈출판사.

A cannibal feast just 2000 years ago. (2001). Retrieved December 17, 2015, from http://www.abc.net.au/science/articles/2001/02/28/252659.htm?site=science/memory&topic=latest.

Alexander, R. D. (1977). Natural selection and the analysis of human sociality. *Changing Scenes in the Natural Sciences, 12*, 283~337.

Alexander, R. D. (1979). *Darwinism and Human Affairs*. Seatle: University of Washington Press.

Alexander, R. D. (1987). *The Biology of Moral Systems*. New York: Aldine.

Anderson, B. (2006). *Imagined Communities: Reflections on the Origin and Spread of Nationalism* (2nd ed.). London: Verso.

Arens, W. (1979). *The Man-Eating Myth: Anthropology and Anthropophagy*. Oxford: Oxford University Press.

Aristoteles. *Politics*. 1252al-7.

Armstrong, J. (1976). Mobilised and proletarian diasporas. *American Political Science Review, 70*, 393~408.

Armstrong, J. (1982). *Nations before Nationalism*. Chapel Hill, NC: University of North Carolina Press.

Armstrong, J. (1992). The autonomy of ethnic identity: historic cleavages and nationality relations in the USSR. In A. Motyl (Ed.), *Thinking*

Theoretically about Soviet Nationalities (pp. 23~44). New York: Columbia University Press.

Armstrong, J. (1995). Towards a theory of nationalism: consensus and dissensus. In S. Periwal (Ed.), *Notions of Nationalism* (pp. 34~43). Budapest: Central European University Press.

Armstrong, J. (1997). Religious nationalism and collective violence. *Nations and Nationalism, 3*(4), 597~606.

Armstrong, J. A. (2001). Myth and Symbolism Theory of Nationalism. In A. S. Leoussi (Ed.), *Encyclopedia of Nationalism* (pp. 197~202). New Brunswick and London: Transaction Publishers.

Arnason, J. P. (1990). Nationalism, globalization and Modernity. In M. Featherstone (Eds.), *Global Culture* (pp. 207~250). London: SAGE Publications.

Avineri, S. (1991). Marxism and Nationalism. *Journal of Contemporary History, 26*(3/4), 637~57.

Baker, K. M. (1990). *Inventing the French Revolution: Essays on French Political Culture in the Eighteenth Century.* Cambridge: Cambridge University Press.

Balakrishnan, G. (Ed.). (1996). *Mapping the nation.* London: Verso.

Balibar, E., & Wallerstein, I. (1991). *Race, Nation, Class.* London: Verso.

Barnard, F. M. (1983). National Culture and Political Legitimacy: Herder and Rousseau. *Journal of the History of Ideas, XLIV*(2), 231~53.

Barnard, F. M. (1984). Patriotism and Citizenship in Rousseau: A Dual Theory of Public Willing? *The Review of Politics, 46*(2), 244~65.

Barnard, F. M. (2003). *Herder on Nationality, Humanity, and History.* Montreal and Kingston: McGill-Queen's University Press.

Barreto, A. A. (2009). *Nationalism and Logical foundations.* New York: Palgrave Macmillan.

Bauer, O. (1996). The Nation. In G. Balakrishnan (Ed.), *Mapping the Nation* (pp. 39~77). London: Verso. (Original work published 1924)

Beiner, R. (Ed.). (1999). *Theorizing Nationalism.* New York: State University of New York Press.

Bello, S. M., Saladi, P., Caceres, I., Rodríguez-Hidalgo, A., & Parfitt, S. A. (May, 2015). Upper Paleaeolithic Ritualistic Cannibalism at Gough's Cave (Somerset, UK): The Human Remains from Head to Toe. *Journal of Human Evolution, 83*, 170~189.

Bigelow, R. (1969). *The Dawn Warriors: Man's Evolution Toward Peace.* Boston: Little Brown and Co.

Bigelow, R. (1972). Evolution of Cooperation, Aggression, and Self-Control. In J. K. Kole & D. D. Jensen (Eds.), *Nebraska Symposium On Motivation.* Lincoln: University of Nebraska Press.

Bigelow, R. (1975). The role of competition and cooperation in human evolution. In M. Nettleship, D. Givens & A. Nettleship (Eds.), *War, its Causes and Correlates* (pp. 235~61). The Hague: Mouton Publishers.

Billig, M. (1995). *Banal Nationalism.* London: SAGE Publications Ltd.

Bloom, A. (1991). *The Republic of Plato.* Basic Book.

Bluntschili, J. K. (2000). *The Theory of the State* (English Translation.). Kitchener, Ontario, Canada: Batoche Books. (Original work published 1875)

Booth, K. (1979). *Strategy and Ethnocentrism.* Holmes & Meier Publishers, Inc.

Bowles, S., & Gintis, H. (2011). A cooperative Species. Princeton: Princeton University Press.

Brass, P. R. (1985). *Ethnic Groups and the State.* London: Croom Helm.

Brass, P. R. (1991). *Ethnicity and Nationalism: Theory and Comparison.* New Delhi and Newbury Park: Sage.

Brass, P. R. (1994). Elite Competition and Nation-Formation. In Hutchinson & Smith (Eds.), *Nationalism* (pp. 83~84). Oxford: Oxford University Press.

Brass, P. R. (1996). *Riots and Pogroms.* London and New York: Macmillan and New York University Press.

Breuilly, J. (1982/1993). *Nationalism and the State* (2nd ed.). Manchester: Manchester University Press.

Breuilly, J. (1985). Reflections on Nationalism. *Philosophy of the Social*

Sciences, 15, 65~75.

Breuilly, J. (1993b). Nationalism and the State. In R. Michener (Ed.), *Nationality, Patriotism and Nationalism in Liberal Democratic Societies* (pp. 19~48). Minnesota: Professors World Peace Academy.

Breuilly, J. (1996). Approaches to Nationalism. In G. Balakrishnan (Ed.), *Mapping the Nation.* London: Verso.

Breuilly, J. (2001). The State and Nationalism. In M. Guibernau & J. Hutchinson (Eds.), *Understanding Nationalism* (pp. 32~52). Cambridge: Polity.

Breuilly, J. (2005). Dating the Nation: How Old is an Old Nation? In A. Ichijo & G. Uzelac (Eds.), *When is the Nation?* (pp. 15~39). London and New York: Routledge.

Breuilly, J. (2006). Introduction. In E. Gellner, *Nations and Nationalism* (2nd ed., pp. xiii~liii). Oxford: Blackwell.

Brewer, M. B. (1999). The psychology of prejudice: Ingroup love or outgroup hate? *Journal of Social Issues, 55,* 429~444.

Brown, D. (1999). Are there good and bad nationalisms? *Nations and Nationalism, 5*(2), 281~302.

Brown, D. (2000). *Contemporary nationalism.* New York: Routledge.

Brubaker, R. (1992). *Citizenship and Nationhood in France and Germany.* Cambridge, MA: Harvard University Press.

Brubaker, R. (1996). *Nationalism Reframed: Nationhood and the National Question in the New Europe.* Cambridge: Cambridge University Press.

Brubaker, R. (1998). Myths and Misconceptions in the Study of Nationalism. In J. A. Hall (Ed.), *The State of the Nation: Ernest Gellner and the Theory of Nationalism* (pp. 272~306). Cambridge: Cambridge University Press.

Brubaker, R., & Cooper, F. (2000). Beyond "Identity". *Theory and Society, 29,* 1~47.

Burke, C. (1975). *Aggression in Man.* Syracuse, New York: Lyle Stuart.

Burr, V. (1995). *An Introduction to Social Constructionism.* London and New York: Routledge.

Buss, M. D. (2008). *Evolutionary Psychology* (3rd ed.). Boston: Pearson Education Inc.

Calhoun, C. (1993). Nationalism and Ethnicity. *Annual Review of Sociology*, *19*, 211~39.

Calhoun, C. (1997). *Nationalism*. Buckingham: Open University Press.

Calhoun, C. (2003a). Nationalism and Cosmopolitanism. In U. Özkırımlı (Ed.), *Nationalism and its Futures* (pp. 93~126). Basingstoke & New York: Palgrave Macmillan.

Calhoun, C. (2003b). "Belonging" in the Cosmopolitan Imaginary. *Ethnicities*, *3*(4), 531~53.

Calhoun, C. (2008). Cosmopolitanism and nationalism. *Nations and Nationalism*, *14*(3), 427~448.

Carbonell, E., Caceres, I., Lozano, M., Saladie, P., Rosell, J., Lorenzo, C., ... Bermu'dez de Castro, J.

Carr, E. (1945). *Nationalism and After*. London: Macmillan.

Chagnon, N. A. (1983). *Yanomamö: The Fierce People* (2nd and 3rd expanded eds.). New York: Holt, Rinehart & Winston.

Chalk, F., & Jonassohn, K. (Eds.). (1990). *The History and Sociology of Genocide*. New Haven CT and London: Yale University Press.

Charlesworth, W. R. (1986). Darwin and Developmental Psychology: 100 Years Later. *Human Development*, *29*, 1~35.

Chatterjee, P. (1993). *The Nation and Its Fragments: Colonial and Postcolonial Histories*. Princeton: Princeton University Press.

Chatterjee, P. (1996). Whose Imagined Community? In G. Balakrishnan (Ed.), *Mapping the Nation* (pp. 214~225). London: Verso.

Chatterjee, P. (1998). Beyond the Nation? Or Within? *Social Text*, *56*, 57~69.

Chignon, N. A., & Bugos, P. (1979). Kin Selection and Conflict: An Analysis of a Yanomamo Ax Fight. In N. A. Chagnon & W. Irons (Eds.), *Evolutionary Biology and Human Social Behavior: An Anthropological Perspective*. North Scituate, MA: Dunbery Press.

Citizenship. (2015). Retrieved December 17, 2015, from https://en.wikipedia. org/?title=Citizenship.

Cocks, J. (2005). Fetishized Nationalism? In T. Nairn & P. James (Eds.), *Global Matrix: Nationalism, Globalism and State-Terrorism* (pp. 73~88). London and Ann Arbor: Pluto Press.

Connor, W. (1990). When is a nation? *Ethnic and Racial Studies*, *13*(1), 92~103.

Connor, W. (1994). *Ethnonationalism: The Quest for Understanding*. Princeton: Princeton University Press.

Connor, W. (2005). The Dawning of Nations. In A. Ichijo & G. Uzelac (Eds.), *When is the Nation?* (pp. 40~46). London and New York: Routledge.

Conversi, D. (Ed.). (2002). *Ethnonationalism in the Contemporary World: Walker Connor and the Study of Nationalism*. London and New York: Routledge.

Dahbour, O., & Ishay, M. R. (Eds.). (1999). *The Nationalism Reader*. New York: Humanity Books.

Darwin, C. R. (1859). *The Origin of Species by Means of Natural Selection, Or the Preservation of Favoured Races in the Struggle for Life*. London: Murray.

Darwin, C. R. (1871). *The Descent of Man, and Selection in Relation to Sex*. London: Murray.

Dawkins, R. (1976). *The Selfish Gene*. New York: Oxford Univ. Press.

Dawkins, R. (1986). *The Blind Watchmaker*. London: Longmans.

Delanty, G., & O'Mahony, P. (2002). *Nationalism and Social Theory*. London: SAGE Publication.

Delanty, G., & Kumar, K. (Eds.). (2006). *The Sage Handbook of Nations and Nationalism*, London: Sage.

Delanty, G., & Kumar, K. (2006). Introduction. In G. Delanty and K. Kumar (Eds.), *The Sage Handbook of Nations and Nationalism*. London: Sage.

Deutsch, K. (1956). *An Interdisciplinary Bibliography on Nationalism, 1935~53*. Cambridge, MA: MIT Press.

Deutsch, K. W. (1966). *Nationalism and Social Communication: An Inquiry into the Foundations of Nationality* (2nd ed.). Cambridge: MIT Press. (Original work published 1953)

Diamond, J. (1991). *The rise and fall of the third chimpanzee*. London: Radius.

Diamond, J. (1992). *The Third Chimpanzee*. New York: HarperCollins Publishers.

Druckman, D. (1994). Nationalism, Patriotism, and Group Loyalty: A Social Psychological Perspective. *Mershon International Studies Review, 38*, 45~46.

Dunbar, R. I. M., & Barrett, L. (2007). *Oxford Handbook of Evolutionary psychology*. Oxford: Oxford University Press.

Edensor, T. (2002). *National Identity, Popular Culture and Everyday Life*. New York: Berg.

Edwards, J. (1985). *Language, society, and identity*. Oxford: Blackwell.

Eley, G., & Suny, R. (Eds.). (1996b). *Becoming National*. London: Oxford University Press.

Eley, G., & Suny, R. G. (1996a). Introduction: From the Moment of Social History to the Work of Cultural Representation In G. Eley & R. G. Suny (Eds.), *Becoming National: A Reader* (pp. 3~38). Oxford: Oxford University Press.

Eller, J. D., & Coughlan, R. M. (1993). The Poverty of Primordialism: The Demystification of Ethnic Attachments. *Ethnic and Racial Studies, 16*(2), 183~201.

Evera, S. V. (1994). Hypotheses on Nationalism and War. *International Security, 18*(4), 5~39.

Falger, V. S. E. (1987). From xenophobia to xenobiosis? Biological aspects of the foundation of international relations. In Reynolds, Falger & Vine (Eds.), *The Sociobiology of Ethnocentrism: Evolutionary Dimensions of Xenophobia, Discrimination, Racism and Nationalism* (pp. 235~250). London: Croom Helm.

Fein, H. (1993). *Genocide, A Sociological Perspective*. London: Sage.

Finlayson, A. (1998). Psychology, psychoanalysis and theories of nationalism. *Nations and Nationalism, 4*(2), 145~162.

Fishman, J. (1972). *Language and Nationalism: Two Integrative Essays*.

Rowley, MA: Newbury House.

Foucault, M. (1994/2002b). Power. *Essential Works of Foucault 1954~ 1984* (vol. 3). London: Penguin.

Fry, D. P. (Ed.). (2013). *War, Peace and Human Nature.* Oxford: Oxford University Press.

Gagnon, V. P. (1994/1995). Ethnic Nationalism and International Conflict. *International Security, 19*(3), 130~166.

Gat, A., & Yakobson, A. (2013). *Nations.* Cambridge: Cambridge University Press.

Geary, P. J. (2002). *The Myth of Nations: The Medieval Origins of Europe.* Princeton: Princeton University Press.

Geertz, C. (1993). *The Interpretation of Cultures: Selected Essays* (2nd ed.). London: Fontana.

Geertz, C. (Ed.). (1963). *Old Societies and New States.* New York: Free Press.

Gellner, E. (1964). *Thought and Change.* London: Weidenfeld & Nicolson.

Gellner, E. (1983/2006). *Nations and Nationalism* (2nd ed.). Oxford: Blackwell.

Gellner, E. (1987). *Culture, Identity and Politics.* Cambridge: Cambridge University Press.

Gellner, E. (1994). *Encounters with Nationalism.* Oxford: Blackwell.

Gellner, E. (1996a). The Coming of Nationalism and Its Interpretation: The Myths of Nation and Class. In G. Balakrishnan (Ed.), *Mapping the Nation* (pp. 98~145). London: Verso.

Gellner, E. (1996b). Reply: Do Nations Have Navels? *Nations and Nationalism, 2*(3), 366~71.

Gellner, E. (1997). *Nationalism.* London: Weidenfeld & Nicolson.

Gellner, E., & Smith, A. D. (1996). The nation: real or imagined?: The Warwick Debates on Nationalism. *Nations and Nationalism. 2*(3), 357~ 370.

Gerard, H. B. (1979). Funktion und Entwicklung von Vorurteilen In A. Heigl-Evers (Ed.), *Die Psychologie des 20. Jahrhunderts, 8.* Kindler: Zurich.

Giddens, A. (1971). *Capitalism and Modern Social Theory.* Cambridge: Cambridge University Press.

Giddens, A. (1985). *The Nation-State and Violence.* Cambridge: Polity Press.

Giddens, A. (1991). *The Consequences of Modernity.* Cambridge: Polity Press.

Giddens, A. (1987). *Social Theory and Modern Sociology.* Stanford: Stanford University Press.

Giradet, R. (1965). Autour de l'idéologie nationaliste: perspectives de recherches. *Revue française de science politique, 15.*

Goodall, J. (1986). *The Chimpanzees of Gombe: Patterns of Behavior.* Cambridge, MA: Harvard Univ. Press.

Greenfeld, L. (1992). *Nationalism: Five Roads to Modernity.* Cambridge, MA: Harvard University Press.

Greenfeld, L. (1993). Transcending the Nation's Worth. *Daedalus, 122*(3), 47~62.

Greenfeld, L. (2003). *The Spirit of Capitalism: Nationalism and Economic Growth.* First Harvard University Press.

Greenfeld, L. (2005). Nationalism and the Mind. *Nations and Nationalism, 11*(3), 325~41.

Greenfeld, L. (2006). Modernity and Nationalism. In G. Delanty & K. Kumar (Eds.), *The Sage Handbook of Nations and Nationalism* (pp. 157~168). London: Sage.

Grosby, S. (1994). The verdict of history: the inexpungeable tie of primordiality- a reply to Eller, and Coughlan. *Ethnic and Racial Studies, 17*(1), 164~71.

Grosby, S. (1995). Territoriality: the transcendental, primordial feature of modern societies. *Nations and Nationalism, 1*(2), 143~62.

Grosby, S. (2001). Primordiality. In A. S. Leoussi (Ed.), *Encyclopedia of Nationalism* (pp. 252~255). New Brunswick: Transaction Publishers.

Grosby, S. (2005a). *Nationalism: A Very Short Introduction.* Oxford: Oxford University Press.

Grosby, S. (2005b). The Primordial, Kinship and Nationality. In A. Ichijo and G. Uzelac (Eds.), *When is the Nation?* (pp. 56~78). New York: Routledge.

Guibernau, M. (1996). *Nationalisms: The Nation-State and Nationalism in the Twentieth Century.* Cambridge: Polity Press.

Guibernau, M., & Hutchinson, J. (Eds.). (2001). *Understanding Nationalism.* Cambridge: Polity.

Guilaine, J., & Zammit, J. (2005). *The Origin of War* (M. Hersey, Trans.). Malden, MA: Blackwell Publishing.

Hall, E. (1992). *Inventing the Barbarian: Greek Self-definition through Tragedy.* Oxford: Clarendon Press.

Hall, J. A. (1998a). Introduction In J. A. Hall (Ed.), *The State of the Nation: Ernest Gellner and the Theory of Nationalism* (pp. 1~20). Cambridge: Cambridge University Press.

Hall, J. A. (2006). Structural Approaches to Nations and Nationalism. In G. Delanty and K. Kumar (Eds.), *The Sage Handbook of Nations and Nationalism* (pp. 33~43). London: Sage.

Hamilton, W. D. (1964). The genetical evolution of social behaviour. *J. Theor. Biol., 7*(1), 1~52.

Hastings, A. (1997). *The Construction of Nationhood: Ethnicity, Religion and Nationalism.* Cambridge: Cambridge University Press.

Hayes, C. J. H. (1972). *Essays on Nationalism.* New York: John Willy.

Hearn, J. (2006). *Rethinking Nationalism.* New York: Palgrave Macmillan.

Hechter, M. (1975). *Internal Colonialism: The Celtic Fringe in British National Development, 1536~1966.* London: Routledge & Kegan Paul.

Hechter, M. (1985). Internal Colonialism Revisited. In E. A. Tiryakian & R. Rogowski (Eds.), *New Nationalisms of the Developed West* (pp. 17~26). Boston: Allen & Unwin.

Hechter, M. (1988). Rational choice theory and the study of ethnic and race relations. In J. Rex & D. Mason (Eds.), *Theories of Ethnic and Race Relations* (pp. 264~279). Cambridge: Cambridge University Press.

Hechter, M. (1995). Explaining nationalist violence. *Nations and Nationalism, 1*(1), 53~68.

Hechter, M. (2000a). Nationalism and Rationality. *Studies in Comparative International Development, 35*(1), 3~19.

Hechter, M. (2000b). *Containing Nationalism*. Oxford: Oxford University Press.

Herodotus. *The Histories*, *8*(144), section 2.

Hobsbawm, E. (1996). Ethnicity and nationalism in Europe today. In G. Balakrishnan (Ed.), *Mapping the Nation* (pp. 255~266). London: Verso.

Hobsbawm, E. J. (1990). *Nations and Nationalism since 1780: Programme, Myth, Reality*. Cambridge: Cambridge University Press.

Hobsbawm, E. J. (1994). *The Age of Extremes: The Short Twentieth Century, 1914~1991*. London: Michael Joseph.

Hobsbawm, E. J. (2005). Comment on Steven Grosby: The Primordial, Kinship and Nationality. In A. Ichijo & G. Uzelac (Eds.), *When is the Nation?* (pp. 79~84). London: Routledge.

Holloway, R. L. (1974). *Primate Aggression, Territoriality, and Xenophobia: a Comparative Perspective*. New York: Academic Press.

Horowitz, D. L. (1985). *Ethnic Groups in Conflict*. Berkeley: University of California Press.

Horowitz, D. L. (2002). The Primordialists. In D. Conversi (Ed.), *Ethnonationalism in the Contemporary World: Walker Connor and the Study of Nationalism* (pp. 72~82). London: Routledge.

Hroch, M. (1985). *Social Preconditions of National Revival in Europe: A Comparative Analysis of the Social Composition of Patriotic Groups among the Smaller European Nations*. Cambridge: Cambridge University Press.

Hroch, M. (1996). Nationalism and National Movements: Comparing the Past and the Present of Central and Eastern Europe. *Nations and Nationalism*, *2*(1), 35~44.

Hroch, M. (2006). Modernization and Communication as Factors of Nation Formation. In G. Delanty & K. Kumar (Eds.), *The Sage Handbook of Nations and Nationalism* (pp. 21~32). London: Sage.

Huang, Y. (2014). Perceptions of the Barbarian in Early Greece and China. *CHS Research Bulletin 2*(1). Retrieved from http://www.chs-fellows. org/2014/03/14/perceptions-of-the-barbarian-in-early-greece-and-china.

Hutchinson, J. (1987). *The Dynamics of Cultural Nationalism*. London: Unwin Hyman.

Hutchinson, J. (1994). *Modern Nationalism*. London: Fontana.

Hutchinson, J. (2001). Nations and Culture. In M. Guibernau & J. Hutchinson (Eds.), *Understanding Nationalism* (pp. 74~96). Cambridge: Polity.

Hutchinson, J., & Smith, A. D. (Eds.). (1994). *Nationalism*. Oxford: Oxford University Press.

Ichijo, A., & Uzelac, G. (Eds.). (2005). *When is the Nation?: Towards an Understanding of Theories of Nationalism*. London: Routledge.

Ignatieff, M. (1994). *Blood and Belonging: Journeys into the New Nationalism*. New York: Farrar, Straus & Giroux.

Irwin, C. J. (1987). A study in the evolution of ethnocentrism. In V. Reynolds, V. S. E. Falger & I. Vine (Eds.), *The Sociobiology of Ethnocentrism: Evolutionary Dimensions of Xenophobia, Discrimination, Racism and Nationalism* (pp. 131~156). London: Croom Helm.

Isaacs, H. L. (1975). *Idols of the Tribe: Group Identity and Political Change*. New York: Harper & Row.

Ishay, R. M. (2004). *The History of Human Rights: From Ancient Times to the Globalization Era*. University of California Press.

Jaffrelot, C. (2003). *For a Theory of Nationalism*. Centre d'etudes et de recherche internationales, Science Po.

Jalata, A. (2001). Ethno-nationalism and the global 'modernizing' project. *Nations and Nationalism, 7*(3), 385~405.

James, P. (2006). Theorizing Nation Formation in the Context of Imperialism and Globalism. In G. Delanty & K. Kumar (Eds.), *The Sage Handbook of Nations and Nationalism* (pp. 369~81). London: Sage.

Jones, S. (2008). 『민족주의와 고고학』 (이준정, 한건수 역). 서울: 사회평론.

Kaldor, M. (2004). Nationalism and Globalization. *Nations and Nationalism, 10*(1/2), 161~177.

Kant, I. (1983). *Perpetual Peace and Other Essays on Politics, History, and Morals* (T. Humphrey, Trans.). Cambridge: Hackett Publishing Company.

Kedoulie, E. (1961). *Nationalism* (Rev. ed.). Hutchinson & Co. LTD.

Kedourie, E. (Ed.). (1971). *Nationalism in Asia and Africa*. London: Weidenfeld and Nicolson.

Kellas, J. G. (1991). *The Politics of Nationalism and Ethnicity*. London: Macmillan.

King, A. (2006). Nationalism and Sport. In G. Delanty & K. Kumar (Eds.), *The SAGE Handbook of Nations and Nationalism* (p. 250). London: SAGE Publications.

Kitching, G. (1985). Nationalism: The Instrumental Passion. *Capital & Class*, *9*(1), 98~116.

Knauft, B. M. (1991). Violence and sociality in human evolution. *Current Anthropol*, *32*(4), 391~409.

Kohn, H. (2005). *The Idea of Nationalism: A Study in its Origins and Background* (60th anniversary ed., with an Introduction by C. Calhoun). New Brunswick: Transaction Publishers. (Original work published 1944)

Kohn, H. (1950). Romanticism and the Rise of German Nationalism. *The Review of Politics*, *12*(4), 443~72.

Kohn, H. (1955). *Nationalism, Its Meaning and History*. New York: Van Nostrand.

Kohn, H. (1961). *Prophets and Peoples*. New York: Collier.

Kruglanski, A. W., & Higginsm, E. T. (Ed.). (2007). *Social Psychology* (2nd ed.). New York: The Guilford Press.

Kumar, K. (2006). Nationalism and the Historians. In G. Delanty and K. Kumar (Eds.), *The Sage Handbook of Nations and Nationalism* (pp. 7~20). London: Sage.

Kuper, L. (1981). *Genocide*. Harmondsworth: Penguin.

Laitin, D. D. (2007). *Nations, State, and Violence*. Oxford: Oxford University Press.

Langman, L. (2006). The Social Psychology of Nationalism: To Die for the Sake of Strangers. In G. Delanty & K. Kumar (Eds.), *The Sage Handbook of Nations and Nationalism* (pp. 66~83). London: Sage.

Lawrence, P. (2005). *Nationalism: History and Theory*. Harlow: Pearson Longman.

Lerner, D. (2000). The Passing of Traditional Society. In J. T. Roberts & A. Hite (Eds.), *From Modernization to Globalization: Perspectives on Development and Social Change* (pp. 119~133). Oxford: Blackwell.

Lievan, A. (2005). *America Right or Wrong: An Anatomy of American Nationalism.* Oxford: Oxford University Press.

Llobera, J. R. (1999). *Recent Theories of Nationalism.* Barcelona: Institut de Ciencies Politiques I Socials.

Manela, E. (2007). *The Wilsonian Moment.* Oxford: Oxford University Press.

Mann, M. (1986). *The Sources of Social Power* (Vol. I). Cambridge: Cambridge University Press.

Mann, M. (1993). *The Sources of Social Power, Volume II: The Rise of Classes and Nation-States, 1760~1914.* Cambridge: Cambridge University Press.

Mann, M. (1995). A political theory of nationalism and its excesses. In S. Periwal (Ed.), *Notions of Nationalism* (pp. 44~64). Budapest: Central European University Press.

Marx, K., & Engels, F. (1998). *The Communist Manifesto* (A Modern Ed.). London: Verso. (Original work published 1848)

McCrone, D., & Kiely R. (2000). Nationalism and Citizenship, *Sociology, 34*(1), 19~34.

McCrone, D. (1998). *The Sociology of Nationalism.* London: Routledge.

McKay, J. (1982). An exploratory synthesis of primordial and mobilisationist approaches to ethnic phenomena. *Ethnic and Racial Studies, 5*(4), 395~420.

McKim, R., & McMahan, J. (Eds.). (1997). *The Morality of Nationalism.* Oxford: Oxford University Press.

Meyer, P. (1987). Ethnocentrism in human social behaviour; Some biosociological considerations. In: Reynolds, Falger & Vine (Eds.), *The Sociobiology of Ethnocentrism: Evolutionary Dimensions of Xenophobia, Discrimination, Racism and Nationalism* (pp. 81~93). London: Croom Helm.

Mill, J. S. (2001). Considerations on Representative Government. In V. Pecora

(Ed.), *Nations and Identities: Classic Readings* (p. 144). Oxford: Blackwell. (Original work published 1861)

Miller, D. (1993). In defence of nationality. *Journal of Applied Philosophy*, *10*(1), 3~16.

Minogue, K. (1996). Ernest Gellner and the Dangers of Theorising Nationalism. In J. A. Hall & I. Jarvie (Eds.), *The Social Philosophy of Ernest Gellner* (pp. 113~28). Amsterdam: Rodopi.

Montagu, A. (1976). *The Nature of Human Aggression.* New York: Oxford University Press.

Moore, M. (2001). *The Ethics of Nationalism.* Oxford: Oxford Press.

Morgenthau, H. (1948). *Politics among Nations.* New York: A. A. Knopf.

Mosse, G. (1995). Racism and nationalism. *Nations and Nationalism*, *I*(2), 163~73.

Motyl, A. J. (Ed.). (2001). *Encyclopedia of Nationalism* (Vols. 1~2). San Diego: Academic Press.

Muller, J. (2007). Constitutional Patriotism. Princeton: Princeton University Press.

Myers, D. G. (2008). 『심리학 개론』 (신현정, 김비아 역, 제8판). 서울: 시그마 프레스.

Nairn, T. (1977/1981). *The Break-up of Britain: Crisis and Neo- Nationalism* (2nd ed.). London: Verso.

Nairn, T., & James, P. (2005). *Global Matrix: Nationalism, Globalism and StateTerrorism.* London: Pluto Press.

Nation. (n. d.). In *Merriam-Webster Online*, Retrieved December 16, 2015, from http://www.merriam-webster.com/dictionary/nation.

Nation. (n. d.). In *online etymology dictionary,* Retrieved December 16, 2015, from http://www.etymonline.com/index.

Nation. [Def. 1]. *Dictionary. com Unabridged. Random House, Inc.* Retrieved December 16, 2015, from Dictionary.com http://dictionary.reference.com/browse/nation.

Nation. (n. d.). *Dictionary. com Unabridged.* Retrieved December 16, 2015 from Dictionary. com website http://dictionary.reference.com/browse/nation.

Nationalism. *Dictionary. com Unabridged.* Retrieved December 16, 2015 from Dictionary.com website http://dictionary.reference.com/browse/nationalism.

Nelson, L. C. (2000). *Measured Excess.* New York: Columbia University Press.

Norbu, D. (1992). *Culture and the Politics of Third World Nationalism.* London: Routledge.

O'Leary, B. (2001). Instrumentalist Theories of Nationalism. In A. S. Leoussi (Ed.), *Encyclopedia of Nationalism* (pp. 148~153). New Brunswick: Transaction Publishers.

Orridge, A. (1981). Uneven development and nationalism, I and II. *Political Studies, XXIX*(1 and 2), 10~15, 181~90.

Özkırımlı, U. (2005). *Contemporary Debates on Nationalism: A Critical Engagement.* New York: Palgrave Macmillan.

Ozkirimli, U. (2010). *Theories of Nationalism* (2nd ed.). New York: Palgrave Macmillan.

Ozkrimli, U., & Grosby, S. (2007). Nationalism Theory Debate: The Antiquity of Nations? *Nations and Nationalism, 13*(3), 523~537.

Pearson, R. (2014). *The Longman Companion to European Nationalism 1789~1920.* New York: Routledge.

Piaget, J. (1965). *The Moral Judgment of the Child.* New York: Free Press.

Piaget, J., & Weil, A. M. (1951). The Development in Children of the Idea of the Homeland and of Relations with Other countries. *International Social Science Bulletin, 3,* 575.

Poggi, G. (1978). *The Development of the Modern State.* London: Hutchinson.

Poo, M. (2005). *Enemies of Civilization.* State University of New York Press.

Puri, J. (2004). *Encountering Nationalism.* New York: Blackwell Publishng.

Recchia, S., & Urbinati, N. (Eds.). (2009). *A Cosmopolitanism of Nations: Giuseppe Mazzini's Writings on Democracy, Nation Building, and International Relations*(Recchia, S. Trans.). Princeton: Princeton University Press.

Reicher, S., & Hopkins, N. (2001). *Self and Nation.* London: SAGE Publications.

Renan, E. (1990). What is a Nation? In H. Bhabha (Ed.), *Nation and Narration* (pp. 8~22). London: Routledge. (Original work published 1861)

Reynolds, V. (1980). Sociobiology and the idea of primordial discrimination. *Ethnic and Racial Studies, 3*(3), 303~15.

Reynolds, V., Falger, V. S. E., & Vine, I. (Eds.). (1987). *The Sociobiology of Ethnocentrism: Evolutionary Dimensions of Xenophobia, Discrimination, Racism and Nationalism.* London: Croom Helm.

Ridley, M. (1996). 『이타적 유전자』 (신좌섭 역). 서울: 사이언스 북스.

Roach, J. (April 10, 2003). Cannibalism Normal for Early Humans? *National Geographic News.*

Rocker, R. (1997). *Nationalism answer Culture.* Montreal Canada: Black Rose Books.

Rosas, A., Martínez-Maza, C., Bastir, M., García-Tabernero, A., Lalueza-Fox, C., Huguete, R., ... Fortea, J. (2006). *Paleobiology and comparative morphology of a late Neanderthal sample from El Sidrón, Asturias, Spain.* Retrieved December 17, 2015, from http://www.pnas.org/content/103/51/19266.full.

Roshwald, A. (2006). *The Endurance of Nationalism: Ancient Roots and Modern Dilemmas.* Cambridge: Cambridge University Press.

Rozenblit, B. (2008). *Us against Them.* Kansas City: Transcendent Publications.

Rushton, J. P. (2005). Ethnic nationalism, evolutionary Psychology and Genetic Similarity Theory. *Nations and Nationalism, 11*(4), 489~507.

Schmitt, C. (2007). *The Concept of the Political.* Chicago: University of Chicago Press.

Searle-White, J. (2001). *Psychology of Nationalism.* New York: Palgrave Publishers.

Segal, D. A., & Handler, R. (2006). Cultural Approaches to Nationalism. In G. Delanty & K. Kumar (Eds.), *The Sage Handbook of Nations and Nationalism* (pp. 57~65). London: Sage.

Seton-Watson, H. (1965). *Nationalism, Old and New.* Sydney: Sydney University Press.

Seton-Watson, H. (1977). *Nations and States.* London: Methuen.

Shahzad, F. (2012). Forging the nation as an imagined community. *Nations and Nationalism, 18*(1), 21~38.

Shaw, R. P., & Wong, Y. (1989). *Genetic Seeds of Warfare.* Boston: Unwin Hyman, Inc.

Shils, E. (1957). Primordial, Personal, Sacred and Civil Ties. *British Journal of Sociology, 8*(2), 130~45.

Shils, E. (1960). The intellectuals in the political development of the new states. *World Politics, XII*(3), 329~368.

Shils, E. (1995). Nation, nationality, nationalism and civil society. *Nations and Nationalism, I*(1), 93~118.

Shin, G. (2006). *Ethnic nationalism in Korea: genealogy, politics, and legacy.* Stanford: Stanford University Press.

Shin, G., Freda, J., & Yi, G. (1999). The politics of ethnic nationalism in divided Korea. *Nations and Nationalism, 5*(4), 465~484.

Smith, A. (1995a). *Nations and Nationalism in a Global Era.* Cambridge: Polity Press.

Smith, A. D. (1983). *Theories of Nationalism* (2nd ed.). London: Duckworth.

Smith, A. D. (1991). *National Identity.* London: Penguin.

Smith, A. D. (1998). *Nationalism and Modernism: A Critical Survey of Recent Theories of Nations and Nationalism.* London and New York: Routledge.

Smith, A. D. (1999). *Myths and Memories of the Nation.* Oxford: Oxford University Press.

Smith, A. D. (2001a). *Nationalism: Theory, Ideology, History.* Cambridge: Polity.

Smith, A. D. (2001b). Perennialism and Modernism. In A. S. Leoussi (Ed.), *Encyclopedia of Nationalism* (pp. 242~244). London: Transaction Publishers.

Smith, A. D. (2001c). Ethno-Symbolism. In A. S. Leoussi (Ed.), *Encyclopedia of Nationalism* (pp. 84~87). London: Transaction Publishers.

Smith, A. D. (2002). When is a Nation? *Geopolitics, 7*(2), 5~32.

Smith, A. D. (2004). History and National Destiny: Responses and Clarifications. *Nations and Nationalism, 10*(1/2), 200.

Smith, A. D. (2005). The Genealogy of Nations: An Ethno-Symbolic Approach. In A. Ichijo & G. Uzelac (Eds.), *When is the Nation?* (pp. 94~112). London: Routledge.

Smith, A. D. (2008). *the Cultural Foundations of Nations*. Malden MA: Blackwell Publishing.

Smith, A. D. (2009). *Ethno-Symbolism and Nationalism*. London: Routledge.

Smith, A. D. (2010). *Nationalism* (2nd ed.). Cambridge UK: Polity Press.

Snyder, J. (1991). *Myths of Empire: Domestic Politics and International Ambition*. Ithaca: Cornell University Press.

Southwick, C. H. et al. (1974). Xenophobia among Free-ranging Rhesus Groups in India. In R. L. Holloway (Ed.), *Primate Aggression, Territoriality, and Xenophobia: a Comparative Perspective* (pp. 185~209). New York: Academic Press.

Spencer, P., & Wollman, H. (2002). *Nationalism: A Critical Introduction*. London: Sage.

Spencer, P., & Wollman, H. (2005). *Nations and Nationalism: A Reader*. Edinburgh: Edinburgh University Press.

Spencer, H. (1960). *The Man Versus the State*. Caldwell, Idaho: The Caxton Printers, Ltd. (Original work published 1884)

Stalin, J. (2015). *Marxism and the National Question,* CreateSpace Independent Publishing Platform. (Original work published 1913)

Stone, J. (Ed.). (1979). Internal colonialism. *Ethnic and Racial Studies, 2*, 3.

Sumner, W. G. (2008). *Folkways: A Study of the Sociological Importance of Usages, Manners, Customs, Mores and Morals*. Boston: Ginn and Company. (Original work published 1906)

Suny, R. G. (2001a). History. In A. J. Motyl (Ed.), *Encyclopedia of Nationalism* (vol. 1, pp. 335~358). San Diego: Academic Press.

Suter, K. (2003). *Global Order and Global Disorder: Globalization and the Nation-State*. London: Praeger.

Tajfel, H. (1970). Experiments in intergroup discrimination. *Scientific American, 223*, 96~102.

Tajfel, H. (1979). Human intergroup conflict: Useful and less useful forms of analysis. In M. von Cranach, K. Foppa, W. Lepenies & D. Ploog (Eds.), *Human ethology: The claims and limits of a new discipline* (pp. 396~422). Cambridge: Cambridge University.

Tajfel, H. (Ed.). (1978). *Differentiation between Social Groups: Studies in the Social Psychology of Intergroup Relations.* London: Academic Press.

Tamir, Y. (1993). Liberal Nationalism. Princeton: Princeton University Press.

Thayer, B. A. (2004). *Darwin and International Relations.* Lexington, KY: The University Press of Kentucky.

Thompson, A., & Fevre, R. (2001). The national question: sociological reflections on nation and nationalism. *Nations and Nationalism, 7*(3), 297~315.

van den Berghe, P. (1978). Race and Ethnicity: A Sociobiological Perspective. *Ethnic and Racial Studies, 1*(4), 401~11.

van den Berghe, P. (1979). *The Ethnic Phenomenon.* New York: Elsevier.

van den Berghe, P. (1994). A Socio-Biological Perspective. In J. Hutchinson & A. D. Smith (Eds.), *Nationalism* (pp. 96~103). Oxford, Oxford University Press.

van den Berghe, P. (1995). Does race matter? *Nations and Nationalism, 1*(3), 357~68.

van den Berghe, P. (2001a). Kin Selection. In A. S. Leoussi (Ed.), *Encyclopedia of Nationalism* (pp. 167~168). London: Transaction Publishers.

van den Berghe, P. (2001b). Sociobiological Theory of Nationalism. In A. S. Leoussi (Ed.), *Encyclopedia of Nationalism* (pp. 273~279). London: Transaction Publishers.

van den Berghe, P. (2005). Ethnies and Nations: Genealogy Indeed. In A. Ichijo & G. Uzelac (Eds.), *When is the Nation?* (pp. 113~118). London: Routledge.

van der Dennen, J. M. G. (1987). Ethnocentrism and in-group/out-group differentiation: A review and interpretation of the literature. In: Reynolds, Falger & Vine (Eds.), *The Sociobiology of Ethnocentrism: Evolutionary Dimensions of Xenophobia, Discrimination, Racism and Nationalism* (pp.

1~47). London: Croom Helm.

van der Dennen, J. M. G., & Falger, V. S. E. (Eds.). (1990). *Sociobiology and Conflict: Evolutionary Perspectives on Competition, Cooperation, Violence and Warfare.* London: Chapman & Hall.

Viroli, M. (1995). *For Love of Country: An Essay on Nationalism and Patriotism.* Oxford: Clarendon Press.

Waltz, K. N. (2001). *Man, the State and War.* New York: Columbia University Press.

Watts, D. P. (2006). Lethal Intergroup Aggression by Chimpanzees in Kibale National Park, Uganda. *American Journal of Primatology, 68,* 161~180.

Weber, M. (1965). *Politics as a Vocation.* Philadelphia: Fortress press. (Original Work Published 1918).

Willhoite, F. H., Jr. (1976). Primates and Political Authority: A Biobehavioral Perspective. *American Political science, 70*(4), 1110~1126.

Willhoite, F. H. (1977). Evolution and collective intolerance. *J. Politics, 39*(3), 667~684.

Wilson, E. O. (1978). *On Human Nature.* Cambridge, MA: Harvard Univ. Press.

Wilson, E. O. (2012). *The Social Conquest of Earth, Kindle.* New York: Liveright Publishing Corporation.

Wilson, E. O., & Skinner, B. F. (2009). *Developments in Primatology: Progress and Prospects.* New York: Springer Science+Business Media.

Workman, L., & Reader, W. (2004). *Evolutionary Psychology* (pp. 208~213). Cambridge: Cambridge University Press.

Yahuda, M. (2000). The Changing Faces of Chinese Nationalism: the Dimensions of Statehood. In M. Leifer (Ed.), *Asian Nationalism* (p. 27). New York: Routlege.

Young, M., Zuelow, E., & Sturm, A. (Eds.). (2007). *Nationalism in a Global Era.* New York: Routlege.

사항색인

[국문]

가공 99
가미가제 195
가토 히로유키 37
개발도상국 208
개인 178
객관적 요소 61
거어츠(Clifford Geertz) 81, 86
게르만 민족 162
겔너(Ernest Gellner) 19, 54,
  79, 94, 102, 108, 116, 118,
  124
겨레 47
경순왕 168
경쟁심 151, 211
경제전쟁 213
경제통합 214
계몽운동 192
고구려 189
고려국인 208
고흐 동굴(Gough's Cave) 146
공공문화 25
공동선 188
공동체의식 169
공민국인주의 55, 65, 69, 174,
  211

공민내셔널리즘 33
공유도 84
관동대지진 179
국가 18, 30, 171, 175, 178,
  179
국가간 갈등 194
국가국인주의 211
국가내셔널리즘 32
국가론 37
국가주의 21, 59
국경분쟁 213
국민 30, 37, 46, 49, 175
국민주의 음악 206
국법범론 37
국부 60
국사 194
국수주의 73
국인 29, 44
국인국가 54, 59, 99
국인주의 32, 74
국제운동경기 213
국제평화 198
국채보상운동 191
국혼 194
권력엘리트 97, 198
귀화인 214
그로스비(Steven Grosby) 90

그리스 27, 92

그리스인 124

그린펠드(Liah Greenfeld) 108, 115

근대주의 94, 207

근대화과정 207

근인 126

근인주의 126

금모으기 운동 192

긍정적 국인주의 73

기니(Bernard Guenee) 91

기든스(Anthony Giddens) 95

기어리(Patrick J. Geary) 93

길드 97

길레인(Jean Guilaine) 150

길링햄(John Gillingham) 91

나라 122

나쁜 국인주의 73

나치독일 76

나치온(nation) 37

나치즘 24

난민신청 214

날조 99

남만 180

남북한 41

내국민대우 206

내국인대우 181

내부 식민주의 106

내셔널리즘 13, 18

내언(Tom Nairn) 79, 95, 106, 110

내집단편향 154

네안데르탈인 143

네이션(nation) 15, 25

네이션 단위 19

넬슨 만델라 71

논민족경쟁지대세 38

다민족국가 18, 56

다민족사회 214

다수결 173

다수민족 173

다이아몬드(Jared Diamond) 143, 161

다제글리오(Massimo d'Azeglio) 64

다카다 사나에 37

단군신화 26

단일민족국가 18

단일민족사회 214

대량학살 142

대통령기념일 60

대한매일신보 36

도구주의(instrumentalism) 116

도구주의자 88

도미설화 184

도용 128

도이취(Karl Deutsch) 111, 169

도킨스(Richard Dawkins) 82

독립국인주의 211
독립내셔널리즘 20, 32, 125
독립투사 191
독일 190
독일학협회잡지 37
독재자 197
동구국인주의 68, 210
동아시아 211
동이 179
동적월단 38
동포 47
동화정책 174
드골(Charles de Gaulle) 71
디즈레일리(Benjamin Disraeli)
    71

라인쉬(Paul Samuel Reinsch) 37
라틴 민족 162
랍어스 동굴 154
랜피에(Thomas Lanphier) 186
량치차오 38
레닌 61
로쉬월드(Aviel Roshwald) 91,
    92
루소(Jean-Jacques Rousseau) 70
류 47
르낭(Ernest Renan) 63
르완다 142, 162
리들리(Matt Ridley) 153
리소르지멘토 69

마르크스이론 105
마자르 110
마찌니(Giuseppe Mazzini) 70
막스 베버(Max Weber) 176
만(Michael Mann) 95, 96, 100
만이융적 180
만주족 27
맥케이(James McKay) 117
맹자 184
메소포타미아 178
모르겐소(Hans Morgenthau) 176
모스코바대공국 122
몽따구(A. Montagu) 141
문화적 국인주의 56, 70
문화적 내셔널리즘 42
문화적 민족주의 42
문화적 원초주의자 86
문화주의적 접근 86
미국 13
미국 독립 18
미네르바 209
민속 158
민족 14, 17, 23, 30, 49, 171
민족공동체(ethnie) 25, 122
민족국인주의 65, 69, 82, 174,
    212
민족내셔널리즘 33
민족론 37
민족상징주의 120, 207
민족성 61

민족주의   14, 28, 49

민족주의 문학   205

민종   37

민주주의   173

민중   46

밀(John Stuart Mill)   57, 70, 172

바뤼엘(Abbe Augustin de Barrurel)
    53

바울(Paul)   158

박은식   194

반식민국인주의   72

배꼽   124

백성   45

백제   189

버어커(C. Burke)   141

범국인주의   72

베르게(Pierre van den Berghe)
    81, 85

베를린올림픽   188

베스트팔렌 조약   54

벨로(Silvia M. Bello)   146

보수적 국인주의   71

보헤미아   110

복지국가   185

본느(Colette Beaune)   91

본성   200

부루일리(John Breuilly)   95, 96,
    97

부정적 국인주의   73

부족사회   167

부족집단   167

부흥국인주의   69

북아일랜드   27

북적   180

불균등 경제발전   106

불르(Marcelin Boule)   143

브라스(Paul Brass)   88, 116

브루일리(John Breuilly)   115,
    123

브류어(Marilyn Brewer)   157

블룬칠리(J. C. Bluntschli)   37

비글로(R. Bigelow)   139

비스마르크(Otto von Bismarck)
    71

비엔나   62

빌릭(Michael Billig)   60

삐아제(J. Piaget)   159, 177

사람속   144

사사기 12장   162

사이   180

사회국인주의   71

사회생물학적 접근   82

사회적 공작   99

사회적 동물   134

사회중심성   160

사회화 과정   177

삼국사기   189

상상공동체   112

상위문화   104
상징   120, 170
상호성   160
상호의존성   214
생존투쟁   140
서구국인주의   68
서구우월주의   128
서양사정   37
서융   180
서주   179
선민의식   194
섬너(William Graham Sumner)   158
세계정부체제   211
세계주의   22, 60, 211
세계주의적   209
세계화   22, 213
세리프(Muzafer Sherif)   154
세톤-왓슨(Hugh Seton-Watson)   91
소수민족   173
소정방   189
소크라테스   179
소통   111
속지적 국인주의   66
손기정   188
쇼뱅(Nicolas Chauvin)   73
쇼비니즘   73
쇼와 웡(Shaw & Wong)   147
쇼팽(Frédéric Chopin)   164
수메르   178
순천자   184

쉴즈(Edward Shils)   80, 86
쉽볼렛   162
슈미트(Carl Schmitt)   177
스나이더(Louis Snyder)   79
스미스(Anthony D. Smith)   20, 58, 59, 79, 86, 88, 101, 116, 120
스웨덴   185
스코틀랜드   13, 27, 210
스코틀랜드인   188
스탈린(Joseph Stalin)   15, 61
스탠포드감옥실험   156
슬라브   162
시에라리온   163
식민후국인주의   72
식인풍속   145
신라국인   208
신채호   36
신페인   71
신화   25, 120, 170
신화·상징복합체   121

아담 스미스 (Adam Smith)   18
아렌스(William Arens)   145
아르메니아인   124
아리스토텔레스(Aristotle)   183, 189
IMF사태   190
아트푸에르카(Atpuerca)   146
아프리카민족회의   71

안드로파고이　145
안중근　186
알베스톤(Alveston)　146
알자스·로렌　65
알파벳문자　42
암스트롱(John A. Armstrong)
　79, 120
애국심　21, 74, 209, 212
액톤경(Lord Acton)　75
앤더선(Benedict Anderson)
　79, 94, 111, 115, 118, 128,
　169
앵글로 색손　162
야노마노　149
야마모토 이로소쿠　186
양이　180
에스토니아　125
엘러와 카글런(Eller & Coughlan)
　90
엘리와 서니(G. Eley & R. G. Suny)
　124
엘 시드론(El Sidrón)　146
역사　145
역천자　184
연속 영속주의　91
영국　27
영속주의　91, 207
영친왕　168
영토　25, 175
예기　181
온달　184
와츠(David P. Watts)　148

왕건　168
외국인　178
외인혐오　160
외치계곡　140
워싱턴(George Washington)　60
원시사회　137
원인　126
원초주의　80, 207
원형국인　100
원형 국인주의　98
월드컵　190
웨일즈　27
윌슨(Edward Wilson)　135, 148
윌슨(Woodrow Wilson)　70
윌호이트(F. H. Willhoite)　139
유구국　27
유대인 대학살　24
유엔 인종차별철폐위원회　51
유태인　27
의자왕　189
이기성　138
이기적 유전자　82
이누이트(Inuit)　16
이라크인　187
이삭스(Harold Isaacs)　81, 187
이성　200
이스라엘　62, 92
이웃사촌　165
이익사회　86
이집트　178
이타성　138
이토 히로부미　186

인도   185
인도 국민회의파   71
인민   45
인민들   18
인쇄 자본주의   111
인종갈등   211
인종차별적 국인주의   68
일체감   191
잉글랜드   27

자국인   178
자국주의   32, 207
자기주의   32
자기집단 애착   153
자민족중심주의   85, 158
자연선택   152
자유주의적 국인주의   70
자코벵주의   71
재발 영속주의   91
적   178
전승일   195
전체주의   58
정체성   187
정치경제학교본   37
정치적 단위   19
정치학대가백륜지리지학설   38
정태헌   128
제국주의   36, 128
제노사이드   142
제럴드(H. B. Gerald)   157

제블 사하바(Jebel Sahaba, Site 117)
   140
조선민족   49
조선시대   43
조선왕조실록   43
조선족   49
족   46
족류   46
족민   37
족벌주의   85
종교개혁   54
종족   15, 18, 46
좋은 국인주의   73
좌익국인주의   71
주권   54, 175
중국   179
중동   210
중앙일보   50
지배계급   31
지배엘리트   213
지배층   197
지역경제통합   210
직립원인   134
짐바르도(Philip Zimbardo) 156
집단생활   137
집단차별실험   151
징고이즘   73

차그논과 부고스(N. A. Chagnon
   & P. Bugos) 149

챔버스 형제   37
천황   60
최동식   36
출생지주의   66
충성   197
침팬지   148, 161

카니발리즘   145
카르보넬(Eudald Carbonell)   146
카부르(Camillo Ben-sodi Cavour)   69
카탈루냐   210
칸트(Immanuel Kant)   96
칼훈(C. Calhoun)   124
케두리(Elie Kedourie)   19, 76, 79, 94, 96, 102, 124, 209
케이(James McKay)   90
켈라스(J. G. Kellas)   115
코너(Walker Connor)   21, 56, 81, 91, 93, 117, 123
코소보   163
크레올   113

타지펠(Henri Tajfel)   151
타집단 배척   153
통합국인주의   69
통합내셔널리즘   20

퇴니스(Ferdinand Tonnies)   86
투쟁   211
투치   142, 162
특허품   128
틸리(Charles Tilly)   95, 116

파피루스   178
판도라   209
팔레스타인   62
편도체   147, 163
포괄적응도이론   82
포괄적적합성   83
폭력   175
폴크(volk)   37
표의문자   42
프라이온 병   146
프랑스 혁명   18
프랭크(Andre Gunder Frank)   106
플라톤   179
피쉬맨(Joshua Fishman)   91
피이테(Johann Gottlieb Fichte)   96
피지배계급   31
필수드스키(Jozef Pilsudski)   64

하스팅스(Adrian Hastings)   91, 92, 94, 122

한국   16
한국인   50
한국인공동체   52
한민족   50
한민족공동체   51
한반도   16
한스 콘(Hans Kohn)   19, 68,
    79, 210
할로웨이(R. L. Holloway)   160
합리적선택이론   105, 107
합스부르그   110
해밀턴(William Donald Hamilton)
    82
허친슨(John Hutchinson)   120
헤겔   209
헤로도투스(Herodotus)   67, 145
헤르더(Johann Gottfried von Herder)
    53, 96
헤이안   122
헤이즈(Carlton Hayes)   79, 126
헥터(Michael Hechter)   79, 95,
    106, 107, 109, 110, 116
현대국가이론   38
현생인류   134
현충일   195
혈연공동사회   86
혈연선택이론   82
혈연집단   166
혈통   24
혈통주의   67
호남학회월보   36
호로위츠(Donald Horowitz)

94, 116
호모 사피엔스 사피엔스   144
호모 안티세서   146
호오톤(Mark Horton)   146
호전성   147, 211
호패제도   181
홀(J. A. Hall)   116
홉스봄(Eric Hobsbawm)   64,
    79, 94, 96, 98, 101, 209
화전   181
확장된 혈연선택   85
확장적 국인주의   71
황성신문   36
후쿠자와 유키치   37
후투   142, 162
흐로크(Miroslav Hroch)   113,
    116
히라타 도스케   37

[영문]

A

African National Congress   71
amygdala   147, 163
Androphagoi   145
Anglo-Saxons   162
Anthony D. Smith   24
anti-colonial nationalism   72

B

bad nationalism   73
barbarian   159
Bohemia   110

C

cannibalism   145
Caribs   159
CERD   51
Chauvinism   73
citizen   29, 30, 50
citizenship   29
civic nationalism   33, 65, 174
communication   111
conservative nationalism   71
continuous perennialism   91
cosmopolitan   209
cosmopolitanism   22
country   17
Creole   113

cultural nationalism   70
cultural primordialist   86

E

Eastern nationalism   68, 210
egocentricity   160
egoism   32
enemy   178
etatism   21
ethnic   24
ethnic community   25
ethnic group   17, 30, 50
ethnic nationalism   29, 33, 65,
    82, 174
ethnicism   50
ethnicity   24
ethnocentrism   85, 158
ethnos   24
ethnosymbolism   120
expansionist nationalism   71

F

Folkways   158
frog   159

G

Gemeinschaft   86
Genocide   142

Gentiles 159
Gesellschaft 86
good nationalism 73

Habsburg 110
high culture 104
Holocaust 24
homo antecessor 146
homo erectus 134
homo genus 144
homo sapience sapience 134, 144
hostis 178
Hutu 142, 162

identity 187
imagined communities 112
inclusive fitness 83
inclusive fitness theory 82
Indian National Congress 71
integral nationalism 69
internal colonialism 106

Jacobinism 71
Jew 159
Jingoism 73

jus sanguinis 67
jus soli 66

kin selection theory 82
Kiowa 159
Korean ethnic community 50
Kosovo 163
kraut 159

left-wing nationalism 71
liberal nationalism 70

Magyar 110
Marxist theory 105
modernism 94
myth-symbol complexes 121

nacion 52
natie 39
natio 42, 52, 74
nation 15, 17, 30
nation state 54, 99
national treatment 181
national unit 19

nationalism   13, 18
nationality   30
negative nationalism   73
nepotism   85

pan-nationalism   72
patriotism   21, 74, 209
patris   74
people   18, 38
perennialism   91
political unit   19
positive nationalism   73
post-colonial nationalism   72
Primordialism   80
print-capitalism   111
prion disease   146
proto-nationalism   98
proto-nations   100
proximate causes   126

race   24
racial nationalism   68
rational choice theory   105
reciprocity   160
recurrent perennialism   91
remote causes   126
risorgimento   69
risorgimento nationalism   69

Robbers' Cave   154
Rwanda   142, 162

shibboleth   162
Sierra Leon   163
Sinn Fein   71
Slavs   162
socialist nationalism   71
sociocentricity   160
sovereignty   54
Stanford prison experiment
      156
state   17, 18, 21, 30
statism   21
Sumer   178
symbol   122

territorial nationalism   66
The Selfish Gene   82
Tungus   159
Tutsi   142, 162

ultimate causes   126
ultra-nationalism   73
United Nations   18

volk   38

Western nationalism   68
WTO   196

xenophobia   160

Yanomano   149

zionism   26

〈저자 소개〉

고려대학교 경영대학 무역학과(학사)
고려대학교 대학원 무역학과(석사 및 박사)
미국 Harvard University, Kennedy School, Executive 과정 수료

고려대학교 경영대학 및 대학원 강사
국제대학교 교수
지방행정연수원 국제관계 주임교수
미국 UCLA 객원교수
미국 U.C. Berkeley 객원교수
현 사회사상연구소장

〈저서 및 논문〉

『무역정책』, 박영사, 2016, 외 9편.
"WTO 다자간 무역협정에서의 최혜국대우", 「한국국제통상학회」, 1998 외 수십여 편.

E-mail: joyzz@daum.net

국인주의 이론: 내셔널리즘, 자국주의, 민족주의

초판인쇄	2016년 4월 15일
초판발행	2016년 4월 25일
지은이	조영정
펴낸이	안종만
편 집	한두희
기획/마케팅	박선진
표지디자인	권효진 · 조영정
제 작	우인도 · 고철민
펴낸곳	(주) **박영사**
	서울특별시 종로구 새문안로3길 36, 1601
	등록 1959. 3. 11. 제300-1959-1호(倫)
전 화	02)733-6771
f a x	02)736-4818
e-mail	pys@pybook.co.kr
homepage	www.pybook.co.kr
ISBN	979-11-303-0303-1 93340

정 가   13,000원